2021年全国税收理论研讨文集

中国税务学会 编

中国税务出版社

图书在版编目（CIP）数据

2021年全国税收理论研讨文集 / 中国税务学会编
. —— 北京：中国税务出版社，2022.12
ISBN 978-7-5678-1195-9

Ⅰ. ①2… Ⅱ. ①中… Ⅲ. ①税收理论-中国-学术会议-文集 Ⅳ. ①F812.42-53

中国版本图书馆CIP数据核字（2022）第216215号

版权所有·侵权必究

书　　名：	2021年全国税收理论研讨文集 2021 NIAN QUANGUO SHUISHOU LILUN YANTAO WENJI
作　　者：	中国税务学会　编
责任编辑：	王忠丽　高莉贤
责任校对：	姚浩晴
技术设计：	刘冬珂
出版发行：	中国税务出版社
	北京市丰台区广安路9号国投财富广场1号楼11层 邮政编码：100055 网址：https://www.taxation.cn 投稿：https://www.taxation.cn/qt/zztg 发行中心电话：(010) 83362083/85/86 传真：(010) 83362047/48/49
经　　销：	各地新华书店
印　　刷：	北京天宇星印刷厂
规　　格：	787毫米×1092毫米　1/16
印　　张：	15.25
字　　数：	300000字
版　　次：	2022年12月第1版　2022年12月第1次印刷
书　　号：	ISBN 978-7-5678-1195-9
定　　价：	46.00元

如有印装错误　本社负责调换

编 辑 说 明

2021年,中国税务学会以习近平新时代中国特色社会主义思想为指导,深入贯彻中央经济工作会议精神,围绕税收理论、税收实务以及税收工作中的热点、难点问题,组织开展了广泛的学术研究工作。为进一步提高税收学术研究水平,中国税务学会组织开展2021年度税收学术研究成果评选活动。经中国税务学会理论部、理事(税务系统)、学术委员、中青年税收研究会、高等院校和科研机构推荐,有98项研究成果参选。这些成果涵盖了新时代税收治理研究、区域性税收政策研究、优化税制研究、税收现代化研究、新业态税收征管研究等方面内容,观点鲜明、内容丰富、论述翔实,与现实工作结合紧密,对指导工作和进一步开展学术研究具有较大参考价值。根据《中国税务学会税收学术研究优秀成果评选办法》,我们评选出2021年度税收学术研究优秀成果:特等奖1项,一等奖5项,二等奖15项,三等奖20项。为推进税收研究成果转化,扩大学术交流,我们选取部分获奖文章编辑成集,以飨读者。

参与本书编辑工作的有蔡宇、王满平、李扬、王振华、冯瑞果、赵景华、孙仁发、张玉梅、苏海欧、王建良、李永梅,由汪康审定。

由于编者水平所限,书中难免存在疏漏和不足,恳请读者批评指正!

编 者

目　录

税收政策与税制改革研究

"十四五"时期优化税制问题研究
　　……………………………………………………… 中国税务学会课题组　1
论减税降费中的财政政策有效性和可持续性
　　………………………………………………… 邓力平　陈　丽　11
海南自由贸易港货物和劳务税制度集成创新研究
　　………………………………………………………………… 刘　磊　24
促进中医药产业高质量发展的税收政策研究
　　………　国家税务总局贵州省税务局　贵州省税务学会
　　　　　　国家税务总局贵阳市税务局　贵阳市税务学会　联合课题组　36
构建我国绿色税收体系研究
　　………………………………… 新疆维吾尔自治区税务学会课题组　51
推进宁夏清洁能源产业高质量发展的税收政策研究
　　………　国家税务总局银川经济技术开发区税务局
　　　　　　宁夏回族自治区税务学会银川经济技术开发区分会　课题组　63
国家治理现代化背景下地方税体系建设研究
　　……………………………………………… 谷彦芳　孙伊凡　78
聚束分析法及在税收政策评估领域的应用
　　………………………… 樊　勇　杜　涵　彭凡嘉　李昊楠　97

税收治理研究

以人民为中心：中国共产党百年治税思想的精髓
………………………………………… 王 乔 吴宗福 107
中国共产党百年税收发展历程、成就及展望
………………………………………………………… 李 平 116

税收征管改革研究

数字经济背景下个人所得的预缴税征管制度完善
………………………… 天津市税务学会 南开大学联合课题组 129
新形势下平台经济增值税管理的挑战和应对
……………………………………… 河南省税务学会课题组 142
增值税分享、消费统计与区域协调发展
——基于增值税分享由生产地原则改为消费地原则的思考
………………………………………… 刘 怡 张宁川 耿 纯 155
增值税减税、企业议价能力与创新投入
………………………………………………… 谷 成 王 巍 167
企业税负与经济发展
………………………………………………………… 姚立杰 181
税收支持服务民营经济发展研究
——以广州民营科技园为例
………………………………………… 广州市税务学会课题组 194
税收视角下宁波市民营经济高质量发展研究
——基于熵值法综合评价模型
………………………………………… 宁波市税务学会课题组 208
推进精确执法 创新税务监管体系
………………………………………………………… 周广仁 226

税收政策与税制改革研究

"十四五"时期优化税制问题研究

中国税务学会课题组

改革开放以来,随着社会主义市场经济体制逐步建立和完善,我国税制改革不断深化,税制结构持续优化,经济发展与完善税制形成良性互动。党的十九大提出,中国特色社会主义进入了新时代,社会主要矛盾发生转变。新发展阶段、新发展理念、新发展格局对优化税制提出更高要求。党的十九届五中全会提出:"完善现代税收制度,健全地方税、直接税体系,优化税制结构,适当提高直接税比重,深化税收征管制度改革"。《中华人民共和国国民经济和社会发展第十四个五年规划和2035年远景目标纲要》对今后五年乃至十五年税制改革作出系统谋划和战略部署,提出了明确目标,为进一步优化税制指明了方向、提供了根本遵循。

一、"十三五"时期我国税制优化取得显著成就

"十三五"时期,在党中央、国务院正确领导下,我国不断深化税制改革,持续完善税收政策,加快落实税收法定,推动税收制度不断优化,在以下关键领域取得重要突破。

第一,全面推行营改增,初步建立现代增值税制度。2016年5月1日,营改增试点全面推开,全行业、所有企业实行统一增值税制度,营业税退出历史舞台。改革打通了全行业抵扣链条,从根本上解决了重复征税问题,有效降低了税负、激发了市场活力,切实推动产业结构转型升级,充分体现了税制公平、中性优势。此后,税务部门不断深化改革,将增值税税率由四档简并为三档,降低税率水平,扩大进项税抵扣范围,试行期末留抵退税制度,切实减轻

了市场主体税收负担。

第二,深化个人所得税改革,初步确立综合与分类相结合税制。2018年8月31日,第十三届全国人大常委会第五次会议通过了关于修改《个人所得税法》的决定,我国个人所得税制实现分类税制向综合与分类相结合税制转换,具有里程碑意义。新《个人所得税法》将工资薪金、劳务报酬、稿酬、特许权使用费四项所得纳入综合所得征税范围,实行年度汇算清缴,提高基本减除费用标准,新增六项专项附加扣除,进一步优化税率结构,中低收入者税收负担明显减轻。实施综合与分类相结合个人所得税制后,将更好发挥税收调节收入分配、促进社会公平正义、促进消费增长的重要作用,为继续深化改革、推进构建"大综合"的个人所得税制创造有利条件。

第三,深化地方税改革,推进绿色税制体系建设。在总结前期原油、天然气、煤炭、稀土、钨、钼等6个税目资源税从价计征改革的基础上,2016年7月1日起,我国全面推行资源税从价计征改革,绝大多数矿产品资源由从量计征改为从价计征。河北省率先开展水资源税改革试点,2017年12月1日起,试点范围扩大至其他9省份。2016年12月,第十二届全国人大常委会第二十五次会议表决通过《中华人民共和国环境保护税法》,自2018年1月1日起施行,这对于保护环境、减少污染物排放、推进生态文明建设具有重要意义。通过改革,我国初步形成由资源税、环境保护税等税种构成的绿色税制体系框架。

第四,持续优化企业所得税制度,助力提升企业创新发展能力。国家持续优化调整研发费用加计扣除制度,不断完善加速折旧政策。2017年将科技型中小企业研发费用税前加计扣除比例提高至75%,2018年将政策享受主体进一步扩大至几乎所有企业。对小型微利企业减半征收企业所得税制度不断加力,适用范围和减税幅度进一步扩大。通过优化调整企业所得税制度,充分发挥税收逆周期调节作用,有效激发了中小企业创新能力和发展活力,在统筹疫情防控和经济社会发展、服务"六稳""六保"等方面发挥了重要作用。

第五,稳步推动消费税改革,引导居民合理消费。稳步推进以征税范围、征收环节、调整税率为核心的消费税改革措施。2016年10月1日起,取消对普通美容、修饰类化妆品征收消费税,将化妆品税目名称更名为高档化妆品,征收范围包括高档美容、修饰类化妆品、高档护肤类化妆品和成套化妆品,将税率由30%调整为15%。2016年12月1日起,小汽车税目下增设超豪华小汽车子税目,在生产(进口)环节按现行税率征收消费税基础上,在零售环节加征10%的消费税。

第六，加快落实税收法定原则，税收立法工作加快推进。截至2021年底，我国有12个税种已经完成立法，其中：环境保护税、烟叶税、船舶吨税、耕地占用税、车辆购置税、资源税、契税、城市维护建设税8个税种立法工作在"十三五"期间完成，印花税于2021年完成立法。增值税、消费税、关税的立法工作正在稳妥推进，土地增值税、城镇土地使用税立法工作也在加快研究，全国人大常委会授权国务院在部分地区开展房地产税改革试点工作。

"十三五"时期通过深化改革、完善制度，我国税制进一步优化。宏观税负（税收收入占GDP比重）更趋合理，2020年为15.2%，比"十二五"末2015年的18.2%降低3个百分点。2020年，直接税（企业所得税、个人所得税、房产税、城镇土地使用税、车船税、车辆购置税）在税收收入中占比为37.2%，比2015年的34.7%提高2.5个百分点。2020年，所得税占比为31.1%，比2015年28.6%提高2.5个百分点，其中个人所得税占比为7.5%，比2015年6.9%提高0.6个百分点。目前，我国初步形成以货物和劳务税、所得税为双主体的税制结构，适应了"十三五"时期经济社会发展需要，为"十四五"时期深化改革奠定坚实基础。

二、新时代新形势对优化税制提出新要求

进入新时代，我国社会主要矛盾已经转化为人民日益增长的美好生活需要和不平衡不充分的发展之间的矛盾。优化税制必须适应新时代新形势的要求，坚持创新驱动、强调自主创新，确保经济循环畅通无阻，实现高水平的自立自强，注重解决发展不平衡问题，促进人与自然和谐共生，不断提升发展的内外联动性，有效维护社会公平正义。

第一，创新发展对优化税制提出新要求。创新是引领发展的第一动力，坚持创新发展，必须推动有效市场和有为政府更好结合。《2020年全国科技经费投入统计公报》显示，2020年，我国研究与试验发展（R&D）经费投入占GDP比重为2.4%，比上年提高0.16个百分点，保持持续稳定增长态势。虽然我国R&D经费投入增速较快，2016—2019年，我国年均增长11.8%，增速高于美国（7.3%）、日本（0.7%）等，但总量相对不足、结构有待优化。2020年，我国R&D经费总量约为美国的54%，其中：基础研究、应用研究和试验发展经费占R&D经费投入比重分别为6.0%、11.3%和82.7%，基础研究占比亟待提高，与先进国家仍有着较大差距。而且，美国基础研究经费投入主体涵盖各级政府、企业、社会力量等，我国主要是中央政府、地方政府、企业和社会力量投入相对不足。税收作为重要的经济杠杆，可以有效引导创新行

为，优化税制必须以鼓励创新为导向，激发地方政府、企业和社会力量加大创新投入，推动科技成果转化，维护产业链供应链自主可控、安全高效，实现更高水平动态平衡。

第二，协调发展对优化税制提出新要求。我国经济已由高速增长阶段转向高质量发展阶段，产业结构持续升级，人力资本生产率不断提高，收入财富快速增长、形态更趋多元，必须更加注重税制与经济发展阶段相协调。我国经济发展的空间结构正在发生深刻变化，中心城市和城市群正在成为承载发展要素的主要空间形式，要求税制必须更好引导各类生产要素自由流动并向优势地区集中，破除阻碍要素城乡间、区域间流动的税制因素，发挥城乡、区域分工优势，促进形成全国统一大市场。提升行业发展、企业发展的协调性，要求税制须统筹创新领域同传统领域，金融、房地产同实体经济以及数字经济同传统经济的协调发展。中小企业对创新驱动、扩大就业、增强经济韧性具有战略意义，优化税制必须更好支持中小企业高质量发展，合理安排大中小企业税负结构，构建彼此相互依存、相互促进的企业发展生态。

第三，绿色发展对优化税制提出新要求。坚持走绿色、低碳、循环、可持续发展之路，促进人与自然和谐共生，是优化税制必须坚持的重要导向。进一步推动税制向绿色转型，从需求和供给两侧同时发力，加强资源税、环境保护税、消费税、所得税等税种的衔接与协调，让税收调控功能充分体现在生态环境保护的全方位、全地域、全过程。发挥税收杠杆作用，切实降低绿色创新技术研发成本，引导创新要素向绿色领域集聚，支持新能源技术改造升级、加大研发投入、提升资源利用率，根本上改变过多依赖增加物质资源消耗、规模粗放扩张、高能耗高排放产业的发展模式。加强环境污染综合治理，加快推进生态保护修复，全面促进资源节约集约利用，充分考虑治理修复成本、资源稀缺性和开发利用效率，更加科学合理设计税制，加强税种衔接协调，优化资源环境税制结构，实施有利于节能环保和资源综合利用的税收政策。倡导推广绿色消费，根据消费产品服务类型，以碳排放为基准优化消费税收负担结构，推动形成节约适度、绿色低碳、文明健康的生活方式和消费模式。

第四，开放发展对优化税制提出新要求。近年来，受到世界百年变局和世纪疫情等影响，我国大进大出的环境条件已经变化，市场和资源两头在外的国际大循环动能明显减弱，超大规模市场优势逐步凸显，建设更高水平开放型经济新体制，注重解决发展内外联动问题，成为必然战略选择。优化税制重在全面提升税制的国际竞争力，用好国际国内两个市场、两种资源，促进科技开放合作，加强自由贸易试验区、海南自由贸易港等区域与国外的发展联动，有效引导全球优秀人才等要素为我所用，提高关键技术和产品的进口替代水平。健全境外投资、境内境外双向互动的税收法律、政策和服务体系，更好发挥税制在促进对外投资便利化的保障作用，坚定维护"走出去"企业的税收合法权益，推动共建"一带一路"高质量发展的各国税收政策、规则、标准联通。适应"双支柱"规则要求，完善深化企业所得税改革，加强国际税制协调，妥善分配对跨国企业的征税权，凭借超大规模市场优势增加我国话语权，切实维护我国合法权益。深化进出口环节税制改革，适度降低进口环节税负水平，扩大高质量产品和服务进口，更好发挥出口退税制度对扩大服务业对外开放的促进作用。

第五，共享发展对优化税制提出新要求。共同富裕是社会主义的本质要求，是中国式现代化的重要特征，要在高质量发展中促进共同富裕，正确处理效率和公平的关系。优化税制必须坚持构建初次分配、再分配、三次分配协调配套的基础性制度安排，加大税收、社保、转移支付等调节力度并提高精准性。初次分配更加注重效率，税制要引导资源优化配置、做大"蛋糕"。再分配更加注重公平，税制要强化收入分配调控、把"蛋糕"分好。三次分配鼓励社会互助，税制要有效引导高收入人群和企业更多回报社会。按照国际标准，目前我国已稳居中等偏上收入国家行列，但与先进发达国家相比，人均GDP还有着不小差距，扩大经济总量、提高人均水平仍是当前和未来一段时间内的重要任务，要坚持在发展中保障和改善民生。优化税制必须坚持鼓励勤劳创新致富，妥善处理资本性所得、劳动性所得和消费的税负关系，正确处理直接税和间接税的关系，健全直接税体系，优化税制结构。

三、"十四五"时期优化税制的总体考虑

以习近平新时代中国特色社会主义思想和习近平总书记关于税收工作的重要论述为指导，贯彻落实党的十九届五中、六中全会精神，中央经济工作会议精神以及《中华人民共和国经济和社会发展第十四个五年规划和2035年远景目标纲要》的要求，以正确处理效率和公平为基本原则，以促进经济高质量发展、实现共同富裕为目标，按照税负合理、结构优化、税种科学的总体思路，优化现代税收制度。

第一，税负公平合理，促进经济高质量发展。保持宏观税负总体稳定，税负结构进一步优化，税负水平有增有减，有利于确保实现经济增长目标，也有利于正确处理效率和公平的关系。我国宏观税负水平与经济发展现状总体上是适应的，既能有力保障实现高质量发展目标，也能基本保障财政支出需要。从

国际比较来看，我国宏观税负处于中等偏下水平，不具备大幅度提高或降低的条件。适度降低中小企业、个体工商业户税负水平，培育一大批"专精特新"中小企业，鼓励创新，扩大就业。适当减轻欠发达地区税负水平，推动区域经济高质量发展，积极培育扩大税源税基。重点减轻新型产业、高端制造、高技术领域等行业税负，特别是减轻"卡脖子"行业税负，提升制造业核心竞争力。减轻新能源领域税负，适度增加传统能源、高耗能领域税负，支持绿色发展，助力实现"双碳"目标。适度增加高收入群体税负，降低中低收入群体收入，合理调节高收入，扩大中等收入群体比重。减轻基本民生消费品税负，适当提高高消费税负。优化资本性所得、劳动性所得和消费的税负结构。根据发展需要，适时调整资本性所得的个人所得税政策，使劳动性所得税负稳中趋降，特别是降低中低收入群体税负。

第二，税制结构优化，适当提高直接税比重。"十三五"末，我国间接税比重仍然偏高，2020年直接税占税收收入比重为37.2%，间接税比重高达62.8%。2019年，OECD成员国（同口径平均值，下同）直接税比重为55.0%，间接税比重为45.0%[①]。虽然不同国情和年份不宜作简单对比，但直接税占比过低问题应引起足够重视。从各税种占税收收入比重来看，2020年，我国个人所得税比重为7.5%，企业所得税比重为23.6%，财产税（房产税、城镇土地使用税、车船税、车辆购置税）比重为6.1%。2019年，OECD成员国个人所得税比重为32.4%，企业所得税比重为13.2%，财产税比重为7.6%。与OECD成员国相比，我国个人所得税比重显著偏低，企业所得税比重显著偏高，财产税比重略低。过去较长时间内，间接税在我国经济高速增长中发挥了至关重要的保障作用，新发展阶段、新发展理念、新发展格局对优化税制结构提出更高要求，只有税制合理才能使税收制度在实现共同富裕目标中更好地发挥功能作用。根据我国经济发展需要，充分考虑到国际惯例，"十四五"时期，优化税制要健全直接税体系，优化税制结构，适当提高直接税比重，优化以货物和劳务税、所得税为双主体的税制结构，强化直接税收入分配调节功能，在高质量发展中促进共同富裕。

第三，税种科学设置，便利税法遵从。根据经济发展需要，科学深入研究税种设置，尝试通过合并、开征、完善等措施，优化税种、简化税制，力求做到收入保障更加有力、功能搭配更加合理、调控作用更加充分，便利税法遵

---

① 数据来源：OECD门户网站 https://data.oecd.org/tax/tax-revenue.htm；OECD关于税收收入的口径包含社会保险缴款，为了保持与我国同口径比较，本文没有考虑OECD社会缴款部分，对其税制结构按照我国口径重新计算；截至成稿之日，OECD最新数据年份是2019年。

从，促进营商环境更加优化。一是深入研究税种合并的可行性。对房产税和城镇土地使用税实施合并。房屋所有权和土地使用权具有内在不可分性，两者价值是相互依存、互相影响的关系，且在实际征收中，税务机关通常对房产税和城镇土地使用税实施统筹征管，两者合并具有较强的现实意义和可操作性。二是深入研究开征新税种的可行性。为使直接税调控功能更加完备，更好调节代际分配，鼓励社会捐赠，根据财富分配状况和征管条件，研究开征遗产和赠与税的可行性。三是研究完善现行税种。深化增值税制、消费税制改革，完善所得税制、财产税制，对"十三五"时期出台的阶段性税收政策，实践证明有效并经过全面评估后，转化为基础性制度。完善资源税制、环境保护税制，保护生态环境，助力实现"双碳"目标。

四、"十四五"时期优化税制的具体构想

"十四五"时期，优化税制的具体构想是：从健全直接税体系、完善间接税体系、健全地方税体系等三个方面，进一步深化改革、完善制度，提升税收服务高质量发展、促进共同富裕的能力。

（一）健全直接税体系

第一，深化个人所得税制改革，公平税收负担。2018年新《个人所得税法》迈出向综合税制的第一步，"十四五"时期乃至更长时间，还要继续深化个人所得税制改革，扩大税基、提高比重、优化税率结构、公平税负，充分发挥其对收入分配的调节功能。要推进扩大综合征收范围，根据形势发展需要，研究适时将部分资本性、财产性所得纳入综合所得。优化税率结构，适当降低综合所得最高边际税率或提高最高边际税率适用的范围。统筹个人所得税的综合所得税率、经营所得税率、比例税率的关系，优化个人所得税、企业所得税的税率结构。同时要进一步完善费用扣除制度，更加科学地计算免征额标准，完善专项附加扣除制度，积极应对人口老龄化，鼓励生育。要根据经济发展和物价变动及时调整扣除标准。改革汇算清缴办法，实现源泉扣缴和自行申报的完美结合。研究将弃籍税制度作为个人所得税的补充规定，修订完善相关法律法规，防止海外移民及资产转移对我国经济社会带来的负面影响。完善征管机制，进一步明晰征纳双方的法定责任义务，对目前核定征收领域进行评估，完善核定管理办法，鼓励自行申报，实行查账征收，推动社会共治，利用税收大数据加强监管。

第二，深化财产税制改革，功能更加完备。积极稳妥推进房地产税试点，

充分考虑改革的复杂性,在适当时机推出改革试点,将试点范围控制在有限区域内,加强政策衔接,尽可能减少对社会和经济的冲击,特别是不能增加中低收入群体的税收负担。充分考虑、切实保障广大人民群众的基本住房需求,合理设置免征标准,按照从轻原则设计税率范围,科学确定房地产税的计税依据,统筹考虑房改房、经济适用房、限价房等不同类型,完善征收方案。加强试点总结评估,在试点基础上推动房地产税立法。

第三,深化企业所得税制改革,精准实施调控。适时降低名义税率,清理税收优惠政策。要积极参与国际税制的协调,适应 OECD "双支柱"规则,相应调整完善我国企业所得税法律法规,优化促进科技创新等税收优惠政策。加大对企业基础研究投入的税收优惠力度,鼓励社会以捐赠和建立基金等方式多渠道投入。

第四,研究开征遗产和赠与税,促进代际公平。遗产税是很多国家调节财富差距的常用手段。随着社会主义市场经济体制的建立和完善,极少数群体的财富积累快速增长,居民财富分配差距不断扩大,先富人群陆续进入财富传承期,我国超大规模市场优势仍然吸引着全球资本流入,开征遗产和赠与税的条件今后会趋于成熟。为了更好实现共同富裕目标,维护代际公平,鼓励勤劳致富,促进慈善捐赠事业发展,应研究开征遗产和赠与税。初期重在建机制,促进直接税调节功能更加完备,严格控制征税对象范围,制定合理的免征额标准,将征收的重点聚焦于拥有畸高财富的极少数群体,实行梯次税率,加强存量财富调节,促进公平正义。

(二)完善间接税体系

第一,深化增值税制改革,优化资源配置。发挥增值税中性特征,适时清理税收优惠政策,营造公平竞争的税收环境。优化完善增值税留抵退税制度,并适时研究简并税率事宜。完善进口环节增值税制度,促进一般贸易和跨境贸易包容性发展。有效维护全国统一市场体系,构建政府间规范、公平的增值税留抵退税分担机制。

第二,统筹消费税改革,合理引导消费。综合考虑国家产业政策、行业发展情况以及税收征管实际,统筹研究深化消费改革。研究扩大消费税征税范围,对部分高档消费产品和服务征收消费税。在征管可控前提下,研究将部分在生产(进口)环节征收的现行消费税品目逐步后移至批发或零售环节征收。积极发挥消费税在节能环保、调节收入分配等方面的调节作用,结合消费税立法工作,研究完善消费税政策。

第三，深化资源环境税制改革，促进绿色转型。更好发挥资源环境税在调节资源级差收益、促进资源利用、保护生态环境等方面的作用。扩大资源税征税范围，将耕地资源、森林资源、草场资源、滩涂资源等自然资源纳入征税对象。全面考虑我国各地区水资源分布和开发利用的实际状况，在全国范围内推进水资源税改革。从国家战略安全角度完善有关资源产品税制，优化资源税税率结构，提高煤炭、石油、天然气等化石能源税率，对外贸依存度高、碳排放量较高的化石能源加大调节力度，控制化石能源总量，适度降低清洁低碳能源税率。以资源利用效能、可再生能源替代为基准给予税收优惠。扩大环境保护税征税范围，将废电池等废旧物资以及挥发性有机物（VOCs）等纳入税基。研究适时开征碳税，将二氧化碳纳入环境保护税征收范围；借鉴国际经验，积极研究碳关税，发挥税收调节作用，精准调控碳排放行为。

（三）健全地方税体系

第一，培植地方税主体税源，稳定地方收入。培育地方主体税种，扩大地方税种收入。现行税种体系中，契税、土地增值税、城市维护建设税、耕地占用税、城镇土地使用税、房产税、车船税、印花税、资源税、环境保护税等十个税种作为地方税种。扩大资源税、环境保护税征税范围，增加收入规模，为地方税提供稳定税源。增值税、消费税、企业所得税、个人所得税为共享税，根据央地事权和支出责任比例进行动态调整，提高地方分享比例，相应减少转移支付比重，充分发挥中央地方两个积极性。充分考虑征管成本等因素，按照先易后难原则，逐步将部分应税消费品征收环节后移至销售环节，作为地方税源，引导地方改善营商环境、增加就业、扩大消费。研究新立法开征的遗产和赠与税作为中央和地方共享税，以地方为主。

第二，合理配置地方税权，推进非税改革。充分考虑我国区域发展不平衡的现实状况，在中央统一立法和税种开征权的前提下，对部分省份通过立法授权，根据本地经济发展需要，适当扩大省级税收管理权限，依法确定地方税税率、税收优惠等事项。进一步理顺征管职责，规范非税收入征管，加强非税收入管理法制化建设。

第三，适应平台经济发展，合理分配税权。随着新产业、新业态、新模式加速发展，现行税收制度出现了不完全适应平台经济发展的问题。受数字平台垄断效应、线上商户集中效应及卖家替代效应等影响，税收收入向平台所在地转移的趋势不断加剧，不同程度上影响了最终消费地的税收增长。但在一国之内并不应当出台省际之间的数字税，税收利益转移问题可通过调整中央转移支付的方式加以解决,可依据各地区网上零售额和消费额的差值、平台集中度等指标,确定中央财政向最终消费地专项转移支付的额度,合理分配地区之间的税收权益,也可通过分税方法统筹协调平台所在地和最终消费地的税收权益。

(四) 深化税收征管制度改革

第一,推进修订《税收征管法》。增加自然人税收管理相关规定,明确对自然人的延期申报、延期缴纳、催报催缴、行政处罚、阻止出境、强制执行等征管措施,进一步加强自然人税收管理。完善和强化税收检查权和强制执行权,加强税收监管和税务稽查。

第二,拓宽税收征管信息渠道。明确电子商务平台经营者、金融机构等第三方涉税信息提供协助义务,同时明确第三方不配合税务检查行为的罚则,为加强税收征管提供了信息支撑。

第三,加强税收协同共治。借鉴国际有益经验和国内实践经验,持续推进与国家有关部门信息系统互联互通,完善税收大数据云平台,逐步建立与人民银行、银保监会、证监会、公安部等部门的信息数据共享制度,明确税务部门查询纳税人账户、资金往来、财产收入、身份信息等与征税有关的信息的权限,提高税收执法的精准性。另外,研究在办理贷款、资产过户等生活和交易场景中,要求有关部门和第三方平台记录纳税人的登记信息、纳税记录、信用等级等相关信息,并与税务部门共享信息,以便对纳税人涉税信息进行全面的交叉验证,提升全社会的纳税意识和税法遵从度。

论减税降费中的财政政策
有效性和可持续性[①]

邓力平 陈丽

伴随着扩张性（积极）财政政策的运用，以减少收入、增加支出或减收增支并举为特征的财政政策往往会加剧财政收支矛盾，进而引致财政可持续能力降低的风险。因此，平衡好财政政策"有效性"（effectiveness）与"可持续性"（sustainability）的关系始终是各国必须面对的问题，我国也不例外。在刚过去的"十三五"时期，包括极不平凡的2020年，我国实施了持续大规模的减税降费措施和显著提质增量的财政支出安排，既发挥了提振经济、兜牢底线的效应，又应对了收支失衡、压力剧增的风险，在把握好政策效应和财政持续的统一中交出了中国答卷，彰显了制度优势与运行特色。当前已经进入"十四五"时期，根据中央经济工作会议部署，第十三届全国人民代表大会第四次会议通过的2021年《政府工作报告》明确提出"要保持宏观政策连续性稳定性可持续性，促进经济运行在合理区间""积极的财政政策要提质增效、更可持续"，并在积极财政政策运用中强调要"优化和落实减税政策"，既表明了减税降费将作为较长时期持续运用的措施而存在，又对新阶段财政政策有效性与可持续性的统一提出了新要求。基于此，笔者在这里讨论三个问题：一是立足"十三五"实践，回顾我国在积极财政政策有效性和可持续性统一方面的成功经验；二是基于对我国和西方国家财政政策运用与维护可持续性异同的分析，提炼出实现财政政策有效性和可持续性统一的中国特色与制度优势；三是结合"十四五"时期新要求，为持续用好"提质增效、更可持续"的积极财政政策提供进一步的理论支撑。

[①] 本文为国家社会科学基金一般项目"新时代减税降费与财政可持续性研究"（项目编号：19BJL027）的阶段性研究成果。

一、回顾"十三五":财政政策有效性与可持续性统一的成功做法

我国在"十三五"时期实施的是包括减税降费在内的积极财政政策,从决策部署到具体实施,都强调平衡好"稳增长"与"防风险"的关系,体现对政策有效性和可持续性的关注,并在两者统一中推动经济高质量发展,体现财政重要作用。

在减税降费的决策部署过程中,以习近平同志为核心的党中央既鲜明提出要确保减负政策落地生根以释放政策红利,又同步强调要增强危机观念以妥善应对包括财政在内的经济运行风险。从2018年在民营企业座谈会上将"减轻企业税费负担"作为支持民营经济发展六个方面政策举措之首到同年贯彻党的十九大精神研讨班开班式上明确"增强忧患意识、防范风险挑战要一以贯之",从2019年在新年贺词中强调"减税降费政策措施要落地生根,让企业轻装上阵"到同年在省部级主要领导干部坚持底线思维着力防范化解重大风险专题研讨班开班式上提出"既要保持战略定力,推动我国经济发展沿着正确方向前进;又要增强忧患意识,未雨绸缪,精准研判、妥善应对经济领域可能出现的重大风险",从2020年在企业家座谈会上提出"要继续减税降费、减租降息"到同年中央全面深化改革委员会第十七次会议要求"把推进改革同防范化解重大风险结合起来",习近平总书记关于做好减税降费和防范风险工作的一系列重要论述,为实施积极的财政政策提供了根本遵循,为在大规模减税降费中把握好财政政策有效性和可持续性的平衡指明了方向。

在抓细抓实积极的财政政策过程中,我国财税部门始终坚持对政策有效性与可持续性平衡的高度重视,始终注重减税降费政策与其他财政政策的配合协调,体现了对平衡稳增长和防风险关系的高度自觉与积极作为。其一,在不折不扣落实党中央交给的减税降费光荣任务中,从全面推进营改增到增值税简并调低税率,从扩大进项税抵扣范围到提高部分纳税人加计抵减比例,从小微企业普惠性税收减免到小规模纳税人标准提高,从提高研发费用税前加计扣除比例到延长科技企业亏损结转年限,从个人所得税六项专项附加扣除到社会保险费率降低,从延缓缴纳小微企业所得税到延长阶段性减免企业社会保险费政策实施期限,从清理规范行政事业性收费到降低政府性基金征收标准,财税部门都不折不扣地将减税降费政策落地生根,在长期制度和短期政策、整体减负和局部优化的配合中,既实现了让利于民、激发活力的减负成效,又促成了放水养鱼、增强后劲的税源培育,从而有利于从长期增强财政的可持续性。"十三

五"时期我国新增减税降费规模累计达到 7.6 万亿元,新办涉税市场主体 5745 万户,比"十二五"时期增长了 83%,① 体现的就是减税降费政策的积极效应。其二,为了控制财政收支失衡风险,我国还在落实减税降费任务的同时,采取一系列配套措施确保财政可持续性。一是依法依规地完成预算确定的税费收入任务,并应收尽收地统筹使用财政沉淀资金,为组织财政收入、保障政府财力作出了积极努力。"十三五"期间,我国财政收入总量达到 88.6 万亿元,比"十二五"期间增长了 38%,其中税收收入 65.7 万亿元,比"十二五"期间增长了 39%,② 为经济社会健康发展提供了坚实物质基础,显现的就是配套的收入政策缓解财政收支矛盾、确保财政政策持续发挥作用的积极贡献。二是协同推进财税改革与管理的配套举措,以"艰苦奋斗、勤俭节约""以收定支、量力而行""过紧日子、有保有压""把钱花在刀刃上"等作为开展财政工作的重要原则,坚持非必要不支出、有必要须精准、有支出必问效,在调整优化支出结构、推进预算绩效管理、深化财政体制改革、强化政府债务管理、提高财政治理效能上取得明显成效。其三,不断根据变化的形势和实际财政能力调整我国财政赤字率水平,确保政策既有效又能将风险控制在最小。在"十三五"时期,除 2020 年以外,赤字率均控制在 3% 警戒线以内。2016 年和 2017 年的 3% 赤字率为减税降费措施提供了条件,确保政策红利实实在在地落实到市场主体上;在减税降费效应显现、财政增收基础拓展、经济发展稳中向好条件下,2018 年下调为 2.6% 的赤字率为宏观调控留下了更多空间;而 2019 年赤字率提高到 2.8%,则是综合考虑了财政收支、专项债券发行等因素,为应对今后可能出现的风险又留出了政策空间;2020 年,面对突如其来的疫情影响,我国采取了特殊时期的坚定举措,将赤字率调整到 3.6%(3.76 万亿元)以上来支撑疫情防控和经济社会发展。简言之,"十三五"时期减税降费及配套政策实施的"组合拳",从政策部署到贯彻落实已经形成了"增强发展后劲并考虑财政可持续"的有效统一,既充分释放了减税降费政策的有效性,又在系列政策配合中对冲风险确保财政可持续性,为促进经济持续健康发展提供了重要支撑。

事非经过不知难,越见困难越前行。这里需特别回顾 2020 年对政策有效性与可持续性统一的坚守。在确保政策有效性方面,为统筹推进疫情防控和经

---

① 郭瑞轩. 带好队伍展现新气象 干好税务开拓新局面 高质量推进新发展阶段税收现代化——全国税务工作会议在北京召开 [J]. 中国税务, 2021 (2): 6 – 9.
② 2020 年全国税务部门组织税收收入情况 [EB/OL]. (2021 – 01 – 20) [2021 – 04 – 02]. http://www.chinatax.gov.cn/chinatax/n810214/n810641/n2985871/n2985918/c5160638/content.html.

济社会发展,我国实施了更加积极有为的财政政策,除继续巩固落实既有减税降费政策以外,还依据疫情防控形势和复产复工需要出台了阶段性、针对性的减税降费举措。2020 年财税部门连续发布实施了 7 批 28 项减税降费政策,①为市场主体减负超过 2.6 万亿元,为 399 万户纳税人办理延期缴纳税款 292 亿元,② 帮助企业复工复产、渡过难关,既经受住了疫情考验又实现了较好政策效应。在增强财政可持续性方面,我国采取了发行抗疫特别国债、设置财政资金直达机制、安排中央本级支出负增长、压减地方一般性支出、党和政府"过紧日子"等政策,既及时补充地方政府财力又把财政资源用在紧要处,为缓解财政压力腾挪了空间。尤其是安排 3.6%(3.76 万亿元)以上的财政赤字率,在短期取舍中"以合理代价取得较大成效",防止经济运行滑出合理区间,为稳住经济基本盘贡献了重要力量。

从上文可以看出,我国在"十三五"实施积极财政政策过程中,既注重政策稳增长的效应,又强调财政防风险的必要,体现了提升发展质量效益、保持经济持续发展的政策导向,展示了新时代中国特色社会主义的强大能力与制度优势。当前,疫情全球流行和外部诸多不确定性相互叠加,国内发展不平衡不充分问题和重点领域关键环节改革任务仍然艰巨相互交织,继续实施积极财政政策以保持对经济恢复的支持势在必行,兼顾考虑财政承受能力和防范化解风险也是应有之义。基于此,我们就要提炼出释放减税降费政策红利和加强防范化解风险并举的中国经验和制度特征,从而为持续把握好政策有效性与可持续性的统一提供理论支撑。

二、制度有优势:解决世界性难题的中国答案与制度元素

"十三五"时期的实践证明,我国财政政策有效性和可持续性的统一是可以实现的,这也在一定程度上回应了前几年一些学者对于减收增支将导致财政不可持续的担忧。一路走来,笔者始终关注并强调财政政策有效性和可持续性的统一。2009 年,笔者就结构性减税背景下这两者的统一,提出要有效处理好政策作用(减税增支应对经济下行挑战)与收入持续(增收节支确保财政良性运行)的关系,从动态上探寻一个合适的财政收入与经济发展之比例关系

---

① 减税降费将继续发挥关键作用 [EB/OL]. (2020 - 12 - 29) [2021 - 04 - 02]. http://www.gov.cn/xinwen/2020 - 12/29/content_5574409.htm.
② 郭瑞轩. 带好队伍展现新气象 干好税务开拓新局面 高质量推进新发展阶段税收现代化——全国税务工作会议在北京召开 [J]. 中国税务, 2021 (2): 6 - 9.

以保证政策运用的可持续性（邓力平等，2009）。之后在实施大规模减税降费背景下，笔者又在2019年提出既要努力降低经济主体税费负担，又要确保财政可持续性发展以满足人民群众对美好生活的追求，发挥财政服务经济高质量发展的作用（邓力平，2019a）。对于这些观点，笔者今天不仅继续坚持，而且认为应该结合"十三五"时期的成功实践持续提炼、不断充实。

笔者的基本观点是，要特别注意研究我国减税降费等政策有效运用和保持财政可持续性的中国特色，要在对"共性"和"个性"特征的把握中深刻理解两者的统一。在过去的几年，笔者从"共性"和"个性"结合的角度对减税降费政策和财政政策的有效性进行了研究，既提出要从"重大决策与贯彻落实、光荣任务与收入职能、长期要求与特定使命、税费同行与效应把握、减负期盼与民生刚性、纳税个体与人民群众"等方面理解中国特色的减税降费进程（邓力平，2019b），也认为要从坚持党的领导和发挥"集中力量办大事"制度优势的高度认识我国财政政策有效性问题。① 在这里，笔者将这一思路拓展到对财政政策有效性和可持续性相统一的研究中。

无论是社会主义财政，还是资本主义财政，财政可持续性关注的都是作为经济实体的国家财政的存续状态或能力，这就是财政可持续性的"共性"特征。而这种财政可持续性主要体现在政府能否偿还其债务。当经济实体无法偿还债务时就意味着政府不可持续，其财政也就不可持续。通常从财政平衡、筹资能力、偿债能力等角度理解的财政可持续性，其本质都是相通的，都是围绕政府收支行为展开，强调政府当期及未来所拥有和获得的全部收入与资源能够保证其履行偿债义务与支出责任。但是，我们在讨论财政可持续性的"共性"特征时，不要忘记我国财政可持续性的"个性"特征。即在众多特征中，最重要的特征在于中国共产党的长期执政、全面领导的本质属性和"党管财政"的基本定位。其一，中国共产党的长期执政、全面领导决定了我国政权运行的稳定性和对应财政运行的稳定性，决定了我国财政实现跨期平衡和控制风险能力要比资本主义国家多党轮流执政下的财政强得多。这是中国特色社会主义财政的独特优势，源于"党管财政""人民财政"和"国家财政"三者的有机统一。一方面，坚持党的长期执政和全面领导意味着长期政治与经济周期的匹配能够确保国家长治久安，意味着宏观政策的连续性、稳定性和持续性能够显著增强财政可持续性，宏观调控的手段能更多，政策运用的弹性、空间与余地都更大。这种财政可持续性必然与西方政党轮流执政下的财政可持续性存在很大

---

① 邓力平，王智烜. 坚持人民财政理念 完善现代财政制度 [J]. 中国财政，2020（17）：19-24.

区别。另一方面,社会主义财税长期坚持"以人民为中心"的思想,"为民收税、向民收税、为民轻税、为民改革、为民服务、为民用税",[①] 这些重要理念与实践必然能增强人民群众获得感和认同感,进而确保党的长期执政和全面领导,确保人民群众对财政可持续性的信赖。其二,我国坚持的是中国特色的经济财政观,必须在经济与财政相互作用的框架中理解和维护财政可持续性。这就赋予了中国财政可持续性更广义的概念范畴,契合财政在国家治理中的基础和重要支柱定位。一方面,社会主义市场经济持续健康发展是我国财政得以持续发展的前提,只有先做大"经济蛋糕"并确保其做大"蛋糕"的持续能力,"财政蛋糕"方有保障,才能拥有足够财力有效地、持续地发挥财政职能作用;另一方面,财政可持续性是实现长期经济社会可持续发展的重要支撑,只有确保财力和作用的可持续才能推动经济社会高质量发展。从这一角度理解的财政可持续"个性"特征,实际上就是笔者长期坚持的既要研究财政对经济社会可持续发展的作用、又要努力实现财政自身可持续发展的"可持续财政观"理念(邓力平,2008)。当然,在研究新时代中国特色的财政可持续性问题上,还要与时俱进地结合新发展阶段的新特征赋予其新的时代内涵,促进经济与财政的可持续发展。

从这一思路出发,结合"十三五"时期减税降费下财政政策有效性与可持续性统一的实践,笔者归纳回答这一世界性难题之中国答案的五个基本元素。

其一,要在坚持"党管政策"和"党管平衡"的前提下寻求政策有效性与可持续性的统一。这是我国始终能保持积极财政政策效应发挥和财政可持续的根本保障。在党的全面领导下,无论是应对经济下行压力的减税降费决策部署、政策安排,还是防范化解财政风险的支出有保有压、赤字相机调整、债务限额管控措施,其出发点和落脚点都是最广大人民的利益,由此决定了积极财政政策的运用在稳增长和防风险上始终得以统筹,不会顾此失彼,能在统一指挥、集中办事的制度内根据形势随时调整,在统筹平衡中既促成有效性,又实现防风险,并实现长期持续。比如,出于风险控制需要,通过《中华人民共和国预算法》作出的"经国务院批准的省、自治区、直辖市的预算中必需的建设投资的部分资金,可以在国务院确定的限额内,通过发行地方政府债券举借债务的方式筹措"之"黄金法则",将地方政府举借债务限定在投资性项目内,既能推动经济社会发展,又能增加未来还债能力,通过促成跨期财政平衡

---

① 邓力平. 中国特色"人民税收"理念新论[J]. 东南学术,2020(4):126-135,247.

控制地方政府债务风险，为确保地方财政可持续性作出了法律安排，而各级党组织根据中央决策用好债务和防范风险就为《中华人民共和国预算法》实施提供了制度保障。这些制度元素始终内嵌于我国积极财政政策的运用中，体现了党的长期执政对财政政策有效性和可持续性之统一所提供的保障，展现了在党的领导下谋定而后动实现"集中力量办大事"的制度优势。

其二，要在"以收定支"和"以支定收"联动的中国式"紧平衡"财政框架中寻求有效性与可持续性的统一。财政就是一收一支，收支相互作用和财政平衡从来都是要考虑的，而我国制度特质、国情特征和阶段要求都决定了"紧平衡"是一种常态，必须始终牢记于心，并依此统筹考虑政策有效性和可持续性的统一。在"十三五"期间，伴随着减税降费政策相继出台和"六稳""六保"工作落实落细，财政收入增速放缓和民生支出需求刚性相互作用引致的财政收支矛盾，更加凸显了我国预算平衡难度加大、财政收支运行紧张的"紧平衡"特征。这里的"紧平衡"，既有财政收入趋"紧"特征又有支出袋子勒"紧"要求，既显现了收支紧约束中的财政潜在风险又强调了收支联动中的财政必然平衡，既有短期政策运用因素也有我国依然处在社会主义初级阶段、方方面面都需要发展的长期要求。简言之，体现的就是对政策有效性和可持续性统一难度的认识，就是通过合理制度安排实现统一的持续探索。笔者将这样一种财政称为"中国式紧平衡财政"。为了维护这样一种财政的平稳健康运行，财政实践必须坚持"收支联动、突出重点"的基本要求，必须将"以收定支"与"以支定收"两者的结合重新确立为基本原则，以既促成政策有效应又确保财政紧平衡。从"以收定支"的角度看，必须始终坚持"有多少钱办多少事"来精准规划项目支出管紧政府"钱袋子"，明确提出"有足够的钱办必要的事"来围绕中心服务大局做好必要民生保障，坚持避免"找过多的钱办过多的事"来把控整体财政风险注重绩效考核，从而实现了财政政策提质增效和风险管控持续推进。从"以支定收"的角度看，中国特色社会主义市场经济下的"以支定收"，不是西方式的"只管支出"，而是在"收支联动"中向支出预算和政策拓展，既包含着减税降费政策和民生支出刚性并立时税费收入任务必然长期存在的"保收"要求，也包含着推进财政支出标准化、强化预算约束和绩效管理的"提质"要求，以财政支出的压缩为减税降费腾挪空间，为平衡好促进经济增长、熨平经济波动与防范财政风险之间的关系提供了重要支持。立足于这一基点，在我国实施力度大、范围广、层次深、时间久的减税降费政策条件下，必须旗帜鲜明地重提"以收定支"，必须坚持在"紧平衡"的前提下统筹"以收定支"与"以支定收"，既要考虑减税降费之减收的必要，又要坚持支出"压一般、保重点""调结构、优配置"的政策导向。面对财政收入回升空间有限和兜牢民生保障支出刚性的矛盾，我们既要强调放水养鱼的减负政策切切实实地惠及市场主体，发挥提振经济积极效应，也要强调兜牢底线的民生支出实实在在地增进人民福祉，满足人民对美好生活的向往。从财政收入和财政支出两个方面共同发力、联动配合，以提质增效的收支政策激发市场活力、提高人民幸福感，进而在长期实现财政健康持续运行。笔者欣喜地看到，近年来财政部已经明确提出"以收定支"的要求，就是对"中国式紧平衡财政"运行规律的深刻认识，这是促进财政政策效应与可持续性一体推进的有力抓手，在未来还需继续坚持，持续优化。

其三，要在对完成预算确定的财政收入任务的坚守中促进有效性与可持续性的统一。近年来的我国财税实践表明，收入任务事实上包含着完成法定收入任务和减税降费任务的要求，强调的是"应收尽收"和"该减必减"。就完成法定税费收入任务而言，税务部门依法依规将该收的税费收到位，并坚决避免"多征、提前征收"等"收过头税"问题及"减征、免征、缓征"等"藏富于民"问题，既筹集了必要收入为国家重大战略任务完成提供财力保障，又避免了经济下行压力加大时收"过头税"进一步压缩市场主体空间，在寻求财政可持续发展中增强了改革发展和改善民生的财力保障。此外，在依法征收税费的同时，财政等部门对政府各类结余、沉淀资金应收尽收，着力于盘活存量、用好增量，也为财政平稳运行、确保财政可持续提供了重要支持。就落实减税降费政策而言，财税部门始终坚持不打折扣地释放减负红利，既在激发市场主体活力中实现了减负成效，又在扩大税基税源中确保了财政长期持续。一是坚持阶段性减税与制度性减税并重。我国的减税降费政策既有灵活调整的临时性、阶段性措施，又有稳定成型的固定性、制度性安排；既能结合优惠政策调整在短期实现纾困解难之成效，又能通过财税制度结构优化从长期培育税源税基。在这样的政策"组合拳"下，就有动态调整当前少征一点和未来多增一点的空间，就有灵活调整减税降费强度和力度的弹性，有利于我国审时度势调整政策力度、作用范围和着力重点，从而实现提振经济与把控风险的统筹，以确保财政连续性、稳定性和可持续性。比如，2020年我国采取的小微企业和个体工商户税收优惠、阶段性减免社会保险缴费等具有政策时效的减税降费政策，就可以依据将来的经济运行情况、财政可持续性状况等因素确定执行期限，决定哪些政策可以稳妥退出、哪些政策需要延续拓展乃至进一步上升为制度。再如，营改增打通增值税抵扣链条、消费税调整税率和征收范围引导消费、资源税改革完善要素价格形成机制等一系列制度性改革调整，能够推进市场结构优化调整、矫正要素配置扭曲，能动地促进整体经济的持续健康发展，进而在经济与财政的相互作用中增强财政可持续性。二是坚持普惠性减税与结构性减税并举。普惠性减税致力于放水养鱼，为经济发展积蓄动能，而结构性减税着力于特定对象，以推进市场结构调整优化。这种点面结合、统筹兼顾的政策设计为有效激发市场主体活力和有力应对经济下行压力发挥了积极作用，进而以倍增的经济发展后劲弥补财政收支缺口，助推财政可持续发展。这里以我国支持疫情防控的政策为例。为了对冲新冠肺炎疫情对经济运行产生的重大风险，2020年，我国的减税降费政策注重一视同仁与因地施策、因时制宜的结合，既有面向全国的普惠性政策，又有依据企业行业类型与地域影响的精准措施，通过减征免征小规模纳税人增值税、暂缓征收小型微利企业和个体工商户企业所得税、阶段性减免企业社会保险费、减征职工基本医疗保险费等阶段性政策，加大对经营规模较小、抵御风险能力较差、疫情影响较为严重的困难企业的支持力度，为统筹疫情防控和经济社会发展目标、做好"六稳""六保"工作贡献了重要力量。

其四，要在财政支出的精细高效安排中促进政策有效性与可持续性的统一。在大规模减税降费背景下，与之相配套的压减一般支出、强化绩效管理等政策安排既减少了非必要支出，又提高了必要支出的使用效益，在一定程度上缓解了收支矛盾，从而实现提振经济与把控风险的统筹。一是在党和政府"过紧日子"中释放政策效应、增强财政可持续性。"过紧日子"是党领导财政工作长期坚持的基本方针，体现了"立党为公、执政为民"的长期执政理念和税收"取之于民、用之于民"的长期为民方针。"过紧日子"的政策安排通过节约政府财力，为财政紧平衡下落实减税降费、保障民生支出、应对外部冲击留出空间，既能从"过紧日子"和"财政紧平衡"的联动配合中增强财政可持续性，又能从节用裕民、为民服务中助力党的长期执政进而确保财政可持续性。财政部对"过紧日子"作出了精细有效的安排，要勤俭节约当好"铁公鸡"，精打细算打好"铁算盘"，艰苦奋斗过好"紧日子"，助力缓解财政收支矛盾、确保财政可持续性，为随时应对可能出现的新风险新挑战留足政策空间。二是在强化预算约束和绩效管理中把握好积极财政政策发挥效应与财政运行确保持续的平衡关系。财政部门通过将各级政府预算收支、部门和单位预算收支、政策和项目资金使用统一纳入预算和绩效管理，能够有效规范政府有质有效地使用财政资金，并将节约下来的财政资金更多投入到群众呼声强烈的重要领域，推动实现既提质增效、又确保持续的财政政策目标，以财政的平稳持续运行助力经济社会高质量发展。

其五，要在配套体制改革与政策安排中保障政策有效性与可持续性的统一。近年来在中央统一指挥下，财税与其他相关部门密切配合的实践已经提供了有益的经验。一是要在权责清晰、财力协调、区域均衡的央地财政关系中增强财政可持续性。从统收统支到分灶吃饭，再到分税制财政体制改革，我国的财政事权和支出责任划分逐渐清晰，但当前依旧存在政府职能定位不清、央地事权和支出责任不匹配等问题，由此引致的纵向财政失衡和横向财政失衡是当前地方政府财政运行存在风险的重要因素。一方面，财权上移、事权下解的纵向失衡将扩大地方政府支出责任和自有财政收入之间的财力缺口，加剧地方政府财政收支矛盾；另一方面，资源禀赋和经济发展差异下的横向失衡将进一步加大财政纵向失衡引致的财政收支压力，增加地方财政运行风险。同时，政府为应对财政纵向和横向失衡采取的大规模举债措施又将进一步扩大财政收支矛盾和运行风险。由此，增强财政可持续性就要通过明确央地政府事权与支出责任、健全省以下财政体制，促进各级政府权责归位，合理划分地方政府事权并匹配与之相适应的财力范围，进而缓解地方财力缺口和财政收支矛盾，为控制地方政府财政风险和推动财政持续健康运行提供体制支撑。二是要在中国特色财政转移支付体系中增强财政可持续性。我国以一般性财政转移支付为主体、共同财政事权转移支付和专项转移支付协调配合的转移支付体系是与财政事权和支出责任划分改革相衔接的一项制度安排，其积极效应是缓解地方财政收支压力、矫正财政体制失衡、保障基本民生支出，进而增强地方财政可持续性。但同时也应看到，地方政府高度依赖转移支付可能产生的一些道德风险问题也将扭曲地方政府财政收支行为，对财政可持续性形成消极影响。由此，把握好转移支付体系与财政可持续性之间的关系至关重要，尤其是要加强转移支付的监督激励和问责约束机制，以科学合理、规范透明的转移支付制度支撑财政可持续发展，为防范化解地方政府财政风险发挥积极效应。此外，2020 年我国还在统筹疫情防控和经济社会发展中形成了财政资金直达基层这一特殊转移支付机制，通过科学安排将财力直接下沉到基层，为提高财政资金使用效益、支撑基层财政的可持续运转发挥了重要作用。三是要在健全政府债务管理制度改革中促进财政可持续发展。应该认识到，在政府收支压力较大时，适当的政府债务融资能够为促进经济社会发展、提高政府公共服务能力、保障和改善民生提供重要支撑。但政府超过其财政承受能力大规模举借债务则会直接引致财政可持续性风险。所以从坚持底线思维出发，健全政府债务管理制度是确保财政可持续性的应有之义，完善规范、安全、高效的政府举债融资机制是防范化解财政风险的必然要求。我们要尤其关注地方政府的举债融资行为，做好"事前""事中""事后"债务管理与监督工作,根据经济社会发展需要、财政可持续性要求和地方政府财政承受能力合理确定发债规模、科学规范债券发行、加强风险评估预警、强化债务绩效管理,及时防范化解地方政府债务风险,持续发挥政府债务对于增强财政可持续性的积极作用,严守财政可持续性的底线。

三、展望"十四五":"提质增效、更可持续"地再谱财政政策新篇章

当前,我国已经开启了全面建设社会主义现代化国家新征程。结合"十四五"时期的规划安排,可以看到平衡稳增长与防风险的工作思路依然贯穿于新发展阶段,通过不同力度或不同形式表现出来的减税降费将是一个长期导向,这也是本文将题目定为"论减税降费中的财政政策有效性和可持续性"的内在之义。我们要在实践总结与理论升华的基础上,认真领悟党中央提出的积极财政政策要"提质增效、更可持续"的深刻含义。"提质增效"点明的就是政策的有效性,"更可持续"对应的就是财政的可持续性,两者并提则是再次强调要更好地平衡政策实施效果与控制财政风险的关系。结合对"十四五"规划纲要和2021年《政府工作报告》相关内容的学习,笔者谈三点体会。

其一,要把实现财政政策有效性与可持续性的统一放在"十四五"规划的大局中领悟。"十四五"规划的核心要义是"把握新发展阶段、贯彻新发展理念、构建新发展格局",积极的财政政策要在其中找到准确定位,就要结合新发展阶段的实际,以新发展理念为引导,把工作重点放在提高发展质量和效益上,助力实现高质量发展,推动构建新发展格局。这里尤其需要把握新发展理念对于实现政策有效性和可持续性之统一的引领作用。坚持创新、协调、绿色、开放、共享的新发展理念,强调的是在多方面统筹协调中,以积极财政政策助力塑造创新优势、解决发展不平衡问题、推动构建生态文明、增强改革发展活力、提升社会公平正义,进而"实现更高质量、更有效率、更加公平、更可持续、更为安全的发展"[①]。积极的财政政策在这些方面发挥作用,体现的就是对政策"有效性"的新要求和实现更"可持续"发展的目标导向。同时还要认识到,多年来我国已经在包括减税降费政策在内的积极财政政策运用中取得了显著成效,并在有效性和可持续性的统一中更注重发挥前者对经济的提振作用。而伴随着我国高质量发展从"转向"到"进入"的阶段转变,就要

---

① 习近平. 正确认识和把握中长期经济社会发展重大问题[J]. 求是,2021(2):4–10.

看到我国经济社会追求发展质量与效益的持续加快，今后就要在确保政策有效性的同时更注重防范风险以增强财政可持续性。我们要认真领会习近平总书记关于要"增强机遇意识和风险意识""实现更高质量、更有效率、更加公平、更可持续、更为安全的发展"①的重要指示精神，要在财税工作中"高度警惕防范涉及财政领域的重大风险"②，要将推动实现更高质量、更有效率、更可持续发展作为开展财税工作的重要要求，并在把握政策效应与财政持续的权衡中高度警惕财政运行风险。

其二，要立足当下、"提质增效"促成"十四五"开局之年经济社会的持续健康发展。2021年既是我国常态化疫情防控、巩固经济基本盘的关键之年，也是开启全面建设社会主义现代化国家新征程的开局之年，我国政策效应与风险控制的显性统一在政策安排中体现得尤为明显。根据2021年《政府工作报告》的明确要求，全国财政工作会议要求"持续推进减税降费，保持政策的连续性……做好重点领域风险防范化解工作，确保财政经济稳健运行、可持续"③；全国税务工作会议也提出"进一步巩固拓展减税降费成效促进完善现代税收制度，助力高质量发展"④。强调的都是要在2021年平衡好巩固财政政策效应与确保财政可持续性的关系，尤其是在减税降费政策的运用中把握两者统一。一方面，保持政策的"连续性""稳定性""不急转弯""提质增效"，就是要求我国阶段性和制度性减税降费政策要依据市场主体恢复元气、增强活力需要，适当延长部分政策的执行期限，通过连续、稳定、提质增效的减税降费政策发挥其巩固经济基本盘的积极效应，助力经济高质量发展。同时，"不急转弯"的安排提高了政策灵活度，既意味着减税降费政策不能急刹车，要给予市场主体一定过渡和预期，再帮一把助力市场主体青山常在、生机盎然；也意味着当疫情防控和经济社会发展形势转好时，积极的财政政策将适度调整转而更多考虑财政可持续性，适当退出一些非必要的阶段性减税政策，为财政可持续性留出空间；更意味着对于能够增强经济发展后劲的制度性减税政策，要稳定执行以确保稳增长的效应得以充分发挥。另一方面，保持政策的"可持续性"，则是要求在落实巩固制度性减税降费政策的同时，要结合新的结构性减税举措和其他财政政策对冲部分政策调整带来的影响和风险。比如，2021年我国赤字率调低为3.2%（3.27万亿元）左右、中央本级支出继续安排负增

---

① 习近平. 正确认识和把握中长期经济社会发展重大问题[J]. 求是，2021（2）：4-10.
②③ 张蕊，刘永恒. 2020年全国财政工作视频会议在北京召开[J]. 中国财政，2021（1）：18-20.
④ 郭瑞轩. 带好队伍展现新气象 干好税务开拓新局面 高质量推进新发展阶段税收现代化——全国税务工作会议在北京召开[J]. 中国税务，2021（2）：6-9.

长、压减非急需非刚性支出等配套措施，实际上就是在财政收支"紧平衡"情况下，统筹宏观调控需要和防范财政风险作出的合理安排和调整，既体现了财政政策的积极取向，又释放出我国不搞"大水漫灌"式强刺激、推动高质量和可持续发展的明确信号，为今后应对新的风险挑战留出政策空间。

其三，要更加丰富中国财税理论体系。从"十三五"到"十四五"，我国财税实践从来都是坚持了积极的财政政策有效性和财政运行可持续性之间的统一。在这方面积累的成功经验和中国特色，彰显了中国特色社会主义财税的显著优势。比如，在两者统一中体现的"党管财税"理念要求始终坚持党对财政税收工作的全面领导，全力贯彻党中央关于平衡稳增长和防风险的相关决策部署，在党的长期执政中极大确保了我国财政可持续性；"人民财税"理念则体现了我国"以人民为中心"的财政政策比西方国家更连续、更稳定、更可持续的特征；"经济财税"理念强调的经济与财政的相互作用成为我国财政可持续性呈现中国特色的重要方面；"财政平衡"理念作为我国财政一以贯之坚持的理论，也要在未来的财政收支政策安排中予以体现和落实，并结合发展阶段特点特别注重其"紧"的特质。作为理论工作者，我们要在新发展阶段将这些实践经验进一步总结和完善，并促进形成研究"紧平衡"财政政策有效性与可持续性统一的理论体系，推动中国特色社会主义财税理论与实践的同步发展。我们一定要紧跟这一伟大实践的步伐，从理论的角度为财政政策有效性和可持续性统一、为实现经济社会高质量发展作出自己应有的贡献。

当前我们要在新的征程上进一步寻求稳增长和防风险的平衡，展现中国特色社会主义财税的新作为。对于在新发展阶段中继续把握好政策有效性和可持续性的统一，笔者这里提出四句话："增收减支最为容易，减收增支最能考验，政策效应高质展现，紧张财政必须持续。"坚持这种清晰的认识，我们就能以高质量和可持续的经济发展为全面建设社会主义现代化国家增添动能、贡献力量。

作者单位：厦门大学
厦门国家会计学院

海南自由贸易港货物和劳务税制度集成创新研究

刘 磊

在海南建省办特区三十周年之际，中共中央、国务院发布《关于支持海南全面深化改革开放的指导意见》提出海南"三区一中心"四大战略定位[①]，其中第一战略定位是"全面深化改革开放试验区"，要"大力弘扬敢闯敢试、敢为人先、埋头苦干的特区精神，在经济体制改革和社会治理创新等方面先行先试"。习近平总书记对海南自由贸易港建设做出重要指示，强调"要把制度集成创新摆在突出位置，解放思想、大胆创新，成熟一项推出一项，行稳致远，久久为功"。

货物和劳务税是海南自贸港税制的重要组成部分。货物和劳务税是指在生产、流通和服务领域中以货物和劳务为征税对象的一类税收，如增值税、消费税、车辆购置税等；广义的货物和劳务税还包括以增值税、消费税为税基的城市维护建设税、教育费附加、地方教育附加、文化事业建设费等。货物和劳务税集成创新，是把各种货物和劳务税的优势创造性地融合过程，即在各种货物和劳务税的要素的结合过程中注入创造性思维，要素经过主动优化、选择搭配，形成一个适宜海南自由贸易港环境的要素优化、优势互补的货物和劳务税制。《中华人民共和国海南自由贸易港法》第二十七条第二款规定"全岛封关运作时，将增值税、消费税、车辆购置税、城市维护建设税及教育费附加等税费进行简并，在货物和服务零售环节征收销售税；全岛封关运作后，进一步简化税制"。本文通过分析当前增值税制度的缺陷，借鉴欧美国家销售税和增值税实践经验，在此基础上提出海南自由贸易港货物和劳务税制度集成创新建议，以为海南自由贸易港税收制度建设提供有益参考。

---

① "三区一中心"四大战略定位是指全面深化改革开放试验区、国家生态文明试验区、国际旅游消费中心、国家重大战略服务保障区。

一、我国现行增值税制度及存在的主要问题

(一) 我国现行增值税制度概况

我国增值税自1979年在部分地区部分行业试点,按增值额征收,至今已有四十余年,随不同的经济发展阶段,其主要经历了价内税转为价外税、生产型转为消费型、营业税改征增值税、简并税率档位和降低税率等改革阶段(李万甫,2019;胡天龙,2021)。2020年全国国内增值税收入为5.7万亿元,占全国国内税收收入比重接近40%,占全部国内货物和劳务税比重超过六成[①],当之无愧为我国第一大税种。

在增值税之前,新中国货物和劳务税经历过工商统一税、工商税、产品税、营业税,但最终基本建立起全行业、全链条增值税制度和征管体系,主要在于增值税较之其他税种的先进性更能适应市场经济的社会分工,促进生产力发展(刘植才,2018)。虽然工商统一税、工商税、产品税、营业税存在差异,但其共同特点在于基本都是按货物、劳务的全部流转额征税,不利于商品流转,不利于市场化社会大生产分工。在商品流通过程中逐环节按全部流转额征收税款,会产生重复征税,加重纳税人的负担,对产品结构复杂、专业化协作程度较高的行业尤甚,这也必然导致部分企业选择"大而全""小而全"的生产方式,不利于市场专业化分工;"全能型"与非"全能型"企业之间税负失衡,对纳税人组织结构和经营方式的选择产生扭曲作用。增值税"道道征税、税不重征"的中性原则,总体上为绝大部分不同行业,尤其是同行业企业的生产经营创造了平等竞争的条件,有利于企业充分发挥经营的自主权。

(二) 我国增值税制度存在的问题

虽然增值税"道道征税、税不重征"的制度相较于产品税、营业税等货物和劳务税有其先进性,但不容忽视的是,随着增值税制度实践的深入,增值税制度内在的缺陷和征管漏洞也不断暴露,迫切需要进一步深化改革,以更好促进经济高质量发展。

1. 增值税道道征收加重企业负担。从理论上讲,增值税是对生产经营企

[①] 此处计算国内增值税占货物和劳务税比重时,货物和劳务税包括国内增值税、国内消费税、城市维护建设税、车辆购置税、印花税、契税等6个税种,未包括进口增值税、进口消费税以及其他费种。数据来源:财政部国库司. 2020年财政收支情况 [EB/OL]. (2021-01-28) [2021-07-12]. http://gks.mof.gov.cn/tongjishuju/202101/t20210128_3650522.htm.

业的增值额征税，在税制设计上对市场主体全链条跟踪监控增值额，道道征收，税不重征。一般来讲，增值税是间接税，增值税不过是最终零售环节由消费者支付的税款，生产经营者并不是增值税的直接承担者，在此过程中其不过是传递了增值税，提前垫付了增值税税款。但换一个视角来讲，从宏观看，正常销售情况下生产经营企业垫付税款的行为，占用企业资金，给企业带来税收负担压力；从微观看，企业初创投资阶段或是经营不善等特殊情况，大量购入垫付税款但短期内无法产生足额销项税税款，只能自己长时期甚至永久承担进项增值税，进一步加重企业负担。如果能够将税款直接在最终零售环节征收，省去中间征收环节，将更有利于企业生产经营，这正是货物和劳务税进一步深化改革的主要动因。

2. 增值税留抵税额退税制度并没有彻底解决增值税难题。为了缓解增值税占用企业资金压力，促进经济高质量发展，在完成营业税全面改征增值税后，2019年我国推出了增值税留抵税额退税制度[1]，符合规定条件的纳税人，可以向主管税务机关申请退还增量留抵税额，即对现在还不能抵扣、留着将来才能抵扣的增值税进项税额，予以提前全额退还。这对企业经营来讲是好事，但这不能彻底解决增值税制度固有的问题。

3. 增值税征管难度大，虚开发票顽疾难以解决。增值税相较于产品税、营业税等的优点在于按增值额征税，进项税额抵扣。在具体的实现方式上，我国则采取了以票扣税方式。以票扣税，就是凭借取得的进项发票做增值税抵扣，一方面以票抵扣方便了税务部门的管理，另一方面由于发票的可抵扣功能激发了不法纳税人虚开发票动机，也给增值税发票管理带来严峻的挑战。

4. 增值税征收管理成本高，跨区域核实难度大。由于增值税的全链条抵扣特征，必须要求对增值税发票的跨区域开具情况进行监控。早在增值税开始推行时，就有人提出了搞好增值税专用发票的购销双方的交叉稽核，科学设计计算机交叉稽核发票的程序，增强识伪能力。税务部门通过金税工程，建立了服务于市场主体的全国发票查验平台，以及内部防风险管理的快速应对平台，目前还推行了发票电子化改革，但跨区域实地核实增值税发票费时费力，给全国增值税征管以及以此为基础的整体税收管理带来了较大困难。

5. 增值税优惠事项复杂，导致中性原则难以贯彻。增值税"道道征税、税不重征"的中性原则是其优势，但繁杂的优惠事项使其优势难以充分发挥。

---

[1] 2019年3月，财政部、国家税务总局、海关总署三部门联合发布《关于深化增值税改革有关政策的公告》（财政部 税务总局 海关总署公告2019年第39号），其中提到，自2019年4月1日起，试行增值税期末留抵税额退税制度。

我国增值税优惠政策方式众多，包括即征即退、先征后退、先征后返、免税、零税率等政策，还有针对生产、生活性服务业纳税人等行业的加计抵减的阶段性政策，小规模纳税人的优惠政策。从各类税收优惠适用的类别来看，增值税被赋予了调节产业结构、照顾特殊群体等非中性功能。尤其难以处置的是，各地方政府为吸引企业前来投资普遍采取各类型税收返还政策，导致增值税中性原则难以贯彻。

二、货物和劳务税的国际实践创新

1921 年德国的西蒙士（C. F. V. Siemens）正式提出增值税，30 多年后的 1954 年，法国率先开征增值税，取代存在多重征税问题的营业税。由于增值税征税范围相对广泛，计税方式合理，避免重复征税，并能显著增加财政收入，因此，很快在世界范围内受到重视并被采纳。

（一）美国销售税消除重复征税的制度创新——免税证书

美国现代意义上的销售税最早由肯塔基州开征，到 20 世纪 30 年代大萧条时期多州跟进开始普及[①]。美国销售税是州及地方税，联邦政府不征收销售税。美国销售税全称是"销售和使用税（Sales and Use Tax）"，销售税通常对购买方（消费者）征收，也有一些州的销售税是对销售方征收的。但不管是对购买方征税，还是对销售方征税，通常是由销售方在购买方向其购买应税商品和服务时收取，而后销售方向税务机关申报缴纳。美国直到现在没有推行增值税，但基本上避免了对货物流转全额课税的弊端，减轻了企业经营负担，促进了经济发展，这正是海南自由贸易港零售环节销售税需要学习借鉴的地方。有的中国企业家说美国税负比中国轻，实际上主要是因为美国生产性企业不征增值税，所以在生产环节税负轻；实际上，美国的所得税税负比中国重得多。美国销售税能够成功避免重复征税的做法，是实施购买方签发销售税免税证书（Sales Tax Exemption Certificates）机制。

1. 销售税免税证书的一般规则。在大多数州，销售税是由应税商品或服务的最终消费者支付的。如果生产者、批发者、零售者等购买商品用于继续生产或销售，可以在其购买时向销售方提供其签发的销售税免税证书。购买方填写证书并交给销售方，销售方保留证书，然后可以向购买方出售货物或服务，

---

① History of Sales Taxes in the United States [EB/OL]. [2021-07-15]. https://www.salestax-handbook.com/articles/history/.

而不收取销售税。各州对于如何进行免税购买有不同的规定。属于简化销售和使用税协议（Streamlined Sales and Use Tax Agreement）①的会员州都允许使用统一的销售税证书（Uniform Sales Tax Certificate），而许多州也有针对某些使用情况的特定豁免表格。

2. 马萨诸塞州销售税免税证书法律规定。以马萨诸塞州1991年颁布的销售税法律为例，其对转售和豁免使用证书（Resale and Exempt Use Certificates）规定：销售方从销售有形货物或应税服务中获得的所有总收入均被推定为来自需纳税的零售销售，直至相反证明成立。证明销售不是零售销售的责任在于销售方，除非销售方从购买方获得转售和豁免使用证书。每份转售和豁免使用证书必须采用规定的格式，并且必须包含以下信息：买方名称、买方地址、买方的注册号、总监要求的任何其他资料。如果购买方以签发转售征税方式免税取得货物，随后没有转售货物，而是自己使用了，则以该购买方首次使用时起，视为购买方发生零售，需要缴纳销售税，并且购买方持有该货物的成本需要计入总收入中②。

3. 纽约州销售税免税证书使用规定。以纽约州2010年税务公报关于免税证书使用说明为例，其规定：购买方必须在出售后90天内，最好是在出售时，向销售方提供正确填写的免税证书。例如，购买方从销售方购买了应纳税的清洁用品。如果购买方打算将清洁用品转售给客户，则购买这些用品可以无须支付销售税。由于清洁用品的销售通常需要缴纳销售税，经销商需要一些记录来说明为什么没有征收销售税。这就要求购买方在购买后的90天内，向销售方提供正确填写的免税证书，证明购买方打算转售购买的物品。否则，销售方可能被追究税务责任。如果购买方打算自己使用这些用品，则不能使用免税证书，销售方必须收取销售税。如果故意或明知故犯地出具虚假或欺诈性的免税证书，则会受到处罚、罚款或监禁③。

（二）欧盟增值税管理的制度创新——拆分缴税机制

虽然各国在增值税的具体管理上有差异，但增值税基本原理是相通的，各

---

① 美国简化销售和使用税协议，首次成立于2000年，目前有阿肯色州、印第安纳州等23个成员州。其目标是帮助简化成员州的销售税规则，以便于跨州经营纳税人降低经营成本，便利跨州贸易。该组织说明参见网址：https：//www.streamlinedsalestax.org.
② 830 CMR 64H. 8. 1：Resale and Exempt Use Certificates［EB/OL］.［2021-07-15］. https：//www.mass.gov/regulations/830-CMR-64h81-resale-and-exempt-use-certificates.
③ Exemption Certificates for Sales Tax，Tax Bulletin ST-240（TB-ST-240）［EB/OL］.（2010-03-26）［2021-07-15］. https：//www.tax.ny.gov/pubs_and_bulls/tg_bulletins/st/exemption_certificates_for_sales_tax.htm.

国税务部门所面临的问题和挑战也有相似性。为了便于对纳税人抵扣行为进行监督，不少国家都把获得规范的抵扣凭证（专用发票）作为实现抵扣权的一个关键要件。欧盟增值税 2006 年指令（Council Directive 2006/112/EC）第 178 条（a）项规定，为了行使抵扣权，纳税人必须拥有相应的发票（包括纸质和电子发票）①。这样，发票的拥有就成为纳税人行使抵扣权的一项必要条件，纳税人可以抵扣的增值税税额也只能是发票中记载的税额，这与《中华人民共和国增值税暂行条例》规定的"从销售方取得的增值税专用发票上注明的增值税额准予从销项税额中抵扣"相似，即纳税人只有取得符合规定的进项发票，才能抵扣进项税。但因此也出现了"消失的交易者"（Missing Trader）等各种方式的大量虚开发票、偷逃税款问题。

1. 拆分缴税机制的一般规则。

传统增值税的征收缴纳涉及销项税额和进项税额的计算，并在此基础上衍生出一整套征收体系，该征收机制以销售方为纳税人，就一定时期内销项税额和进项税额的差额申报缴税。与传统增值税征收机制不同，拆分缴税机制是指在销售方与购买方发生交易时分别计算该笔交易价款和税额，并将价款和税款分别处理，价款直接支付给销售方的业务银行账户，税款直接缴入供应商的由政府特别监管的专用银行账户（即增值税账户）。随后与增值税计算一样，一定时期后销售方根据其销项减进项计算增值税，将增值税账户中资金缴入国库。增值税账户中积累的资金仍然是纳税人的财产，但后者不能自行管理。这些资金只能用于支付货物或服务的增值税，并向税务局缴纳税款。纳税人也可以申请释放增值税账户资金，即将现金从增值税账户转入业务账户。税务局在规定的时间考虑申请并决定是否发放增值税账户现金②。

2. 意大利、波兰等国家的拆分缴税机制实践。

自 2015 年 1 月 1 日起，意大利根据第 190 号法律（稳定法）第 23/12/2014 号法律，对公共机构采购项目采用了拆分缴税机制。它已经扩展了几次，最近一次是在 2018 年 1 月 1 日。目前，它适用于向公共经济实体、特殊公司、基金会及其子公司以及富时 MIB 指数③中的公司等公共机构提供的货物和服

---

① COUNCIL DIRECTIVE 2006/112/EC of 28 November 2006 on the common system of value added tax [EB/OL]. [2006-11-12]. Official Journal of the European Union.
② Split Payment Mechanism: a controversial tool for fighting VAT fraud [EB/OL]. (2019-12-18) [2021-07-15]. https://home.kpmg/pl/en/home/insights/2019/12/split-payment-mechanism-a-controversial-tool-for-fighting-vat-fraud.html.
③ 富时 MIB 指数（FTSE MIB Index）是意大利证交所的基本股票市场指数，由 40 只交易最活跃的股票构成。

务，在这些机构支付款项时，直接将税款缴入增值税专用账户①。2020年意大利政府决定延长适用拆分缴税机制②。波兰于2018年7月引入了增值税拆分缴税机制，作为打击增值税欺诈的一项措施。虽然该机制对每个增值税纳税人都适用，但不是强制性的。在征管方面，政府也给使用拆分缴税机制的交易双方一定支持优惠，但卖方可能会坚持排除拆分缴税机制，因为这会影响企业的现金流③。

三、海南自由贸易港货物和劳务税制度集成创新

2020年中共中央、国务院发布《海南自由贸易港建设总体方案》（以下简称《总体方案》），对于税收制度设计的总体就要求是按照税种结构简单科学、税制要素充分优化、税负水平明显降低、收入归属清晰、财政收支基本均衡的原则，结合国家税制改革方向，建立符合需要的海南自由贸易港税制体系，并明确全岛封关运作时，将增值税、消费税、车辆购置税、城市维护建设税及教育费附加等税费进行简并，在货物和服务零售环节征收销售税。根据《总体方案》提出的目标，我们应集成国际经验，把改革创新思路落到实处。

（一）海南自由贸易港销售税核心制度创新

增值税制度存在的问题是客观存在的，用销售税替代增值税，在海南自由贸易港先行先试，是中国货物和劳务税改革的重大战略选择。其中，如何区分零售环节的纳税人和免税人是最关键的问题，此为海南自由贸易港货物和劳务税的核心制度创新。在我国增值税征管实践基础上，借鉴国际货物和劳务税实践创新经验，在海南自由贸易港率先试点零售环节销售税是可行的，如果成功，值得在全国推广，进而实现我国的整体税制优化。销售税在零售环节普遍征收比较容易实现，难点在于零售环节的购买人如果不是为了最终消费，而是用于生产经营，我们如何界定。在此，我们把这种零售环节的购买人定义为"销售税免税人"。

---

① VALUE ADDED TAX Split Payments: New VAT Collection Mechanism in the European Union [EB/OL]. (2018 – 05 – 30) [2021 – 07 – 15]. https: // sovos. com/blog/vat/split – payments – new – vat – collection – mechanism – in – the – european – union.

② Ulrika Lomas. Italy To Extend VAT Split Payment Mechanism For B2G Supplies [EB/OL]. (2020 – 07 – 31) [2021 – 07 – 15]. https: //www. tax – news. com/news/Italy_To_Extend_VAT_Split_Payment_Mechanism_For_B2G_Supplies____97769. html.

③ Marcin Sroga, Marcin Zimny. Poland: Split Payment Mechanism [EB/OL]. (2018 – 08 – 23) [2021 – 07 – 15]. https: // www. mondaq. com/sales – taxes – vat – gst/729706/split – payment – mechanism.

1. 零售环节免税规则——销售税免税人向主管税务机关提供免税备案。

张云华等（2020）认为海南自由贸易港销售税征税发生在五个零售环节：第一，零售商向广大消费者零售应税货物环节；第二，生产商向消费者零售应税货物环节（厂家直销）；第三，批发商向消费者零售应税货物环节；第四，消费者从境外购买应税货物在海南自由贸易港内消费使用环节；第五，消费者从境内关外购买应税货物在海南自由贸易港内消费使用环节。五个零售环节均涉及消费者，而消费者如何界定是关键问题，个人去购买是消费者，个体工商户去购买是不是消费者，合伙企业去购买是不是消费者，个人独资企业去购买是不是消费者，以购入物品用以内部员工消费的公司是不是消费者，何种消费者在何种零售环节纳税需要给出清晰的界定。在这一问题上，我们建议借用美国免税证书的做法，从反向来思考，用排除生产经营者的方式来确定消费者。

海南自由贸易港销售税免税人签发免税证书的格式可以参考我国当前的增值税发票格式，基本内容可与增值税发票内容一致，两者的不同在于：免税证书是由销售税免税人购入货物劳务时开具给销售方，增值税发票是销售方开具给购买方。在销售税改革初期，建议在保留销售方向购买方正向开具发票的基础上，增加销售税免税人向销售方开具免税证书。在销售税成熟阶段，在当前单向开具电子发票系统①的基础上，可考虑引入双向信息确认机制的电子发票系统②，只有销售方和购买方双方确认才能生成电子发票，该发票既作为销售方向购买方开具的发票，又作为购买方向销售方开具的免税证书。

2. 保障税款安全的征管安排——拆分缴税机制。

意大利、波兰等欧盟增值税国家引入拆分缴税机制，其弊端在于占用企业现金流，不符合增值税消除重复征税的设计初衷。在零售环节销售税制度下，中间环节不征税，仅在零售环节征税，纳税人缴税即为最终缴纳税款，无须再通过销项税和进项税计算增值税税款，由此，零售环节销售税与拆分缴税机制可以完美结合，实现实时缴税，缴税即为申报，这样也可以消除纳税人税款计算、申报成本，便利企业生产经营。

---

① 目前的纸质发票系统以及正在推广的电子发票系统都是单向开具模式，即销售方可以不经过购买方同意，直接开具发票；销售税模式下，需要销售方与购买方达成合意，经过双方信息确认，才能开具发票。
② 从我国信息通信应用市场来看，也具备了相应的条件。2004年我国就通过了《中华人民共和国电子签名法》，旨在规范电子签名行为，确立电子签名的法律效力，维护有关各方的合法权益。2013年商务部制定了《电子合同在线订立流程规范》，以规范电子合同在线订立。双向信息确认的电子发票与签订合同原理相通。当前市面上也出现了多家网上订立合同的平台，例如，腾讯电子签、契约锁等。

海南自由贸易港销售税拆分缴税机制，对于销售方销售给消费者（销售税纳税人）来讲，因每次开票需要实时缴税，与当前的增值税制度相比，会增加开票成本，由此，可以达到防止虚开发票的效果；对于销售给生产经营者（销售税免税人）来讲，由于发票不再具备抵扣性质，虚开增值税发票动机将大大下降，但不可否认生产经营者还存在以购入发票冲减所得税成本的动机。

3. 对销售税关键要素设计的预期效果评价。

海南自由贸易港零售环节销售税制度安排，可以实现以下目标：一是在零售环节征收销售税可以从根本上解决增值税道道征收给企业带来的纳税负担问题。零售环节销售税能顺应企业经营需求，更好促进企业生产经营。二是不存在留抵税额和留抵税额退税的问题，解决了现行增值税的一个难题。三是在零售环节征税，取消了中间课税环节，没有了增值税发票的抵扣机制，也就不再有增值税专用发票的抵扣利益驱动，增值税发票虚开问题会得到很大程度好转。四是省去中间环节纳税，增值税原有的各种繁杂的优惠政策也将不复存在，促进税制简化，纳税遵从成本和征管成本将会大幅降低。五是引入拆分实时缴税机制，可以实现税款实时入库，保障国家税款安全，虚开发票、偷逃税款风险降低。六是生产环节都不征收货物和劳务税，有利于制造业的发展，大大降低我国企业的税负。

（二）货物和劳务税相关税种集成创新

海南自由贸易港货物和劳务税制度集成创新，需要考虑与增值税相关的消费税、车辆购置税、城市维护建设税、教育费附加、地方教育附加、文化事业建设费等税费种的情况，统筹考虑、谋划，提升海南自由贸易港整体营商环境。

1. 对特殊货物征收的消费税应并入销售税。

消费税是以特定货物为课税对象所征收的一种税，属于货物和劳务税的范畴。在对货物普遍征收增值税的基础上，选择部分消费品再征收一道消费税，目的是调节产品结构，引导消费方向，保证国家财政收入。目前，消费税基本在生产环节征收。从更好发挥消费税引导和调节消费、实现消费税的目的来看，有不少学者建议：后移消费税征收环节，使更多消费税品目改为零售环节征收（李建军等，2017），《国务院关于印发实施更大规模减税降费后调整中央与地方收入划分改革推进方案的通知》（国发〔2019〕21号）提出"后移消费税征收环节并稳步下划地方"①，同时，《中华人民共和国消费税法（征求意见稿）》拟授权国务院可以实施消费税改革试点，调整消费税的税目、税率和征收环节。这与在零售环节征收销售税是相通的。但有学者研究认为消费税征收环节后移不是最终追求，必须考虑我国实际情况（国家税务总局税收科学研究所课题组，2015）。也有学者提出可以区分消费税课税类别，因地制宜在生产环节、批发环节、零售环节等分别征收（刘磊等，2020）。

2. 车辆购置税本质上作为特别消费税应并入消费税。

车辆购置税是对购入规定车辆的单位和个人征收的一种税。车辆购置税前身为车辆购置附加费，2000年国务院发布《中华人民共和国车辆购置税暂行条例》，由交通管理部门征收15年的车辆购置附加费被税务部门的车辆购置税所取代，但车辆购置税还具有专门用途，由中央财政根据国家交通建设投资计划，统筹安排。其专款专用的支出管理，是政府内部管理的问题，从征收端来讲，其本质上可以看作是特别消费税。因此，从优化简化税制和集成创新的角度来讲，车辆购置税可以并入销售税，在车辆销售时缴纳。

3. 城市维护建设税作为增值税等附加税种应直接简并。

城市维护建设税是以纳税人实际缴纳的增值税、消费税的税额为计税依据，依法计征的一种税。城市维护建设税的特征：一是具有附加税性质，它以纳税人实际缴纳的增值税、消费税税额为计税依据，附加于增值税、消费税税额，本身并没有类似于其他税种的特定、独立的征税对象；二是具有特定目的。城市维护建设税税款专门用于城市的公用事业和公共设施的维护建设。

4. 教育费附加、地方教育附加作为增值税等附加费种应直接简并。

教育费附加是专门用于发展地方教育事业的预算外资金，其依据为国务院1986年4月28日发布的《征收教育费附加的暂行规定》；地方教育附加是全国人大授权地方开征的专款专用的教育资金，其开征依据是《中华人民共和国教育法》（1995）第七章（教育投入与条件保障）第五十七条的规定：省、自治区、直辖市人民政府根据国务院的有关规定，可以决定开征用于教育的地方附加费，专款专用。与城市维护建设税一样，教育费附加和地方教育附加都是附加于增值税、消费税之上。从海南自由贸易港减税降费、优化简化税制来考虑，应直接简并至销售税。

---

① 《国务院关于印发实施更大规模减税降费后调整中央与地方收入划分改革推进方案的通知》（国发〔2019〕21号）提出：按照健全地方税体系改革要求，在征管可控的前提下，将部分在生产（进口）环节征收的现行消费税品目逐步后移至批发或零售环节征收，拓展地方收入来源，引导地方改善消费环境。

5. 文化事业建设费作为特殊附加费可并入消费税。

文化事业建设费是国务院为进一步完善文化经济政策,拓展文化事业资金投入渠道而对广告、娱乐行业开征的一种规费。其征收依据为1997年财政部、国家税务总局发布的《文化事业建设费征收管理暂行办法》(财税字〔1997〕95号)。统筹考虑海南自由贸易港货物和劳务税制度,从优化、简化税制考虑,可以直接将文化事业建设费简并至消费税。

四、集成创新需要统筹考虑的其他问题

海南自由贸易港货物和劳务税制度集成创新,是一项系统改革,需要更高、更宽广的视野把握全局,统筹推进改革。在推进货物和劳务税集成创新过程中,还需要把握以下问题。

(一) 销售税课税范围和税率的设计

对于销售税课税范围和税率有不同的观点。许生等(2020)、张云华等(2020)对海南自由贸易港销售税课税范围进行了分析,初步测算了销售税税率,但两者给出的销售税税率建议并不一致,前者给出的税率在两位数以上,后者给出的税率在5%左右。两者有差别的主要原因在于设定的目标不一致,前者的目标在于增值税、消费税等税费种简并为销售税后,保持简并前后财政收入基本一致,后者的目标在于将销售税归为地方税后,保持海南的财政收入前后基本一致。也有意见认为,海南自由贸易港要建立国际旅游消费中心,必须实行低税率且仅对少数商品课征税即可;还有意见认为应借鉴参考美国各州销售税税率,海南自由贸易港销售税税率不应比美国销售税税率高。

对此,笔者的意见是海南自由贸易港销售税课税范围和税率要放在新发展格局背景下来考虑,这是货物和劳务税集成创新的应有之义。"加快形成以国内大循环为主体、国内国际双循环相互促进的新发展格局",这是以习近平同志为核心的党中央针对我国发展阶段、环境、条件变化提出的战略思想,是事关我国经济中长期发展的重大战略部署。海南自由贸易港不管是作为全面深化改革开放试验区、国际旅游消费中心、对外开放新高地,还是作为境内关外的海关特殊监管区域或海关监管特殊区域,在货物和劳务税的国内税设计上都不应妨碍国内统一市场,不应妨碍以国内大循环为主体的新发展格局。所以,销售税课税范围应尽可能宽一些,所有消费品或大部分消费品都应征税;税率设计应尽可能低一些,尽量和增值税的征收率相衔接。

从美国销售税的实践来看,美国销售税是州政府征收的地方税,在销售税

意义上各州就相当于一个独立的税收管辖区,由于各州销售税课税范围和税率的差异,给跨州生产经营者纳税带来诸多不便。为此,2000 年美国相关州签订了简化销售和使用税协议,旨在通过促进州和地方税基的一致性、主要税基定义的一致性、简化州和地方税率、所有应税交易的统一来源规则、简化豁免管理、简化纳税申报等方式降低销售税遵从和征管成本,促进不同州之间的便利贸易。从欧盟的增值税实践来看,更是苦于各成员国课税范围和税率不一致,无法形成便捷高效的统一市场。为此,欧盟（欧洲共同体）将增值税作为其准入门槛,并对各国增值税法进行了协调,形成了第 6 号增值税指令（1977）、重铸第 6 号增值税指令（2006）等一系列增值税协调规则（叶珊,2010）,以降低欧盟内部企业跨国交易成本。销售税课税范围和税率设计必须考虑这一问题,在海南自由贸易港试行时全省应实行统一的税率；将来如果在全国推广,全国也应实行统一的税率。

（二）规划好销售税与内地增值税的协调安排

规划好海南自由贸易港销售税与内地增值税的协调安排,与上述销售税课税范围和税率设计中需考虑新发展格局有相同之处,但海南自由贸易港销售税与内地增值税的协调安排不仅局限于海南自由贸易港销售税的课税范围和税率设计。税收协调的主要目的是划分征税权、消除双重征税或解决双重不征税。只要存在税制差异,就需要妥善协调,否则就会产生征税权冲突,甚至发生税收争议。《中华人民共和国海南自由贸易港法》规定,"货物由海南自由贸易港进入内地,原则上按照进口征税","货物由内地进入海南自由贸易港,按照国务院有关规定退还已征收的增值税、消费税"。如何具体设计海南自由贸易港销售税与内地增值税之间的协调,问题非常复杂、值得深入研究,也是货物和劳务税制集成创新需要考虑的另一个重要方面。

作者单位：国家税务总局海南省税务局

促进中医药产业高质量发展的税收政策研究

国家税务总局贵州省税务局　贵州省税务学会
国家税务总局贵阳市税务局　贵阳市税务学会 联合课题组

中医药是中华民族的瑰宝，随着"健康中国建设"目标的提出，中医药产业发展已上升到国家战略。研究采取"全链条、嵌入式"逻辑架构，即把增值税的抵扣链，企业所得税的扣除链，有机嵌入中医药产业链、供应链、价值链联结运行的全部过程。本课题在对中医药产业链主要环节描述及相对应的税收政策梳理，全产业链税收政策运行情况分析的基础上，系统提出了促进中医药产业高质量发展的税收政策建议。

一、中医药产业全产业链主要环节描述及相对应的税收政策梳理

（一）中医药产业链的内涵及外延

1. 产业链的基本含义。

产业链是个经济学的概念，是各个产业部门之间基于一定的技术经济关系和时空布局关系客观形成的链条式关联关系形态。

2. 中医药产业链的含义。

目前学界以及官方对于中医药产业链没有统一的定义。李泊溪结合中医药产业的特点和中医药现代化趋势研究认为，"中医药产业包含中医药农业、中医药工业、中医药商业和中医药知识业"。[①] 张伯礼认为，"大中药产业是以中药工业为主体、中药农业为基础、中药商业为枢纽，中药知识经济产业为动力的新型产业"[②]。

[①] 李泊溪，《推进我国中药现代化产业的发展战略》。
[②] 张伯礼，《中药大健康发展机遇与战略思考》。

3. 本课题研究所涉及的中医药产业链的范围。

根据研究的目的，本课题研究所涉及的中医药产业链为狭义的产业链。主要包括中药材种养殖、中药材初加工及炮制、中药材和中药饮片销售、中成药生产销售、中药研发创新、中医药医疗使用、中医药国际贸易服务等环节。

(二) 中医药全产业链各主要环节描述及相对应的税收政策梳理

1. 中药材生药种植（养殖）、初加工和炮制、流通环节描述及相对应的税收政策梳理。

（1）环节描述。

①中药材种养殖环节。该环节细分为野生驯化、种子种苗繁育、优选、培育、种植和养殖、采集等几个部分，是道地药材生产的基础环节，也是整个产业链的起点。

②中药材初加工和炮制环节。该环节主要是对采收的生药材经拣、选、润、晾、晒、切制、蒸煮等方式进行加工、炮制，以达到减毒增效的目的，更利于储存运输。

③中药材生药、中药材及中药饮片流通环节。

这个环节是根据中药材的用途和需求，对中药材使用方向进行的一次集中分流。

（2）相对应的税收政策梳理。

①增值税政策。增值税的立法倾向是把中药材种植（养殖）和初加工产品作为大农业的口径划分征免税的界限，在农业产品征税的适用税率上则按初加工与深加工分别规定。具体内容包括：a. 免税的范围限于"农业生产者销售的自产农业产品"，即农业生产者"自产自销"的农业初加工产品。对采取"公司+农户"模式进行经营的也适用免征增值税政策。除此之外的外购销售或外购加工后销售的农业初级产品按农业产品的项目征收增值税。b. 农业初加工产品与深加工产品增值税税率上的区别是深加工产品适用13%的基本税率，初级加工产品适用9%的低税率。

②所得税政策。a. 企业所得税对农业种植养殖和农产品初加工企业实行免征企业所得税政策。药用植物的初加工包括：通过对各种药用植物的药用部位进行挑选、整理、捆扎、清洗、晾晒、切碎等简单加工处理，制成片、丝、块、段等中药材。加工的各类中成药不属于初加工范围。b. 个人所得税规定对个体户和个人从事种植业、养殖业、饲养业、捕捞业"四业"的暂不征收个人所得税。

2. 中成药加工生产环节描述及相对应的税收政策梳理。

（1）主要环节描述。

①原材料购进环节。该环节是制药企业根据生产加工药品的需要，购进中药材和中药饮片的运作过程。

②中成药生产环节。主要是制药企业将"药材""饮片"严格按照制药工艺加工成中成药的生产过程，是"药材"转变为"药品"的关键环节。

③中成药销售环节。该环节是中成药生产企业将中成药直接或通过中间环节（药品配送机构）销售给医疗机构（包括医院和诊所）、医药商店（零售终端）的流通过程。

（2）中成药生产销售环节相对应的税收政策梳理。

①增值税政策。a. 中成药销售环节的增值税率为13%。b. 中成药生产企业购进环节的进项税额："纳税人购进农产品，原适用10%扣除率的，扣除率调整为9%。纳税人购进用于生产或者委托加工13%税率货物的农产品，按照10%的扣除率计算进项税额"。c. 利用外购药材生产中成药的企业，纳入农产品增值税进项税额核定扣除方式管理的，采用投入产出法、成本法或参照法，以销售中成药产品适用的增值税税率作为扣除率，按销售中成药产品外购药材耗用量计算扣除增值税进项税额。

②企业所得税政策。主要是对制药企业销售费用中广告宣传费税前扣除限额作出规定，即对医药制造企业发生的广告费和业务宣传费支出，不超过当年销售（营业）收入30%的部分准予扣除；超过部分准予在以后纳税年度结转扣除。

3. 中医药研发创新环节描述及相对应的税收优惠政策梳理。

（1）中医药研发创新环节描述。

研发创新能力是企业核心竞争力的体现，也是中医药产业实现科学化、现代化、国际化的关键。

（2）中医药研发创新相对应的税收优惠政策。

①企业研发费用加计扣除政策。中医药研发创新适用对制造企业的加计扣除政策。现行的加计扣除政策为"制造业企业开展研发活动中实际发生的研发费用，未形成无形资产计入当期损益的，在按规定据实扣除的基础上，自2021年1月1日起，再按照实际发生额的100%在税前加计扣除；形成无形资产的，自2021年1月1日起，按照无形资产成本的200%在税前摊销"。

②高新技术企业税收优惠政策。高新技术企业优惠税率为15%，认定条件为：a. 境内注册企业对主要产品（服务）核心技术拥有自主知识产权；b. 产品（服务）属于《国家重点支持的高新技术领域》规定的范围；c. 企业从事研发和相关技术创新活动的科技人员占企业当年职工总数的比例不低于10%；d. 研发费用投入的比例为年销售收入小于5000万元（含）的企业，不低于5%，年销售收入在5000万元至2亿元（含）的企业，不低于4%，年销售收入2亿元以上的企业，不低于3%，其中，企业在中国境内发生的研发费用总额占全部研发费用的比例不低于60%；e. 高新技术产品（服务）收入占企业当年总收入的60%以上。

4. 中医药医疗使用环节描述及相对应的税收政策梳理。

中医药是一个整体的概念，既包括医又包括药。在药与医的联系上，只有经过中医诊断、开方配药、煎服等医疗服务过程，才能体现中医与中药的相互依存关系和中医辨证施治的价值"精髓"。

中医药医疗使用环节税收政策梳理如下：

（1）增值税。本环节的特点是中药与中医的结合，既有销售药物，又有医疗服务，还涉及增值税的混合销售或者兼营的问题。增值税政策的主要内容：①中成药的销售适用13%的税率。②医疗服务适用6%的税率，对医疗服务收入免征增值税。③兼营和混合销售的政策规定：纳税人兼营货物劳务服务适用不同税率的，应当分别核算，未分别核算的，从高适用税率。一项销售行为如果既涉及服务又涉及货物，为混合销售。混合销售以主行为（货物、服务）为主确定适用的税目税率。

（2）所得税。①医疗单位（医院诊所）属于法人单位的，按照规定适用企业所得税的征免政策。②医疗单位为自然人合伙或个人的，按个人所得税的有关规定征收个人所得税。

5. 中医药国际服务贸易环节描述及相对应的税收政策梳理。

中医药国际服务贸易环节主要包括中药材、中药饮片、中成药的出口贸易和中医药的国际服务贸易等内容，是中医药国际化发展的重要载体。

主要涉及的税种为增值税，内容包括：①在境外提供的教育医疗服务免征增值税。②中药出口退税政策。中药材、中药饮片、中药配方颗粒的出口退税率为9%；中成药出口退税率为13%；部分含濒危成分的退税率为0。

二、中医药全产业链税收政策执行情况分析

产业链的形成是基于产业上下游各环节间的供应关系，即供应链，而这种

供应链是依托一定的经营模式(或方式)来链接运行的。推动产业运行的内在动因是各环节经营主体的利益分配关系,即价值链,也就是中医药产业链上各环节价值的形成与分配过程。

税收的本质是利益分配关系,它既调整国家与纳税主体之间分配关系,也调整具有关联关系(联结)的经营主体之间利益分配关系,税收规范和调节经济运行的作用也是通过调节利益关系来实现的。同时,供应链和价值链形成运行过程,也是增值税抵扣链、所得税扣除链的运行过程。

因此,中医药全产业链税收政策执行情况分析,将紧紧围绕产业链上各环节主体的联结模式和价值分配关系,即供应链和价值链予以展开。

(一)中药材种植采收、初加工(中药饮片加工)及进入制药企业的税收政策执行情况分析

1. 中药材种植经营模式以及中药材、中药饮片进入制药企业的过程。

(1) 中药材的种植经营模式。

中药材种植经营的基本模式可表述为"公司+农户(合作社)""公司+政府+农户(合作社)",具体架构如图1所示。

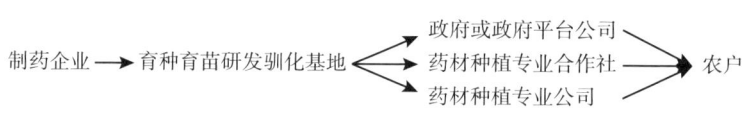

图1 中药材的种植经营模式

(2) 中药材、中药饮片进入制药企业的渠道和过程。

中药材采取"公司+农户(合作社)""公司+政府+农户(合作社)"的种植经营模式,并不意味着采收的中药材全部由制药企业直接从农户手中回收。除部分不需要加工成饮片的中药材由制药企业直接收购之外,多数制药企业都采取设立或者委托中药饮片加工企业来回收,并由饮片加工企业销售给制药企业。同时由于"公司+农户"种植的中药材品种并不能满足生产需要,制药企业还会通过中药材的主要集散地(安徽亳州、河北安国、河南禹州、四川荷花池、江西樟树等药市)和单品道地药材的原产地购进中药材或中药饮片,如长白山人参和云南文山三七等。

2. 中药材种植初加工和进入中成药生产环节税收政策运行存在的税收政策综合效应。

中药材种植、中药材初加工环节在税收政策执行上存在的主要问题是增值

税关于"农业生产者销售的自产农业产品免税"政策的具体适用问题。由于药材不同于其他农产品可以随意销售,药材的销售要提供产地证明和要经过严格的农残、重金属等质量检测,这是分散种植药材的农户个体难以提供的。这就使个体药材收购者(药贩)应运而生。而根据增值税"自产自销"免税的规定,对个体药贩应征收增值税,从而导致了制药企业和饮片加工企业自开药材收购发票管理上的混乱问题。

(二)中成药生产销售环节税收政策执行情况分析

1. 增值税政策执行存在的问题。

(1)原材料购进环节取得发票种类繁多,管理混乱。

由于原材料购进的渠道和供货主体的不同,造成制药企业取得购货发票多达六种:①从药材种植专业合作社取得的增值税普通发票;②从中药材和中药饮片加工单位取得的适用9%税率的增值税专用发票;③从一般纳税人购进原材料取得的适用13%税率的增值税专用发票;④从小规模纳税人购进原材料取得的适用3%征收率的专用发票;⑤从免税农业生产者(农户)收购中药材,企业按规定自行开具的农副产品收购凭证;⑥进口中药材取得的海关完税凭证。由于购进凭证种类繁多造成管理难度大,特别是自开自抵的农副产品收购凭证管理混乱,不同程度地存在虚开虚抵问题。

(2)中成药生产企业增值税进项税额扣除政策不同造成的税负不平衡问题。

为了解决农产品加工企业收购发票管理混乱引发的虚开虚抵问题,调整和完善农产品增值税抵扣机制,国家选择以农产品为原料生产销售液体乳及乳制品、酒及酒精、植物油的一般纳税人企业,从2012年7月1日起进行增值税进项税额核定扣除试点。《财政部 国家税务总局关于扩大农产品增值税进项税额核定扣除试点范围的通知》(财税〔2013〕57号)又要求各省可以根据情况扩大农产品进项税额核定扣除试点行业的范围。有部分省份把中药饮片和制药企业纳入了试点范围,有部分省份仍然坚持凭购进发票进行抵扣的规定,由于进项税额扣除政策不同,中医药生产企业间增值税税收负担也出现不平衡的问题。

贵州省从2018年9月开始在中药制造企业试行进项税额核定扣除方法。试点省份样本企业增值税负担变化数据,见表1。

表1　　　　　　贵阳市10户试点企业增值税税负对比

序号	企业	2017年10月—12月销售额/万元	2017年10月—12月应纳增值税额/万元	税负/%	2018年10月—12月销售额/万元	2018年10月—12月应纳增值税额/万元	税负/%
1	A1	64277.53	5470.55	8.51	70641.68	8313.62	11.77
2	A2	60086.84	9356.58	15.57	49715.41	6609.16	13.29
3	A3	17157.56	2195.82	12.80	18126.75	2113.27	11.66
4	A4	12163.99	1581.78	13.00	13140.06	1837.15	13.98
5	A5	8753.13	1241.59	14.18	10436.06	1357.06	13.00
6	A6	4421.13	488.98	11.06	4340.04	495.59	11.42
7	A7	2985.70	384.41	12.88	3808.48	512.12	13.45
8	A8	848.61	91.15	10.74	863.67	103.06	11.93
9	A9	1007.63	0	0	1169.98	103.57	8.85
10	A10	454.69	43.57	9.58	346.76	33.77	9.74
11	合计	172156.81	20854.43	12.11	172588.89	21478.37	12.44

从表1可知，10户试点制药企业2017年10—12月实现销售收入172156.81万元，应纳增值税20854.43万元，税负为12.11%。2018年10—12月实现销售收入172588.89万元，应纳增值税21478.37万元，税负12.44%，比试点前增加0.33%①

2. 中药生产企业销售费用、广告宣传费用税前扣除情况分析。

调查组收集分析了贵阳市10户制药企业2018—2020年销售费用和广告费用发生数，见表2。

表2　　　　2018—2020年制药企业销售费用和广告费用发生数统计

序号	企业	销售收入/万元	销售费用/万元	广告费/万元	销售费用占销售收入的比例/%	广宣费占销售收入的比例/%	广宣费占销售费用的比例/%
1	A1	614952.75	271618.00	26467.10	44.17	4.3	9.74
2	A2	214408.14	101724.78	11542.39	47.44	5.38	11.35

---

① 本课题研究使用的数据如无特别标明，均为贵州省贵阳市10户中医药生产企业的数据，由于样本范围所限，数据反映的只是一种趋势仅供本报告的政策分析使用。

续表

序号	企业	销售收入/万元	销售费用/万元	广告费/万元	销售费用占销售收入的比例/%	广宣费占销售收入的比例/%	广宣费占销售费用的比例/%
3	A3	116554.63	58731.69	657.32	50.39	0.56	1.12
4	A4	100504.71	53327.86	7711.75	53.06	7.67	14.46
5	A5	65578.29	39705.59	6046.03	60.55	9.22	15.23
6	A6	132414.87	114609.51	1143.20	86.55	0.86	1.00
7	A7	28900.92	10921.27	2130.94	37.79	7.37	19.51
8	A8	16090.66	0	0	0	0	0
9	A9	10439.17	4769.65	1621.57	45.69	15.53	34.00
10	A10	5562.35	1184.18	76.16	22.50	1.45	6.43
111	合计	1305106.49	656592.53	57396.46	50.31	4.40	8.74

从表2可知，10户企业共实现销售收入1305106.49万元，发生销售费用656592.53万元，广告费57396.46万元，销售费用占销售收入的比例为50.31%，广告费占销售收入的比例为4.40%，广告费占销售费用的比例为8.74%。以上数据说明被调查制药企业的实际广告费支出没有超过税法规定的30%的扣除限额而实行结转扣除。

从现行的税收政策执行上看，税法规定了30%的广告费扣除限额没有实际发挥作用。对销售费用畸高的问题，所得税费用扣除只规定了"有关的、必要的、合理的"判断标准，而没有规定每个年度的扣除限额。

（三）中医药研发及高新技术企业税收优惠政策执行情况分析

1. 研发费用加计扣除税收优惠政策执行情况分析。

表3   2018—2020年制药企业研发费用统计

序号	企业	销售收入/万元	研发费用金额/万元	研发费用占收入的比例/%	研发费用加计扣除金额/万元
1	A1	614952.75	23628.09	3.84	8675.76
2	A2	214408.14	8437.56	3.94	5465.73
3	A3	116554.63	2682.18	2.30	1337.32

续表

序号	企业	销售收入/万元	研发费用金额/万元	研发费用占收入的比例/%	研发费用加计扣除金额/万元
4	A4	100504.71	2621.33	2.61	1987.18
5	A5	65578.29	2139.60	3.26	1007.72
6	A6	132414.87	7683.99	5.80	3244.26
7	A7	28900.92	1482.94	5.13	353.7
8	A8	16090.66	0	0	0
9	A9	10439.17	581.07	5.57	321.51
10	A10	5562.35	162.73	3.09	122.05
11	合计	1305106.49	49419.49	3.79	22515.23

从表3的研发费用统计数据可知，研发费用加计扣除政策在被调查企业得到了普遍落实，对鼓励制药企业研发投入起到了积极的作用。但我们也发现企业投入的研发费用都作了费用化而没有作资本化处理的问题。通过查阅企业研发费用加计扣除备查资料，我们看到多数制药企业中医药新品种的研发都取得了相应的技术成果，也符合研发费用资本化的条件，但没有作为资本化处理。通过分析原因主要有：

（1）税法对研发费用化和资本化处理规定的比较原则，总的立法意图是鼓励研发投入。由于没有明确研发费用费用化和资本化的具体条件，这实际上给企业会计处理留下了很大的选择空间。

（2）选择费用化处理对企业会减少当期的应纳税所得额和减少所得税费用，减少企业资金流出。如果选择资本化处理则会增加当期的应纳税所得额和增加当期的所得税费用，增加企业的资金流出。

2. 高新技术企业税收优惠政策执行情况分析。

（1）被调查中医药企业享受高新技术企业税收优惠政策的数据。

表4　　　　2018—2020年10户企业享受税收优惠情况统计

序号	企业	享受税收优惠情况		
		2018年	2019年	2020年
1	A1	享受高新企业优惠	享受高新企业优惠	享受高新企业优惠
2	A2	享受西部大开发优惠	享受西部大开发优惠	享受西部大开发优惠

续表

序号	企业	享受税收优惠情况		
		2018 年	2019 年	2020 年
3	A3	享受高新企业优惠	享受西部大开发优惠	享受西部大开发优惠
4	A4	享受高新企业优惠	享受高新企业优惠	享受高新企业优惠
5	A5	享受高新企业优惠	享受高新企业优惠	享受西部大开发优惠
6	A6	享受高新企业优惠	享受高新企业优惠	亏损
7	A7	享受高新企业优惠	享受高新企业优惠	享受高新企业优惠
8	A8	农林牧渔	农林牧渔	农林牧渔
9	A9	享受高新企业优惠	享受高新企业优惠	亏损
10	A10	亏损	亏损	享受高新企业优惠

从表4中被调查的10户制药企业2018—2020年享受高新技术企业税收优惠政策、西部大开发税收优惠政策以及其他政策的数据可知：2018年7户享受了高新技术企业税收优惠，1户享受西部大开发税收优惠，1户亏损，1户享受其他优惠。2019年6户享受高新技术企业税收优惠，2户享受西部大开发税收优惠，其他两户未发生变化。2020年4户享受高新企业税收优惠，3户享受西部大开发税收优惠，2户亏损，1户享受其他优惠。其中享受西部大开发税收优惠的3户企业有2户研发费用投入符合高新优惠条件。

（2）企业放弃享受高新技术企业税收优惠而选择享受西部大开发税收优惠的原因分析。

高新技术企业税收优惠政策规定的条件门槛高，企业的风险大，而西部大开发税收优惠政策规定的条件门槛低，所以设在西部地区的中医药企业在符合高新技术企业和西部大开发税收优惠条件的情况下，一般会选择适用西部大开发税收优惠政策。

（四）中成药医疗使用环节税收政策执行情况分析

1. 中成药进入医疗使用的方式和途径。

目前，中成药进入医疗使用主要有三种途径：

（1）通过OTC经销方式进入医药零售商店。

（2）通过中医院、综合医院中医科和中医诊所的医生诊断开处方销售中药饮片和中药饮片配方颗粒。

(3) 制药企业设立专科医院，以制药企业独有的特效药对某种疾病进行治疗，即特效药治特种病。

2. 中医药医疗使用环节税收政策执行与适用辨析①。

(1) 中医药医疗使用环节增值税政策执行适用辨析。

药品的医疗使用包括诊断和用药两个部分。从增值税来说就是医疗服务和销售货物两种应税行为。对医疗服务增值税实行全部的免税政策，对于药品销售则应普遍征收增值税。如果医疗机构采取"零差率"销售药品，征收增值税便没有计税依据。特殊情况是医疗机构（中医诊所）兼营和混合销售的增值税政策的适用问题。

医疗服务免税，药品销售征税，二者兼而有之，应当分别核算才能享受免税政策。

混合销售则以主营项目确定适用服务或货物征免增值税。对于中医诊所坐诊的中医开方售药，应当界定为医疗服务收入还是界定为货物销售收入，抑或是混合销售，实际中很难界定。对于针灸服务辅之以艾叶、按摩师辅之以中药泡足则应属于医疗服务收入实行免税。

对医疗机构的院内制剂在增值税政策上属于在药品生产环节征收增值税还是在药品使用环节征收增值税则需要具体分析。

(2) 中医药医疗使用环节所得税政策执行适用辨析。

对中医诊所的所得税，个体从事中医医疗服务的，按经营所得征收个人所得税。受聘坐诊开药按与雇用单位是否存在劳动合同关系，按工资薪金所得或劳务报酬所得征收个人所得税。

(五) 中医药国际贸易服务环节税收政策执行情况分析

近年来国家为支持中药出口一直在调高中药材、中药饮片和中成药的出口退税率，中药材、中药饮片的出口退税率调高到9%，中成药出口退税率调高达13%，可以说是应退尽退，已经达到了WTO组织规则的上限。在中医药国际贸易方面，也都全面执行了跨境医疗服务免征增值税政策，可以说已经做到了应免全免。从整体政策效应上看，对推动中医药出口贸易和国际服务贸易起到了积极的作用。但在中医药出口贸易产品结构上并没有改变以中药材、中药饮片等低附加值产品为主导的国际竞争状态，而这种竞争状态是由我国中医药

---

① 目前公立医院基本上是医院医生、工作人员缴纳个人所得税，增值税、企业所得税多未涉及，故只能作一些政策适用辨析，其他问题留待政策调整和适用中讨论。

产业的发展水平和在国际中医药产业链上的地位分工决定的。同时，也说明税收杠杆调节作用的有限性。其根本破解之道是提升中医药的质量，提高我国在中医药国际市场的地位与话语权。对此，在政策建议部分不再赘述。

三、促进中医药产业高质量发展的全产业链税收政策建议

（一）促进中医药种植、初加工（中药饮片加工）、中成药生产高质量发展的增值税政策建议

由于中药材采收后销售需要提供产地证明和农残、重金属检测证明，这是单个农户难以提供的，并且由于中药材市场受供求因素影响价格波动比较大，单个农户也难以与市场对接，这就导致在制药企业与农户之间必然存在一个专业的中药材收购销售主体。但由于增值税对农业初加工产品免税强调的是农业生产者"自产自销"，这样就使中药材专业收购经销者被排除在免税主体之外。从而导致了中药材收购销售主体帮助制药企业收集农户身份证信息由制药企业自开自抵农副产品收购进项税额等管理混乱问题的发生。

1. 建议扩大增值税农业产品的免税范围，把专业的中药材收购销售主体纳入免税范围之内。

理由是这些专业收购销售主体具有为农民提供产后服务的职能，这也符合国务院向第十三届全国人大常委会第二十三次会议提交的《关于加快构建新型农业经营体系推动小农户和现代农业发展有机衔接情况的报告》关于"加快培育新型农业经营主体"的要求。

2. 在中药材收购环节统一设计使用专用的中药材收购增值税普通发票。

鉴于中药材收购管理的特殊性，建议在种植环节收购中药材普通发票相关栏目内增加中药材产地、质量检测信息，这样可以有效解决制药企业购进中药材发票种类繁多、管理难度大的问题，还有利于实现对中药材质量管理的全程溯源。

3. 在中成药生产环节统一适用13%的增值税税率。

现行的增值税政策由于票据不同适用的税率不同，会导致制药企业增值税税负的差异，并且在农副产品收购发票进项税额计算上也存在相互矛盾的问题。如制药企业以农产品购进金额直接乘以扣除率（适用税率）计算进项税额，从增值税原理上看农产品购进金额就是不含税价格。不含税意味着农业生产者并没有实际享受到免税的优惠，不含税还意味着制药企业并没有支付进项

税额而进行了进项抵扣。具体改革建议是在农业初级产品进入深加工环节统一适用13%的税率。即把免税农业初级产品的购进价格看作是含税价,以含税价÷(1+13%)×13%计算进项税额。这样既符合增值税的计税原理,又从直观上增强了农业生产者享受免税优惠的获得感,还有利于实现增值税进销项税率一致,减轻制药企业的增值税负担。①

(二) 关于制药企业研发费用加计扣除和高新技术企业税收优惠政策调整的建议

1. 关于调整完善中成药生产企业研发费用加计扣除优惠政策的建议。

(1) 提高无形资产加计摊销的比例,将现行的研发费用加计扣除政策从鼓励研发投入转变到鼓励研发创新上来。即对现行的研发费用加计扣除100%,无形资产按200%摊销的政策进行调整,将无形资产摊销的比例提高到250%,鼓励研发创新,引导企业对符合资本化条件的研发费用支出作无形资产进行处理。

(2) 调整研发费用加计扣除优惠政策的内容,引导中小型制药企业在研发方式上逐步实现从单打独斗式的分散研发向集中统一研发方式转变。

中医药研发周期长,投入多,风险大。由于中小企业研发能力和资金投入不足,分散研发的效果并不理想,还会加剧低水平重复研发、同质化无序竞争的状态。因此,建议对中小型中药生产企业研发费用加计扣除政策进行调整。从国家层面构建中医药研发体系,建立中医药产业研发基金,依托中医药产业核心技术研发团队,瞄准国际市场,对标"汉方药""韩药"巨头企业进行合力攻关。为此应鼓励中小企业将研发经费投入研发基金并对研发基金投入实行加计扣除政策。鼓励中小企业使用研发经费购买专业研发机构的研发成果使用权,并对其购买专利配方使用权的支出作为无形资产加计进行摊销。

2. 关于调整完善中成药生产高新技术企业税收优惠政策的建议。

(1) 调整高新技术企业税收优惠政策的鼓励导向。

现行高新技术企业税收优惠政策鼓励的是整个企业的创新。调研发现比较有规模的中成药企业都有1至2种"拳头"产品,市场前景好,占企业销售收入的比例也比较大,但由于其他条件不符合而无法享受高新技术企业税收优惠。建议把现行的高新技术企业税收优惠从鼓励高新技术企业调整为鼓励高新

---

① 以100元购进金额为例:如作为不含税金额100×10%进项税额为10元,购进成本为90元,如作为含税金额100÷(1+13%)×13%,则进项税额为11.50元,购进成本为88.50元。

技术产品。理由是高新技术税收优惠的根本目的是鼓励企业生产出更多更好的高新技术产品。只要企业生产具有符合条件的高新技术产品，就按高新技术产品销售收入占总收入的比例享受高新技术产品的税收优惠，而不是达到了60%的比例，整个企业都享受税收优惠，这样也符合国家鼓励发展"专精特新"中小企业的发展战略。

（2）调整高新技术企业税收优惠与西部大开发优惠的适用方式，由现行的选择适用改变为叠加适用。

理由是高新技术优惠是产业性质的普惠，西部大开发是区域性质的特惠，如果二者只能选择适用，则削弱区域性优惠的作用。具体建议是对处于西部地区的中成药制造企业在享受西部大开发15%优惠税率的基础上，对符合高新技术企业税收优惠条件的再优惠5%，即执行10%的企业所得税优惠税率。

（三）关于促进中医药医疗高质量发展的税收政策建议

1. 中医药医疗高质量发展及税收政策的支持目标。

通过走访调研，业内人士普遍认为，中医药医疗使用高质量发展和税收政策的支持目标应当是：①在产业发展上，支持中医药医疗使用的推广普及；②在医保和财政"兜底"资金管理使用上，应当积极配合国家医疗、医保制度改革，提高老百姓"救命线"的使用效益；③在惠及的主体上，应当通过最大限度地减轻医疗机构税收负担，努力让老百姓吃上"廉价药""放心药"，促使医疗机构回归"医者仁术仁心"的公益本性。

2. 促进中医药医疗高质量发展的税收政策建议。

（1）鼓励支持具有行医资质（或专业知识）的人员在农村、城市社区创办诊所，从事中医、中西医结合（全科）的医疗保健，康养服务。对于上述执业人员取得的收入（包括药品销售收入）全部纳入"医疗服务收入"，免征增值税。

（2）在所得税上，对具有行医资质在农村、社区从事中医医疗康养服务的人员取得的服务收入，免征个人所得税。

（3）鼓励制药企业运用自己生产的"特效药"兴办治疗"特种病"的专科医院，形成药医结合的"联合体"。传统的"大药房"就是制药、看病、抓药为一体的综合医疗服务体系。专业化发展使制药、看病、抓药产生了适度的分离。具体的鼓励政策是制药企业提供本医疗机构使用的"特效药"按照成本价作视同销售处理，这会大大减轻制药企业增值税和企业所得税的负担。

（4）配合医保政策和医疗体制改革，建议有关部门组织开展对医疗机构税收政策适用问题进行系统调研。通过调研建议重点明确：①药品销售增值税的征免界限。建议对医疗机构按医保定价要求销售药品的部分免征增值税。②在所得税上，根据医疗机构的法人属性，把医疗机构分为"营利"和"非营利"（不是按公立和私立）两种类型，实行征免所得税政策。

总之，通过上述一系列的税收政策调整，意在形成一套符合我国中医药产业高质量发展实际情况的税收政策体系，充分发挥税收的调节职能，加快我国中医药产业科学化、现代化、国际化的进程。

课题组组长：冯绍伍
课题组副组长：王东山　罗冬梅　谢学刚　洪孝庆
课题组成员：岳克健　郝荣军　刘昌燕　王燕飞
　　　　　　张亚丽　郑巍巍　胡　莹　蒋　柳
　　　　　　杨丰溶　田骄阳　王　维
课题执笔人：王东山　洪孝庆　郑巍巍　胡　莹　杨丰溶
统　稿　人：申蔓飞

构建我国绿色税收体系研究

新疆维吾尔自治区税务学会课题组

当前,全国资源环境保护的形势仍然严峻,而现行的资源环境保护政策尚主要以行政管理手段为主,虽然开征了环境保护税,但以税收形式体现的"绿色"从广度和深度上来讲都远远不够。因此,建立绿色税收制度既符合国家环境政策目标和人与自然和谐发展,又能通过征税为治理污染提供所需资金并减少污染造成的损失。

一、绿色税收的概念

绿色税收也称环境税收,是以保护环境、合理开发利用自然资源,推进绿色生产和消费为目的,建立开征以保护环境的生态税收的"绿色"税制,从而保持人类的可持续发展。国际社会普遍认为的绿色税收是指对投资于防治污染或环境保护的纳税人给予的税收减免或对污染行业和污染物的使用所征收的税。从绿色税收的内容上看,不仅包括为环保而特定征收的各税种,还包括为环保而征收的各种税收措施。

目前,对于绿色税收并没有一个统一的范围划分标准。比较有代表性的是 OECD 提出的绿色税收体系标准。可以认为,绿色税收体系不仅包括在环境保护和资源合理使用方面的税种,还包括其他两方面内容:一是其他税种中有利于环境保护和资源合理使用的减免税条款,如在企业所得税、增值税、消费税中,对资源综合利用的税收优惠政策等。二是为促进经济发展或扶持落后地区生产、生活所采取的对个别能源或环境消耗进行财政补贴的行为,如对化石能源消费进行的财政补贴及税收优惠等。

绿色税收的内涵有狭义、中义、广义三种。狭义的绿色税收就是对环境污染征收的税,即国家为了限制环境污染的范围、程度,而对导致环境污染的经济主体征收的特别税种。中义的绿色税收,即为环境保护税或自然资源税和环境容量税是指对一切开发、利用环境资源包括自然资源、环境容量资源的单位和个人按其对环境资源的开发、利用强度和对环境的污染破坏程度进行征收或减免的一种税收。广义的绿色税收则指税收体系中与环境资源利用和保护有关的各个税种和税目的总称，即绿色税收不但包括污染排放税、自然资源税等，还包括为实现特定的环境目的而筹集资金的税收，以及政府影响某些与环境相关的经济活动的性质和规模的税收手段。

二、我国绿色税收体系的现状及问题

（一）我国绿色税收体系的现状分析

绿色税收体系不是单独的一个或几个税种，它是由旨在保护环境和资源的多个税种有机组合发挥作用的整体。从目前我国的现状来看，绿色税收体系基本建立，体系中的税种虽在环保方面起到了一定的积极作用，但就其体系的整体效果看还存在许多的问题。

1. "绿化"政策力度凸显不足。

改革开放初期，在当时经济发展的紧迫任务下，绿色发展的理念尚未成为制度设计的基本原则内嵌其中。如消费税的开征主要是为了抑制高消费的行为。资源税开征的目的，主要是对我国境内实行矿产资源开发的单位和个人由于资源条件差异而形成的极差收入进行调节。城市维护建设税虽然规定税款专用于城市公共基础设施和服务，但在税制设计上缺乏绿色发展的理念，在具体使用上，如何实现"绿色化"不明确。因此，我国现行税制体系中绿色税收的相关税种或措施存在税负上的偏低、覆盖范围比较窄、重补偿轻保护等问题，"绿化"程度不高。

2. "绿化"构建存在相互间的矛盾。

一是政策不协调，作用相互抵消。我国现行税制的绿色条款零散地分布在各税种的具体规定当中，但税种之间的征免规定并没有统一协调。不同税种的税收优惠政策目的不同，但却未必出于环保，这就有可能抵消其他税种的环境保护功能。二是存在征税范围窄的问题。现行税制通过对超额能源消耗、污染排放行为等征收惩罚性税收，但主要涉及的税种包括环境保护税、资源税、消费税等都存在征税范围窄、税率设置不够合理的问题。三是税收征收范围尚未覆盖到更多的环境污染和资源滥用的领域。在资源税上，原有资源主要是针对矿产品征收，而对水、森林、河流等自然资源并未纳入征收范围。四是税收占比太低，难以对非绿色发展形成有效遏制。与资源使用相关的税收中除资源税所占比重较大外，耕地占用税、城镇土地使用税和水资源费等税费收入都较少，不能对我国的资源合理利用起到较大的作用。

3. 税收设计过程中"壁垒"多。

一是征收机制不健全影响税收作用的实际发挥。我国资源税目前以不可再生的矿产资源为主（包括原油、煤炭、天然气、其他非金属矿原矿、黑色金属矿原矿、有色金属矿原矿、盐等），但仍有许多自然资源未被纳入征收范围税目，征收范围还有很大扩围空间。二是税收收入的运用尚未形成专款专用的运作机制。税款专款专用可以在促进减少环境污染的同时为污染防治、环境治理资金的稳定来源提供保证。

4. 长效激励机制没有建立起来。

绿色税种和排污收费制度并存不利于长效绿色环保约束激励机制的建立。排污收费制度虽在一定程度上起到了环境保护的作用，但同时由于其具有的本身的局限性，不能保证其收入足额、有效地应用于环保事业，与绿色税收并存没有起到互相"补位"的作用，相反会因为各自的缺陷产生矛盾，不利于建立适应我国目前发展的绿色环保的约束和激励机制。

（二）分税种看我国绿色税收体系存在的问题

1. 资源税。

资源税可以说是我国绿色税收体系中最重要的税种之一。1984年国务院发布《中华人民共和国资源税条例（草案）》《中华人民共和国盐税条例（草案）》，我国开始征收资源税。鉴于当时的一些客观原因，资源税税目只有煤炭、石油和天然气三种，后来又扩大到对铁矿石征收。1986年《关于对煤炭实行从量定额征收资源税的通知》（财税〔1986〕291号）和《关于对原油、天然气实行从量定额征收资源税和调整原油产品税税率的通知》（财税字〔1986〕201号）颁布，宣布对煤炭和石油实行从量定额征收。1993年12月25日，发布《中华人民共和国资源税暂行条例》（中华人民共和国国务院令第139号），自1994年1月1日起实行。自2007年起国家开始计划实施资源税改革。2010年12月改革试点扩大到内蒙古、甘肃、四川、青海等12个西部省区。2011年国务院常务会议对《中华人民共和国资源税暂行条例》作出重大修改。其修改内容主要有："应纳税额确定依据"，原条例中规定"根据纳税人所开采或者生产应税产品的资源状况，在规定的税额幅度内确定"，新条例则规定"根据纳税人所开采或者生产应税产品的资源品位、开采条件等情况由财政部商国务院有关部门确定；财政部未列举名称且未确定具体适用税率的其他非金属矿原矿和有色金属矿原矿由省、自治区、直辖市人民政府根据实际情况确定，报财政部和国家税务总局备案"，这一变动把开采条件和资源品位作为税率的依据，使得税额确定依据更加科学合理，有利于地质条件差和开采条件不好的地区提高资源回收率；新条例将原油和天然气的征收办法由"从量征收"改为"从价征收"，将应纳税额的计算实行从价和从量计征两种办法。这样既有利于财政收入的增加，又使得征收方法灵活多样。自2014年12月1日起，煤炭资源税实行从价计征，税率为销售额的2%~10%，由各省级政府依照本地情况设定税率标准。由于开征资源税的初衷是对我国境内实行矿产资源开发的单位和个人由于资源条件差异而形成的极差收入进行调节，逐步实现对国家资源的合理利用。但由于资源税税收收入的占比非常小，与我国现阶段矿产资源的极度开发和浪费快速上升是不成比例的。

2. 消费税。

消费税属于流转税，是1994年税制改革中新设置的一个税种。消费税的开征体现了"引导消费"的特点，比如对烟、烈性酒等征收高额消费税能起到抑制消费的作用。因此，消费税可以在一定程度上促进收入的公平分配。消费税在税收总额中的比例虽然连年上升，但调节分配、促进环境保护的作用还比较有限。

3. 城市维护建设税。

1985年我国颁布实行了《中华人民共和国城市维护建设税暂行条例》，第一条就写明了城市维护建设税开征的目的，即"为了加强城市的维护建设，扩大和稳定城市维护建设资金的来源"。其纳税人是所有缴纳消费税、增值税、营业税的单位和个人。城市维护建设税属于地方税，其征税原则为"谁受益谁纳税收益多纳税多"，它的征收依附于"三税"，具有专款专用的特点。因此，该税种的收入成为城市基础设施如住宅、道路桥梁、防洪、给排水、供热、园林绿化、环境卫生以及公共消防、交通标志、路灯照明等投资、改造和维护的重要资金来源。由于这些工程措施对于改善城市大气、水环境以及满足人们的人文需要具有非常重要的意义。因此，城市维护建设税是我国绿色税收体系中真正体现"绿色"的一个税种。营改增后，城市维护建设税的征收依赖于增值税、消费税，也因为这"两税"的减免而同时减免，这样就使得城市维护建设税的自身独立性相对较弱，不利于更好地实现绿色税收的目的。

4. 土地增值税。

土地增值税是指对有偿转让国有土地使用权及地上建筑物和其他附着物产权取得增值收入的单位和个人征收的一种税。土地增值税的开征有利于国家对房地产开发商和房地产交易市场的调控，对炒买炒卖土地取得暴利行为进行抑制。由于征税范围比较大，在一定程度上实现了积累资金和保护国土资源的作用。我国的土地增值税收入和所占的税收比例是逐年上升的,但占税收总收入的比重很小,没有切实起到保护国有土地资源的作用。

5. 车船税和车辆购置税。

车船税是指对在中国境内应依法到公安、交通、农业、渔业、军事等管理部门办理登记的车辆、船舶,根据其种类,按照规定的计税依据和年税额标准计算征收的一种财产税。征收车船税以及与其相关的车辆购置税、船舶吨税的主要目的都是筹集地方财政收入,支持地方政府的建设,保养地方公共道路和航道。虽然这些税种的开征目的不直接与保护环境、节约资源相关,但是发挥了这样的作用。由于其征税对象是使用和消耗能量的车辆和船舶,因而在一定程度上会抑制车船的使用间接保护能源和资源。2014年9月1日起实行对购置的新能源汽车免征车辆购置税,更是体现出国家推进生态文明建设、支持新能源汽车产业发展的理念。现行的车船税税额在2011年进行了修改,按照排量不同对乘用车进行了税额的调整,这在一定程度上体现了鼓励节能减排的导向,但依然存在缺陷。

6. 耕地占用税。

耕地占用税是国家为了合理有效地利用土地资源,加强对土地的管理,以保护耕地而向占用耕地用于其他非农业建设的单位和个人征收的税。其开征目的在于对土地加强管理,促进土地资源的合理有效利用,保护日益减少的耕地。现行的耕地占用税根据人均耕地面积的不同实行不同的税额标准,从5元到50元不等。耕地占用税在一定程度上抑制耕地资源的浪费和乱占用行为,其收入可以作为地方财政的一部分用于农田水利等基础设施的建设和维修。但是由于存在税额较少、征收范围很小等缺陷,不能对我国的环境保护起到很大的作用。

(三) 我国实行的与环境保护相关的税种执行状况

我国绿色税收主要由三大部分构成。一是针对环境保护专门设置税种——环境保护税。2016年12月25日,全国人大审议通过《中华人民共和国环境保护税法》(以下简称《环境保护税法》),于2018年1月1日正式实施。这是在明确税收法定原则后,全国人大审议通过的首部单行税法,可以说是我国首部"绿色税法",这也标志着我国绿色税法体系的开始。同时,《环境保护税法》是我国第一部明确写入部门信息共享和工作配合机制的单行税法,税法明确了"企业申报、税务征收、环保监测、信息共享"的税收征管新模式,税收促进环保的功能将大大强化。二是在特定税种的征税范围中体现环境保护功能。如在消费税、资源税、城镇土地使用税等税种中，将某些直接或间接对环境造成破坏的商品或行为纳入其征税范围，体现其环境保护功能。三是在特定税种中设置保护环境的优惠政策。如在增值税上对符合条件的节能服务、资源综合利用产品及劳务等方面，对取得的增值税应收收入都有免税或减税的优惠政策。企业所得税中对购置用于环境保护、节能节水、安全生产等专用设备，资源综合利用，符合条件的环境保护、节能节水项目等，通过减少应税收入、抵免应纳税额等方式促进环保。

三、我国绿色税收体系构建的具体措施

（一）现行税制的"绿化"

税收改革是一项系统工程，要改革我国的绿色税收体系必须对我国现行的税收制度进行全盘考虑。《环境保护税法》2018年1月1日全面实施。这是我国第一部专门体现"绿色税制"、推进生态文明建设的单行税法，环境保护税开征进一步完善了我国"绿色税收"体系。《环境保护税法》确立了"绿色税法"的定位："保护和改善环境减少污染物排放推进生态文明建设"。开征环境保护税是贯彻党的十八大以来确立的绿色发展理念，减少污染物排放，推进生态环境保护和生态文明建设的具体实践。但以税收手段治理环境不能单靠个别的几个税种，而要建立综合的税收调节体系。因此，在各税种微调的前提下完成绿色税收体系的改革实施，对我国现行税收制度的全面"绿化"是十分必要的。

1. 消费税的改革。

（1）消费税的改革目标。

现阶段对消费税的改革应侧重对环境和资源的保护作用，对能源高消耗、环境高污染、生态高破坏的产品和行为纳入消费税的征税范围，通过产品价格引导消费者进行"绿色消费"。

（2）改革征税范围。

一是可将并未纳入消费税征收范围，但对环境造成污染的商品列入其征税范围，如具有污染性的电子产品、一次性塑料包装物、二氧化碳排放较大以及排放二氧化硫的消费品。

二是可将奢侈品产品纳入征税范围。如高档皮具、私人游艇、私人飞机等。

（3）调整税率。

一是要实现引导民众消费，适当再调高部分税目的税率，如高档烟、酒等。

二是将同一性质和消费水平的商品税率实现统一，比如贵重首饰与金、银等饰品均列为较高水平的消费品，但却分别实行10%和5%的不同税率，而化妆品对于现阶段的消费群体来说已经是普通消费品，其税率30%，远远高于贵重首饰，因此可作出调整。

（4）实行价外税改变纳税环节。

现行消费税是价内税，消费者无法准确得知自己的税负。可将消费税的计征方式改为价外税，明确标出商品价格和税收，这样能更好地发挥消费税调节消费的作用；纳税环节应从生产环节后移至消费环节在商品零售时征收。

2. 增值税的改革。

（1）增值税改革的目标。

增值税在我国征收的时间较长，税基广泛影响深远，因此，对增值税的"绿化"可以更好地发挥税收政策在保护自然环境和资源节约利用方面的作用。发挥增值税相关税收优惠政策的作用，使得节能环保的设备和产品能够享受到税收的抵扣或减免，激励企业改进技术和使用新设备，形成良性循环。

（2）在增值税转型改革的同时进行"绿化"。

生产型增值税是指企业按照进项税额的扣除方式将购入的原材料等所含的税金扣除，但不允许扣除外购固定资产所含的税金。而消费型增值税则允许所有外购项目包括原材料、固定资产在内的所有税金都扣除。生产型增值税因为其进项税额扣除范围小，税基较大，在税率相同的条件下可以取得比消费型增值税更多的财政收入。实行消费型增值税对我国的积极影响主要有：可以刺激高新技术产业的发展、降低国有大中型企业的税负，积极推动其改革、实现出口彻底退税、解决重复征税以及符合国际惯例等，在转型改革的同时，将绿色税收理念加入增值税当中。

一是拓宽增值税征收范围实行差别税率。应将社会效益佳、能够促进环境保护的资源综合产品纳入增值税征税范围，可将增值税的征税税目分为"环境友好型"和"环境污染型"。针对其不同特征实行差别税率，由税率的高低来引导企业生产和提供环境友好型的产品和服务，从而达到保护环境的目的。

二是充分发挥税收优惠政策的环保导向作用。增值税中的税收优惠政策是实现增值税目标的重要手段，现行增值税中的税收优惠政策主要散落在各税目的具体条款中，在增值税改革中应充分发挥其税收优惠政策作用。如对经营亏损但是对环境或资源有防治和保护作用的企业，如用再生资源发电的企业可采取即征即退或者减免税等优惠政策，使这些企业有充足的资金进行环保生产等。

3. 所得税的改革。

（1）确立所得税改革的目标。

对所得税"绿化"改革要同时兼顾资源浪费和环境污染行为。目前，在新能源发电、环境保护、节能节水和资源综合利用等方面，已经形成了一系列与生态环境相关的企业所得税优惠政策。但现有促进生态环境保护的企业所得税优惠政策未必能起到促进企业减少碳排放的作用。因此，高税率和利用税收优惠对于高效利用资源和改善环境的行为应予以鼓励。特别将从事开发新型环保技术和设备采用新技术生产高附加值的企业给予税收优惠，同时运用税收优惠，如加速环保设备折旧等促使外资企业利用节能设备，以改善生态环境治理环境污染目的，将发展技术创新和环境保护作为所得税的功能之一。

（2）具体改革的意见和建议。

一是增加税前扣除项目：对企业购进的节约能源和污染防治的专利技术等无形资产允许一次性扣除；企业捐款捐物进行环境保护及绿化的可比照慈善捐款一样税前扣除；企业在环保方面的研发费用允许税前扣除，据实列支建立研发专项基金，用于企业节能设备、产品的开发与研制。

二是扩大税收优惠范围：应将环保设备制造、环保工程设计安装、环保技术和新产品试用等领域都加入税收的优惠范围当中；对企业研究污染控制技术和生产污染替代品给予所得税减免；对于新能源、低碳交通、低碳建筑、技术固碳等领域的投资，在计算企业所得税时，按投资额的一定比例予以税收抵免优惠。

三是扩大加速折旧设备的范围：目前加速折旧仅限于对促进环境保护的关键设备，还应该将有效利用资源和进行环境防治的生产研发仪器设备列入加速折旧的适用范围中。

四是适当延长税收优惠年限。根据企业所得税优惠政策低碳转型的要求，参照其他战略性产业的税收优惠期限，延长低碳产业发展的税收减免年限。建议享受的"五免五减半"税收优惠政策，对从事符合条件的环境保护、节能节水项目的企业所得税优惠年限延长到"五免五减半"。此外，根据低碳产业的不同特点，在更多低碳经济领域，探索延长税收减免年限政策，切实减轻低碳企业的税收负担。

4. 其他相关税种"绿化"。

（1）城市维护建设税。

城市维护建设税是绿色税收体系中最具有"绿色"效应的一个税种，为城市基础设施包括环境基础设施的建设提供了资金，为城市的环保开辟了具有法律依据且来源稳定的资金保障，尤其是对城市供热基础设施建设以及城市的环境质量改善有重要意义。因此，对城市维护建设税的"绿化"可以从以下几个方面实施：首先适当提高城市维护建设税的税率，现行税率是市区7%，县城、建制镇5%，其他地区1%，税率较低，建议将三个具体税率进行适当提高；其次由于城市维护建设税的征收税基是增值税、消费税，无法体现其重要作用，建议改变现行城市维护建设税附加税的性质，设立为独立税种，这样有其独立征税基础及征收范围，可增加其收入规模，以保证城市基础设施及环保资金的投入。

（2）车船税和车辆购置税。

这两个税种有间接地保护环境的作用，但税种设计上还存在不足。建议车船税可以通过调整车船的使用情况来控制使用燃料设定相应税额。现行车辆购置税的税率仅为10%，而车船税的固定税额是按照车船的吨位收取，与其使用的强度并无关联，起不到限制车辆使用燃料和保护环境的作用。建议提高车辆购置税税率，提高车船税的税额标准或征收车辆噪声和尾气排放附加税。同时，对于公共交通给予更多的税收减免政策。

（3）恢复开征固定资产投资方向调节税。

固定资产投资方向调节税是1991年起施行的，是对中国境内进行固定资产投资的单位和个人就其固定资产投资的各种资金征收的一种税，于2000年起停征。征收固定资产投资方向调节税能在环境保护和节约资源方面起到非常重要的作用，该税种对高耗能、高污染行业的投资项目实行最高税率，这样能够在很大程度上对那些污染行业的投资进行限制，同时对符合产业政策有利于环保和资源有效利用的投资实行最低税率或免征。

5. 完善税收优惠政策。

随着经济的发展和环境保护等国家方针政策的需要，税收优惠政策的制定也应与时俱进，对服务业、高新技术产业以及再就业的税收优惠政策进行完善。

（1）服务业税收优惠政策的完善。

服务业的快速发展是我国经济发展的一个重要特征。大力发展服务业有利于增加工农业生产的社会化和专业化水平，有利于优化生产结构，促进市场的发育，缓解就业压力，对第一、二产业的发展具有促进作用，因此，加大发展服务业，完善对服务业的税收优惠就显得尤为重要。

一是完善服务业企业的税收优惠。贯彻国家的环境保护方针，加强和完善服务业企业尤其是小微企业的税收优惠政策，有效促进其发展。

二是扩大优惠政策实施的范围。如社区服务业等与民众休戚相关的行业，都应采取有效措施鼓励其发展。同时对原有服务业的行业，也增加适当的税收优惠，使新旧行业都焕发生机活力。

三是创新税收优惠的实现方式。在实行直接减免方式的同时，采用多样化的间接减免方式，根据服务业企业的需要实行相应的税收政策优惠。

(2) 高新技术产业税收优惠政策的完善。

高新技术产业的税收优惠政策要有目标、有计划、有重点，采取多种方式并行，通过这些鼓励政策，真正有效推动高新技术产业的发展。

一是分重点实施税收优惠政策的改革。对国家重点扶持的高新技术项目，可采用直接减免的优惠方式来保证政策的实施效率；对一般扶持的高新技术项目则采用多种方式并行，如加速折旧、费用扣除、提高研发费用加计扣除比例。

二是完善高新技术产业税收优惠的目标。税收优惠政策应以高新技术产业的科技创新模式、科技创新方向为引导，从支持单个项目创新到支持全部产业的创新，突出政策导向，实现国家的既定的目标。

三是扩大高新技术企业加速折旧的范围。扩大高新技术企业设备的加速折旧范围，允许生产设备按加速折旧法提取固定资产折旧。

四是对高新技术企业引进人才给予税收优惠支持。对高科技人才在技术成果和技术方面的收入实行税收优惠，如稿酬所得及科研人员的各项奖励、津贴和股权收益等，均可实行应纳税额减征。

(3) 再就业优惠政策的完善。

国家的绿色环保业鼓励再就业的绿色税收优惠政策，不仅对解决就业有促进作用，还能对环境的保护和国家方针政策的落实起到积极作用。

一是扩大再就业优惠的范围。对于安置下岗人员达到一定比例的企业，可享受税收优惠，尤其是环保企业如果安置下岗人员符合一定的比例，则可以给予税收的减征甚至是免征。

二是将农民工纳入再就业税收优惠政策当中。在现阶段可考虑对安置农民工的企业，给予一定的税收优惠。

三是改善就业优惠政策的管理方式和简化工作流程。要建立信息公开制度，将就业和再就业信息公布，使优惠政策的运用具有系统性和可操作性。

(二) 改革后的我国绿色税收体系

经过一个时期对我国的绿色税收体系进行了"渐进式"的改革，各税种的全面"绿化"和新税种的开征，使我国新的绿色税收体系可初见端倪。新的绿色税收体系是由改革后的资源税、开征的环境保护税和能源税三大税种以及其他税种中的"绿色元素"构成的完整的一个体系。改革后的绿色税收体系，以资源税为主体，环境保护税和能源税为辅，加之其他税种的"绿色元素"，全面体现具有我国特色的绿色税收体系的。

(三) 完善绿色税收体系的保障措施

税收作为政府治理污染、保护生态环境、实现可持续发展的经济手段之一，在其实施过程中应与其他经济手段、行政法律手段相结合，在发挥税收优势的基础上充分发挥相关政策的整合作用。

1. 制定和完善绿色发展的评价机制。

将绿色发展理念引入经济社会转型和改革的各项政策措施中，通过将资源消耗、环境保护、生态效益等纳入各项改革措施的综合评价体系，使绿色发展成为考核地方经济社会发展目标、领导干部政绩和企业综合实力的正向激励。

2. 增强对破坏环境行为的法治惩戒。

绿色税收作为一种市场化的经济调控杠杆，只能增加对企业过度消耗资源、超标排放污染物的经济成本，但是在税负存在转嫁的条件下，并不能完全阻止破坏环境的行为。因此，需要通过完善有利于环境保护和资源保护的法律制度，同时完善环境执法方式对各类破坏生态环境的行为进行限制，建立严格的破坏生态环境惩戒机制和追责制度，从而改变经济发展方式。

3. 促进绿色消费机制的建立。

现有的绿色税制没有解决在流通环节、消费环节存在对资源的过度索取和浪费的问题。因此，需要通过建立绿色消费体系完善绿色发展的整体模式。

四、综述

在国家重视环境保护、重视资源有效合理利用、重视新能源建设的今天，研究绿色税收改革所涉及的学科领域很多，要考虑方方面面的因素。因此，建立绿色税收制度还有很长的路要走，改革还有一些问题尚需进一步研究。

（一）绿色税收体系改革中很难对税种设计以及整个体系效果进行模型分析

当前，对绿色税收体系改革建立在理论与实证分析基础上，对税种设计尤其是新开征税种的税率等关键要素设计缺乏可行性的数据分析，只是通过问题导向作出的对税制的建议；对改革后形成的效果也缺乏模型的分析，因此，无法从定量分析的角度，得出改革后的绿色税收体系对经济运行和社会发展带来的影响。

（二）税收征管效率尚待分析

由于我国行政管理部门考评体制及行政体制上的差异，一些征管信息数据不全面。因此，如何获取征管信息，对即将开征或已经开征的税种管理进行有效评价论证是非常重要的。

（三）税收本身具有的局限性

有些领域税收的作用不十分明显，因此绿色税收的改革也应随着社会发展的实践随之变动，才能更好地实现可持续发展的目标。

（四）缺乏健全的绿色税收核算体系

目前我国绿色 GDP 的构建和绿色税收核算体系存在口径不统一的问题，对我国税收的评价停留在"税收连年增长""超额完成征收任务"等"量化"考核阶段，而绿色税收核算体系则能充分体现税收收入中的"绿色"成分，较少可以衡量出对资源浪费和环境污染的行为征收税额状况，因此建立绿色税收核算体系也是一项十分迫切的工作。

课题组组长：关　平
课题组成员：关　平　李　兵　任海东

推进宁夏清洁能源产业高质量发展的税收政策研究

国家税务总局银川经济技术开发区税务局
宁夏回族自治区税务学会银川经济技术开发区分会 课题组

我国是能源消费大国，传统的化石能源在国民经济中发挥着举足轻重的作用。在现有的能源体系中，进口依存度较高、环境污染严重等问题已经不能适应当前绿色发展和生态文明建设的要求。数据显示，目前我国能源消费仍以煤炭为主，2020年我国煤炭消费占能源消费总量的比重为56.8%；天然气、水电、核电、风电等清洁能源消费量占能源消费总量的24.3%，合计不到煤炭消费比重的一半。我国"十四五"规划提出要进一步完善"能耗双控"制度，重点控制化石能源消费，2025年单位GDP能耗和碳排放比2020年分别降低13.5%、18%，发展清洁能源成为我国现实的必然选择。

清洁能源指的是对能源清洁、高效、系统化应用的技术体系，包括"可再生能源"和"非再生能源"两大类。本文讨论的清洁能源主要指可再生能源，即原材料可以再生的能源，不存在能源耗竭的可能，主要为水力发电、风力发电、太阳能、生物能（沼气）、氢能等。

宁夏地处中国西北部，常年干旱少雨、风能光能富集、荒漠土地充裕，全年日照时间3000—3300小时，常年平均风速约8米/秒，风能、太阳能、氢能等多种清洁能源具有综合开发的优越条件，是国家一类清洁能源富集省区。2020年，宁夏回族自治区党委、政府将清洁能源产业确定为建设黄河流域高生态保护和高质量发展先行区的九个重点特色产业之一。本文立足培育新的增长点和动力源，通过对宁夏清洁能源产业发展概况、税源特点、税收优惠政策进行梳理分析，评估该产业现有税收政策的实施效果，结合宁夏回族自治区能源资源禀赋特点和产业发展阶段特征，找出目前税收政策执行层面的不足和短板，找准推进清洁能源产业高质量发展的税收政策着力点，为推进宁夏清洁能源的资源优势向经济优势转化提供决策支撑。

一、宁夏清洁能源产业发展现状分析

(一) 宁夏清洁能源发展的背景

在能源消费电力化,电力生产清洁化的趋势下,电能将逐步成为最主要的能源消费品种。过去5年中,清洁能源在全球发电总量中的占比持续增长,其中风能发电量和太阳能发电量增加了一倍多。截至2020年,全球清洁能源发电量的增长主要替代了燃煤发电量,燃煤发电量降幅总量达到405太瓦时,比上一年度下降了4.4%,是其有史以来的最大降幅;风能与太阳能装机容量则大幅增长,中国在全球风能与太阳能装机容量的增长中约占一半,成为增长的主力。2020年,中国清洁能源发电总量达到了2185.1太瓦时,居全球第一(如图1所示)。

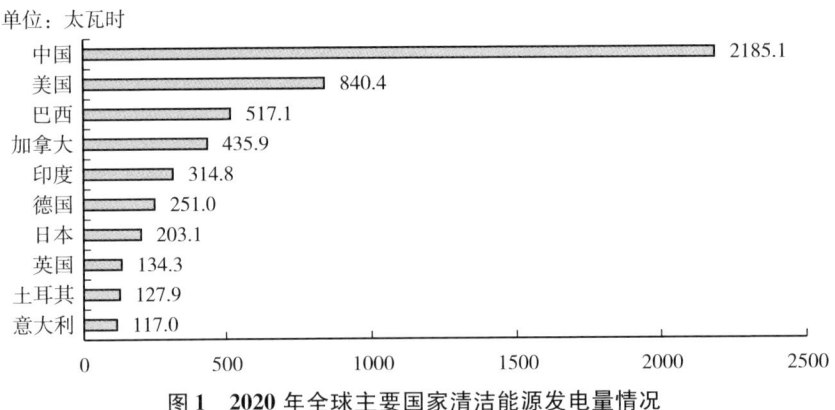

图1 2020年全球主要国家清洁能源发电量情况

数据来源:《BP世界能源统计年鉴(2021年)》。

(二) 宁夏清洁能源产能总体规模比较

据统计,2015年以来宁夏清洁能源产能总体规模持续增加,其中光伏和风电的发电量始终保持增长趋势,2015年至2020年,全区风电发电量由80.51亿千瓦时增长至194.2亿千瓦时,光伏发电量由40.78亿千瓦时增长至135.67亿千瓦时,五年间分别增长了58.4%和69.9%,增幅巨大。2020年全区风电装机规模1377万千瓦,居全国第八,同比增长23.4%,光伏装机规模1197万千瓦,居全国第九,同比增长30.3%,风光电占电力装机比重超过43%,占全区发电量比重的18.67%。

截至 2020 年，宁夏清洁能源发电总量为 352.17 亿千瓦时，从全国层面看，未进入前十位（如图 2 所示）；但人均清洁能源占有量 4492.47 千瓦时，居全国第三（如图 3 所示）。在满足区内用电负荷的同时，依托两条直流外送通道推进风光火打捆外送，非水可再生能源外送电量由 2016 年的 8.45 亿千瓦时增长至 2020 年的 113 亿千瓦时，年均增长 214%；2019 年电网新能源发电电力多次超用电负荷，成为我国首个风电、光伏发电出力超过地区全网用电的省级电网。

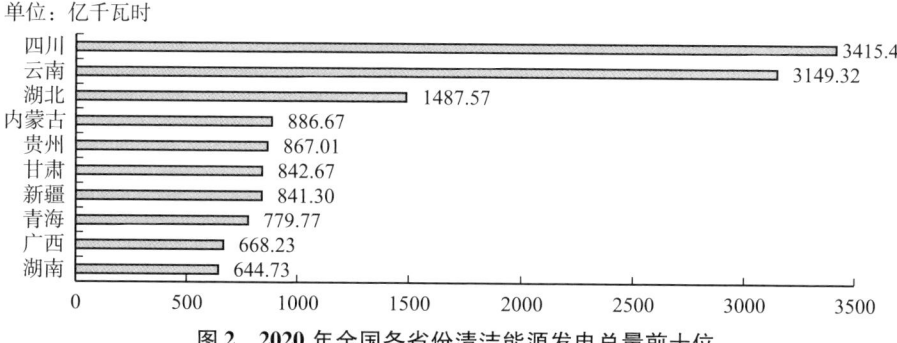

图 2　2020 年全国各省份清洁能源发电总量前十位

数据来源：《中国能源统计年鉴（2020 年)》，宁夏回族自治区发改委能源处。

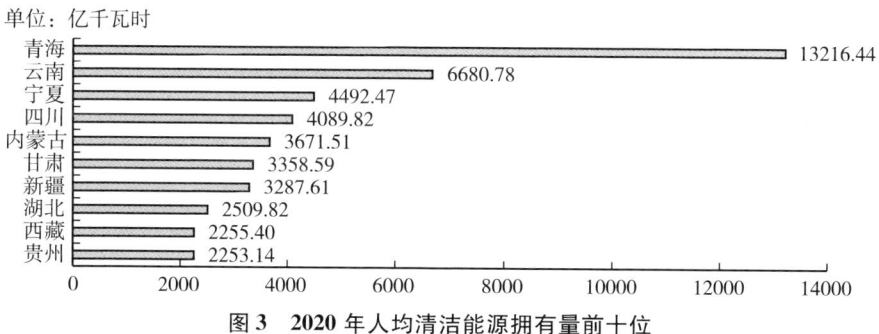

图 3　2020 年人均清洁能源拥有量前十位

数据来源：《中国能源统计年鉴（2020 年)》，宁夏回族自治区发改委能源处。

（三）宁夏清洁能源结构分布

2010—2020 年，宁夏各类能源的供应量持续增加，清洁能源占比明显上升，作为国家"西电东送"工程最早的重要送端之一，宁夏全口径发电装机容量 5587 万千瓦，人均装机容量居全国首位。截至 2020 年底，宁夏电网累计外送电量793.6亿千瓦时，同比增长19.1%。其中，光伏、水电、风电产量始终保持增长趋势，2020年全区各类能源发电量为1881.47亿千瓦时，发电量结构中火电占比为81.2%，风能、光伏、水能三类能源发电共占比为18.72%，清洁能源在能源供应结构中比重增加（如图4所示）。

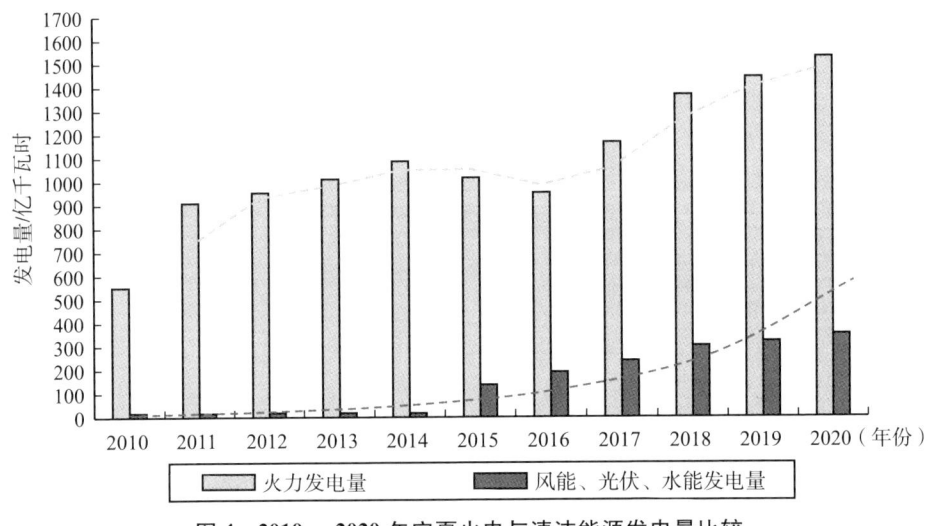

图4 2010—2020年宁夏火电与清洁能源发电量比较

数据来源：《宁夏统计年鉴（2020年）》《宁夏回族自治区2020年国民经济和社会发展统计公报》。

由于宁夏能源产业占比高、企业多，传统产业企业转型需求迫切，新能源企业升级压力大，宁夏将氢能和储能也作为清洁能源产业发展重点，推动清洁能源新领域扩展。

一方面，依托宁夏现代煤化工、氯碱化工、石油化工、清洁能源聚集优势，发展低成本绿色氢源，开展制氢、储氢、输氢、氢能综合利用等技术攻关，在宁东基地布局了一批"光伏发电—电解水制氢—加氢站—氢能重卡应用"的全产业链项目，并且规划建设4座加氢站，其中1座在建，即将投产，3座尚未开工。可再生能源电解水制氢项目已批复建设3个，目前均在建设期。

另一方面，积极培育储能市场。截至2020年，在吴忠市建成3座新能源场站并配置少量储能装置。在用的目前只有嘉泽红寺堡微电网，该项目属于分布式电站，配置容量为0.125兆瓦/0.625兆瓦时，主要由全钒液流储能电池、能量转换系统（PCS）、电池管理系统（BMS）等组成。目前作为应急电源，自发自用运行。另外两座处于维修和在建状态，主要用于解决光伏消纳、削峰填谷，平抑风电出力波动，实现风电并网友好性。

(四) 宁夏清洁能源应用领域现状

一方面,建设可再生惠民工程。5个贫困县(区)11.87万千瓦村级光伏扶贫电站如期实现全容量并网发电,助力26336户建档立卡贫困户脱贫摘帽,建立了全国首套光伏扶贫地方标准体系,建设光伏扶贫大数据平台,确保光伏扶贫建好用好服务好扶贫户。实施了固原市544所村卫生室冬季光伏供暖工程,开展了平罗县、彭阳县非集中供热区域可再生供暖试点,金凤区光伏供暖试点,为可再生清洁供暖探索有效途径。全区农村阳光沐浴工程圆满收官,成为全国首个乡村农户太阳能热水器全覆盖省(区)。另一方面,建成中卫百万光伏沙漠电站、宝丰农光互补、贺兰通威渔光互补、闽宁镇光伏设施农业等"光伏+"生态、农业、旅游等示范项目,推进应用领域多元化。

二、宁夏清洁能源产业税收发展特征分析

(一) 宁夏清洁能源产业税收总体规模

1. 清洁能源税收总体规模。

"十三五"期间,全区清洁能源产业税收收入从2016年的5.5亿元增加至2020年的22.4亿元,税收收入总规模达到61.5亿元,年均增长为46.3%;而同期全区税收总额5年增长了7.5%,年均增长1.5%(如图5所示)。清洁能源产业税收年均增长相当于总体税收收入增速的30.9倍。分年度看,2016年至2020年税收收入分别为5.1亿元、7.6亿元、10.8亿元、15.3亿元和21.9亿元,同比增长分别为51.6%、48.5%、42.4%、41.8%和43.2%,在2019年以来大规模减税降费政策的实施背景下,清洁能源产业税收规模仍呈现出持续增长、增势不减的快速发展态势,清洁能源产业发展的带动效应逐步显现。

2. 税源分布状况。

"十三五"时期,在全区税务部门注册登记的清洁能源企业共272户。从地区分布看,全区清洁能源产业吴忠市达到106户,中卫市83户,银川市33户,石嘴山市25户,固原市11户,银川经济开发区和宁东均为7户;从行业分布来看,光伏发电及光伏设备制造企业167户,风能发电企业85户,光伏制造企业17户,其中,吴忠市和中卫市由于自然环境和地域优势,更加适合光伏和风能发电企业发展,两地清洁能源企业占比达到69.5%。2020年宁夏清洁能源分行业构成,如图6所示。

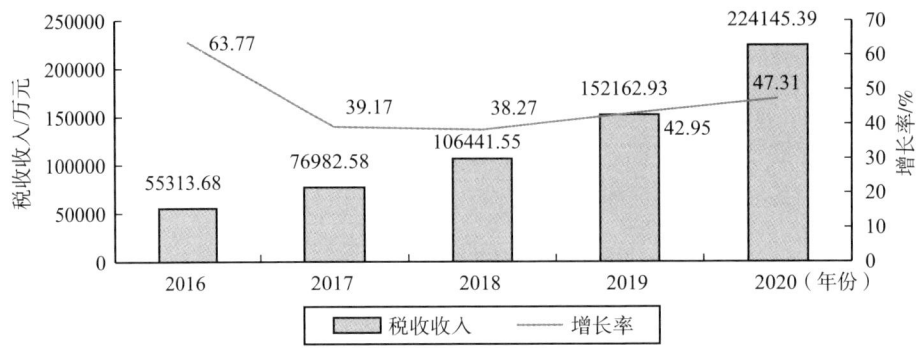

图 5　2016—2020 年宁夏清洁能源产业税收规模及增长情况

数据来源：根据国家税务总局宁夏回族自治区税务局调研数据整理。

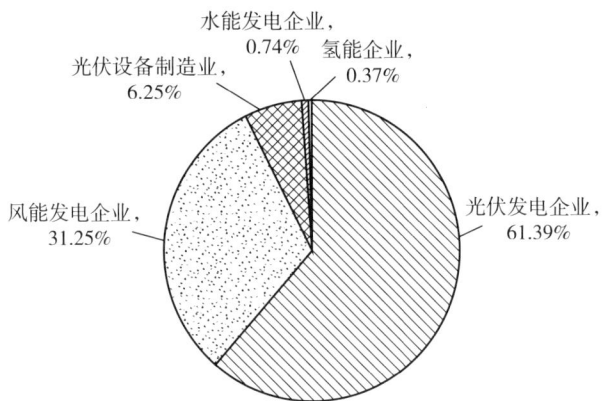

图 6　2020 年宁夏清洁能源分行业构成

受益于宁夏地域和资源优势特点，全区清洁能源特别是光伏产业发展迅猛，从装机容量上看，全区新能源发电进入发展快车道，截至 2020 年底，全区清洁能源装机总容量 2616.3 万千瓦，其中光伏发电装机容量从 2016 年的 526 万千瓦迅速增加至 2020 年的 1197.1 万千瓦，风能发电的装机容量从 2016 年的 941.6 万千瓦增加至 2020 年的 1376.6 万千瓦，风光发电稳定呈增长态势，新增电力装机清洁化的特征明显。

从分行业税收收入看，光伏发电及光伏制造行业的税收贡献突出，"十三五"期间累计税收收入分别为 34.3 亿元和 29.74 亿元；与此同时，各行业税收收入快速增长，5 年间风能发电增长了 6 倍，光伏发电和光伏设备制造业税收贡献分别占整个清洁能源产业的 44.9% 和 38.9%；其中风能发电税收收入增速最快，从 2016 年的 56.9% 增长至 2020 年的 84.6%，平均增速 64.3%。

全区清洁能源所有行业税收收入平均增速达到51.6%（见表1）。

表1 "十三五"期间宁夏清洁能源产业分行税额收入　　单位：亿元

年份	光伏发电	光伏制造	风能发电	水能发电
2016	2.57	3.54	0.74	0.01
2017	5.95	4.09	1.17	0.02
2018	7.30	5.40	2.15	0.04
2019	8.24	7.11	2.83	0.05
2020	10.24	9.60	5.21	0.10
合计	34.30	29.74	12.10	0.22

数据来源：根据国家税务总局宁夏回族自治区税务局调研数据整理。

（二）宁夏清洁能源产业税收贡献度

1. 对地方经济的贡献度。

"十三五"时期，全区清洁能源产业地方级税收收入完成30.76亿元，从2016年的2.77亿元增加至2020年的11.2亿元，5年增长了3倍，地方级税收收入总额占产业税收收入总额的52.4%。

从占地方财政收入比重看，"十三五"时期，全区清洁能源产业地方级税收收入占地方财政收入比重各年度分别为0.71%、0.92%、1.22%、1.80%和2.67%；从清洁能源税收收入对地方级税收收入的贡献来看，占比从2016年的1.12%持续增长至2020年的4.25%，尤其是2019年和2020年，在大规模减税降费政策实施的背景下，清洁能源产业作为宁夏回族自治区地方税收收入新生力量，对地方财政的贡献力量持续增加（见表2）。

表2　2016—2020年宁夏清洁能源产业地方级税收收入占比情况

年份	地方一般公共预算收入/亿元	地方税收收入/亿元	清洁能源地方税收收入/亿元	清洁能源地方税收收入占财政收入比重/%	清洁能源地方税收收入占地方税收收入比重/%
2016	387.7	246.6	2.77	0.71	1.12
2017	417.6	270.3	3.85	0.92	1.42
2018	436.5	298.3	5.32	1.22	1.78

续表

年份	地方一般公共预算收入/亿元	地方税收收入/亿元	清洁能源地方税收收入/亿元	清洁能源地方税收收入占财政收入比重/%	清洁能源地方税收收入占地方税收收入比重/%
2019	423.6	267.5	7.61	1.80	2.84
2020	419.4	263.8	11.21	2.67	4.25

数据来源：根据国家税务总局宁夏回族自治区税务局调研数据整理。

2. 分税种贡献。

从税种分布来看，企业所得税、增值税、耕地占用税是全区清洁能源产业现阶段主要涉及的三个税种；从税收规模看，宁夏清洁能源产业所涉及的税种主要以增值税和企业所得税为主。

目前，宁夏清洁能源企业的主营业务集中在清洁能源发电、"绿电"输出、光伏设备制造等领域，其增值税税收规模从2016年的2.98亿元持续增加至2020年的8.48亿元；企业所得税税收规模从2016年的1.68亿元增加至2020年的8.34亿元。由于光伏和风能都需要进行大型地面电站的建设，因此，从2018年起，耕地占用税在整个产业税收总额中也急剧上升，从2016年的802万元增至2020年的3.65亿元。从占比来看，截至2020年底，增值税税额占产业总税额的40.22%，企业所得税占比为35.13%，耕地占用税占比为10.96%，以上三个税种整体税收规模突破85%，成为支撑整个产业的支柱税种（如图7所示）。

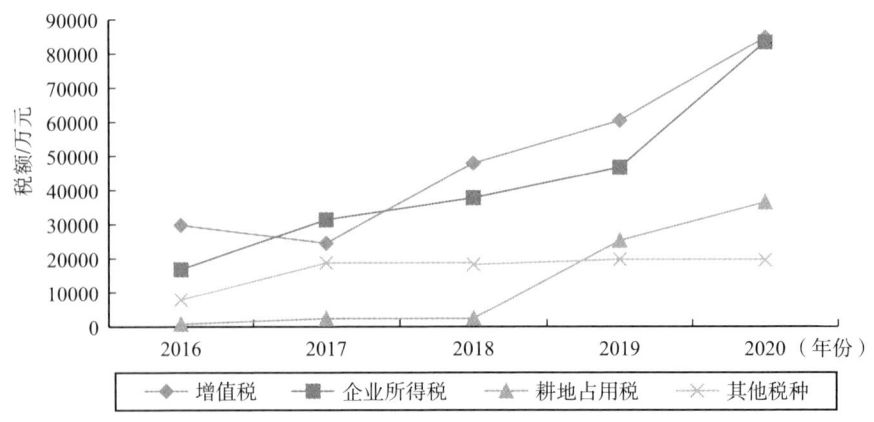

图7　2016—2020年宁夏清洁能源不同税种税收收入情况

数据来源：根据国家税务总局宁夏回族自治区税务局调研数据整理。

(三) 宁夏清洁能源产业盈利水平

1. 分行业盈利水平。

由于近年来清洁能源产业的加速发展，企业销售收入和利润均呈现较大幅度的增长，在推动能源变革转型的过程中，清洁主导、互联互通的我国能源互联网正在加速形成，清洁能源产业的发展对我国实现"双碳"目标起到了"助推器"的良好作用。

从分行业经济效益看，截至2020年底，全区清洁能源产业已累计实现销售收入278.48亿元，形成了以光伏产业为引领，光伏上游材料和中游制品制造为支撑，光伏发电为保障的产业集群效应；其中光伏发电及光伏设备制造业经济效益显著，合计实现利润占清洁能源总量的75.6%。2020年，光伏发电行业实现销售收入60.12亿元，实现利润14.65亿元，5年增长1.7倍；光伏设备制造业实现销售收入176.81亿元，实现利润32.58亿元，5年增长4.5倍；风能发电行业实现销售收入40.78亿元，实现利润10.05亿元，5年增长1.6倍；水能发电实现销售收入、利润分别为0.78亿元和0.18亿元，增势较为平稳（见表3）。

表3　　　　　2016—2020年宁夏清洁能源分行业效益　　　　　单位：亿元

年份	光伏发电		光伏设备制造		风能发电		水能发电	
	销售收入	利润	销售收入	利润	销售收入	利润	销售收入	利润
2016	32.88	8.59	35.43	7.32	23.00	6.14	0.45	0.12
2017	44.14	12.65	64.51	16.20	30.03	8.67	0.56	0.15
2018	54.56	18.78	67.71	11.42	37.51	13.14	0.71	0.24
2019	57.59	13.95	89.07	16.88	40.21	10.38	0.77	0.19
2020	60.12	14.65	176.81	32.58	40.78	10.05	0.78	0.18
合计	249.29	68.62	433.53	84.40	171.52	48.38	3.28	0.88

数据来源：根据国家税务总局宁夏回族自治区税务局调研数据整理。

2. 主体行业盈利贡献情况。

从前述分析可以看出，在全区清洁能源产业中，光伏行业在装机规模、税收贡献和实现利润方面在整个产业中处于支柱地位。一方面其能够在很大程度上缓解不可再生能源短缺的现状，进一步保障中国能源供应的安全问题；另一方面，它对中国实现碳达峰碳中和目标也有重要意义。

在光伏上游材料制造领域，银川经济开发区积累了较好的产业基础，龙头带动效应显现，主要利润贡献来自银川隆基硅材料有限公司、银川隆基光伏科技有限公司和宁夏隆基乐叶科技有限公司三家企业。根据《中华人民共和国国民经济和社会发展第十四个五年规划和2035年远景目标纲要》提出"推进大型清洁能源基地的建设工作"的总体部署，预计未来10年我国风电、光伏发电新增装机规模或超10亿千瓦，光伏上游产业将迎来巨大的施展空间。随着宁夏光伏在建项目的陆续投产，光伏产业中游制品环节逐渐形成规模效应，有利于未来实现产业链其他环节要素向本地汇聚。

从产业下游光伏电站及应用领域看，"十三五"期间，全区光伏发电企业呈现出基地化发展的态势，结合电力外送和区内用电需求增长等情况形成了银川、吴忠以及宁东能源化工基地的光伏发电企业集群。从企业数量上看，吴忠市57户，银川市及宁东基地共27户，占全区光伏发电企业的50.3%，从利润贡献上看，上述企业实现利润43.87亿元，占全区光伏发电行业的70.3%，税收贡献共8.09亿元。"十三五"期间，光伏发电企业利润整体呈现先增后降的态势，于2018年达到最大峰值，2019年、2020年连续下降，也反映出光伏发电行业在国家补贴与税收优惠双重扶持下还需抓住契机，提升内力，稳健成长。

三、现有清洁能源税收政策的短板与弱项

（一）增值税税收优惠政策在清洁能源全产业链上分布不均

从清洁能源产业生产运营业态上来看，现行增值税政策侧重点在中游环节且意在促进能源转型，因此在生产清洁能源产品方面给予了较大的税收优惠，仅对销售电力产品涉及太阳能、风能的部分实行增值税即征50%的政策；而在上、下游环节税收优惠力度较弱。上游研发环节的税收优惠政策具有普惠性，产业的针对性不强，下游清洁能源应用环节仅对新能源汽车有车辆购置税和车船税的优惠。相比核电机组关键零部件、原材料在进口环节免征关税和进口增值税，销售核电产品的增值税按比例实行先征后退，从企业用地涉及核电站设备的部分可以减免征收城镇土地使用税等税收优惠政策来看，对清洁能源产业的增值税优惠范围窄、力度小。

（二）支持清洁能源消纳的税收优惠政策缺失

随着国家推进风电平价上网、陆上风电补贴退坡、光伏发电施行平价上网

等政策出台，清洁电力财政补贴力度逐渐减弱，由于清洁能源补贴结算滞后，导致企业应收账款逐年增加，同时没有结算补贴的发电销售额在计税时以上网电价（标杆电价＋补贴电价）作为计税依据，直接增加了清洁能源发电企业的税收负担。在调研中发现，上述企业均存在前期投资固定资产金额大，增值税留抵税额多，但后期企业投资小，增值税进项税额抵扣范围较窄，再加上纳税时间在前，收到补贴较为滞后等原因造成发电企业实际税收负担率高于其他工业企业的现象，尽管宁夏目前已经出台了一系列光伏发电并网政策，但是本地区电力富余、配套对接设备要求高更新快、外送线路限制等因素加大了并网消纳难度。由于电网是运输电的唯一渠道，如果想要跨省跨区输送电力，电网建设必须同步发展，但我国目前没有针对清洁能源电网建设、外送输出方面的税收支持政策。

（三）税收政策对企业创新链和产业链协同保障能力不够

一方面，现行增值税制度更适应工业经济以机器、原料和产业分工为基础的传统生产方式，而在数字经济时代，人力资本、知识资本、数据资本成为价值创造的新要素，产业链条缩短、产业融合加强，生产方式和组织方式多样化。新的生产要素无法视为进项获得进项扣除，从而加重知识密集型产业和企业的税收负担，不利于科技创新与新兴产业发展。

另一方面，企业所得税中科技创新税收优惠政策之间缺乏有效的协调配合。部分政策对象重叠，影响政策效果。研发费用加计扣除是税基式优惠，税收优惠额度受企业所得税税率影响，税率越高，优惠额度越高。我国企业所得税税率优惠众多，相比较25％的普通税率，享受优惠税率的企业从研发费用加计扣除中获得的税收优惠额度较少，优惠政策的激励效果将打折扣。此外，在研发费用认定的过程中，还存在高新技术企业认定与享受研发费用加计扣除优惠政策上的差异。在调研中发现，因为处于清洁能源产业供应链中游的光伏产品制造业的行业特性，技术研发费用中材料费占比较大，但在享受新技术研发费用加计扣除过程中，对于材料费的认定比例较小，使得鼓励产业链创新发展的税收优惠政策指向性不强。

（四）有的地方税种的征收优惠存在进一步探索的空间

地方税种主要有城镇土地使用税、土地增值税、耕地占用税和房产税等。从宁夏实际征收层面来看，由于光伏发电企业的特殊性，其生产电能的光伏板需要占用大量的土地面积，贡献的税收主要为耕地占用税，该税种成为"十三五"期间光伏发电行业仅次于增值税、企业所得税贡献的第三大支柱税种。另外，各类基金规费方面如水利建设基金、教育费附加、地方教育附加、工会经费等与发达省份存在较大税收梯度或返还比例差距，还有进一步释放税收优惠的探索空间。由于地方税种能够较好地将清洁能源投资主体和清洁能源的消费群体区分开来，因此，地方税的税收优惠更有针对性、更方便操作，能够更好地发挥对清洁能源投资主体的激励作用和鼓励消费者使用清洁能源的目的，最终促进清洁能源产业的发展。

（五）财政与税收的政策组合效果还需再优化

清洁能源产业高质量发展的目标是要构建清洁低碳、安全高效的能源体系，促进产业转型升级。然而目前仍存在部分财政补贴扭曲，导致传统行业产能过剩问题依旧存在，转型动力不足；已有的资源税、消费税因为缺乏针对性、抑制性，对传统化石能源使用的限制效果甚微。环境保护税因功能在于"治污"而非减排，对工业企业在改善用能结构、优化工艺流程、生产绿色产品等方面调节能力有限。财税政策组合在发挥激励与约束作用，促进经济低碳转型的目标方面与清洁能源产业本身的使命缺乏一致性，调控效果还需再优化。

四、推进宁夏清洁能源产业高质量发展的税收政策建议

（一）多税种配合保障清洁能源全产业链体系构建

在清洁能源产业上游投资环节，一方面增加关键材料和设备的免征范围，即对于国家支持发展的核电、风电、光伏、氢能、生物质能等清洁能源与能源消纳储存时需要的技术设备、关键零部件、原材料等，可以免征进口环节关税和增值税；另一方面扩大设备购置过程中的抵扣范围，即对于购买用于上述清洁能源生产、制造设备装置的企业，允许企业即征即退应纳税额，同时在后期运营中允许对设备采用缩短折旧年限、加速折旧等会计核算方法，使企业加快收回设备成本。

在清洁能源中游生产环节，对符合地区产业规划的清洁能源企业投入生产之前，其生产经营用地享受免征或减征城镇土地使用税、耕地占用税和房产税的税收优惠。在企业试运行阶段收入可以作为免税所得，不计入应税收入中；试运行支出按照成本费用可以在税前扣除，鼓励企业积极地将购买的技术进行

实践应用。在产成品出售阶段，凡是符合清洁能源标准的产品都可以实施增值税先征后退或即征即退的税收优惠。

在清洁能源下游推广及消纳环节，给予相关入网项目税收优惠，即对清洁能源发电企业增值税 50% 即征即退，以支持入网技术开发和电网设备完善，保障技术创新的能源产品顺利入网发电。对清洁能源配套产品和应用领域，如城市交通、基础设施、居民生活以及智慧能源系统、风光储一体化、发供用一体化应用领域实施增值税先征后退或即征即退的税收优惠。

(二) 加大鼓励性税收政策对清洁能源产业技术研发的支持力度

一是引导科技创新投资的税收优惠政策。针对各类投资主体的创业投资与天使投资的 70% 在企业所得税或个人所得税税前扣除优惠，符合条件的研发用仪器设备一次性摊销或加速折旧优惠，高校院所进口国内不能生产或性能不能满足需要的研发用品进口税收免增值税和关税。二是奖励科技创新人才的税收优惠政策。对非营利性科研机构、高校等单位的科技人员因职务科技成果而获得的现金奖励减半计征个人所得税，非上市企业对科技人员的股权激励个人所得税递延纳税等。

(三) 发挥税收政策奖惩并举作用推动清洁能源发展，助力新旧动能转换

在工业初级产品加工和进出口环节，实行差别化出口退税政策和关税政策，对于购买非清洁能源技术产品的企业，产品的增值税进项税不得从销项税中抵扣；由非清洁能源技术产品引起的收入，计算该部分的企业所得税时按最高税率执行且不享受减免优惠政策。抑制性税收政策通过增加落后能源技术产品的销售方与购买方的税收负担来抑制落后能源技术产品的生产与销售。严格监控采用落后技术产品的企业，特殊对象特殊对待，将该企业环境保护税的征收力度与落后生产技术对污染环境严重程度挂钩。若因为制造落后能源技术产品消耗较多的资源，则增加该制造企业的资源税。对于从国外进口的落后能源技术，增加进口关税；对于出口至国外的落后能源技术，取消出口退税政策。

在工业生产环节，实施鼓励低碳工艺和资源循环利用的（补贴）税费优惠政策。在综合能源系统中，鼓励传统能源如清洁煤发电与风电、光伏发电等可再生能源进行互补，对可再生能源使用比例超过 50% 的实施增值税即征即退政策。

(四) 完善具有特色的地方财税政策方案

一是精准匹配符合多元清洁能源供应主体发展阶段的税收政策。按照宁夏可再生能源发展"十四五"规划和《自治区清洁能源产业高质量发展科技支撑行动方案》提出全链条布局清洁能源产业的总要求，持续优化能源结构，推进清洁能源技术进步和产业升级，加快发展光伏、风能、太阳能等清洁能源发电，推动能源高效管理和交易将成为下一个时期清洁能源产业发展的重点，因此，结合前述对现阶段宁夏清洁能源分行业税收贡献及利润贡献水平，根据光伏发电、光伏制造、风电制造、氢能、储能等主要清洁能源供给行业产业发展特征，处于产业化初期行业主要通过补贴等财政手段来筹措资金支持产业发展，对于处于已进入大规模产业化阶段的行业，补贴额应逐渐减少，以税收减免、税收优惠、税收返还方式进行支持。到商业化阶段，财政补贴政策可以逐渐退出，税收政策可以采取部分减免等优惠，最终实现产业完全参与市场化竞争的发展方式。

二是完善当前可再生能源基金采取全国分摊的机制。目前在我国东西部经济发展不平衡的情况下，促进西部地区可再生电力能源发展需要充分发挥财政转移支付的作用。由于当前可再生能源基金采取全国分摊的机制，与东部地区采用同比例的负担水平，对外送提供大量清洁能源的西部地区来说缺乏横向公平，建议应根据资源禀赋和清洁化能源提供量进行核算分成。

三是支持产业发展地方财政部分返还比例适当提高。结合健全地方税体系，提高所得税地方分享部分，提高"三保"能力和治理效能财税改革背景，建议适当调低增值税增量留抵退税地方承担比例。各类基金规费方面，水利建设基金、教育费附加、地方教育附加、工会经费等相关规费可测算加大税收梯度返还比例，进一步释放税收优惠的空间。

(五) 运用财税政策组合保障清洁能源产业健康发展

发挥政府绿色采购示范引导作用。政府采购作为公共财政支出管理的重要组成部分，承担着保护环境等实现国家的经济和社会发展目标的政策功能，应该坚持碳中和的理念，完善有利于绿色低碳发展的政府采购政策，构建绿色清洁产业链，进一步扩大绿色采购的范围和规模。建议强化清单管理，细化绿色采购需求，具体可通过增加公共设施供能中的新能源占比、优先使用清洁能源交通运输、增加电动汽车在公务用车中的比例、减少垃圾产生与促进循环利用等方式来实现，并建立追踪、报告与反馈机制，确保执行到位。

运用绿色税收制度不断推动清洁绿色发展目标达成。一方面继续优化现行税制体系中资源税、成品油消费税、车船税、环境保护税等与绿色低碳内容紧密相关的征税要素，合理调节高能耗行业的税负水平；另一方面应加大对新型技术的补贴力度，增加实现碳中和必然需要的清洁能源技术和负排放技术，如碳捕捉（CCUS）、绿氢、储能技术的税收优惠政策，在整合现有税种的基础上开征碳税，对于理顺政策体系，持续推动清洁能源产业规模化市场化发展，进而加快我国实现碳达峰碳中和目标的进程起到积极作用。

    课题组组长：李海富
    课题组成员：陈 磊 吴灵海 崔文铎
    课题执笔人：崔文铎 胡菲菲

国家治理现代化背景下
地方税体系建设研究①

谷彦芳　孙伊凡

地方税不仅是地方政府的收入工具，也是优化中央与地方政府财政关系、提升地方政府治理能力、实现政府与公众良性互动的制度基础。近年来无论是在政府发展规划还是远景目标中，地方税都受到前所未有的重视。2013 年，党的十八届三中全会提出"财政是国家治理的基础和重要支柱"，要"深化税收制度改革，完善地方税体系"，自此，财税体制改革同国家治理现代化进程紧密联系在一起，而地方税体系作为我国深化财税体制改革的内容，成为推进国家治理体系现代化的重要组成部分（张斌，2021）。2017 年，党的十九大报告再次强调"深化税收制度改革，健全地方税体系"，并成为"建立权责清晰、财力协调、区域均衡的中央和地方财政关系"的重要内容；2019 年，国务院《实施更大规模减税降费后调整中央与地方收入划分改革推进方案》提出"稳步推进健全地方税体系改革"；2020 年，《中共中央关于制定国民经济和社会发展第十四个五年规划和二〇三五年远景目标的建议》进一步指出，"完善现代税收制度，健全地方税、直接税体系"。因此，充分考虑我国分税制框架和现实条件约束，全面把握地方税体系建设在实现国家治理现代化中的功能和作用，着眼于政策的整体性、系统性和协同性，探索地方税体系建设的改革方向和实现路径。

一、文献综述

学术界关于地方税的研究主要建立在财政分权理论之上。地方政府具有信息优势（Hayek，1945），地方税收入比例越高，越能更好地回应居民需求和偏好（Stigler，1957；Oates，1972），从而增强地方支出的可问责性（Rodden 等，2003；Bahl 和 Martinez-Vazquez，2006）和提高治理能力（Moore M，

---

①　研究报告系河北省税务学会课题研究成果。

2007）。我国学者自 20 世纪 80 年代中期开始使用地方税概念（唐腾翔，1982；郑琦，1983），逐渐形成地方税研究的三个视角。一是基于税种性质的理论视角。真正意义上的地方税是指地方政府具有征税、税基范围和税率水平的决定权并实施税收管理和保留全部税收收入的税种（Bahl 和 Bird，2008；Bird，2011）。二是基于税权界定的法律视角。作为中央税的对称（王美涵、汤贡亮，1991），主要指地方政府享有征收管理权、收入归属权、税款使用权的税种（王乔，1991；邓子基，2006）。三是基于政府间税收划分的财政体制视角。从其本质特征出发，地方税特指地方独享税（何盛明，1990；朱青，2010）；按照收益权标准，地方独享税和共享税种地方分享部分都属于地方税（杨志勇，2018；张德勇，2018）。

分税制改革以来，我国地方税处于逐渐萎缩和弱化过程（王振宇，2018），间接造成地方税收收入偏低（樊慧霞，2015；张经纬，2020），营改增后主体税种丧失（李俊英，2021）更是导致财政功能有限且可替代（黎江虹、沈斌，2019）；由于缺乏硬性法律标准（杨志安，2014），地方税权有限且收入划分经常变动（谷成，2020），地方税体系沦为地方税收收入体系（汤玉刚等，2011）；在现有地方税体系中，部分税种职能交叉或缺位同时存在（李晶等，2016）。

为此，健全地方税体系应坚持国家治理逻辑，通过塑造地域性的税收规则助力地方性的税收治理（吕铖刚，2020），提高地方政府负责程度（谷成，2020）。一个高效的地方税体系，应与地方治理结构和能力相匹配（张学诞，2018），并以实现地方治理的现代化和良序社会为目的和逻辑（陈龙，2020）。在以共享税为主、专享税为辅的收入划分体系下（肖捷，2017；施文泼，2018；刘昆，2020），构建地方专享税与共享税群来支撑地方税体系（汪彤，2019）。地方税主体税种承载组织收入和调节经济的重要功能（贾康，2014）。基于税源、税基和税收收入等多重目标，主体税种的选择形成不同的认识，包括房地产税（高培勇，2018；王曙光等，2019；李升、解应贵，2018；李水军，2020）、零售税（郭庆旺、吕冰洋，2013）、财产税和销售税（李木子，2016）、企业所得税（黄洪等，2015；杨卫华等，2015）、个人所得税（冯曦明等，2019），等等。

二、国家治理现代化与地方税体系建设的作用机理

国家治理现代化是一个综合概念，结合经济社会发展的需求，主要体现在治理依据法治化、治理主体多元化、治理结构分权化、治理方式民主化、治理

手段文明化、治理技术信息化等方面。其中，治理依据法治化是现代社会规范化治理的前提和基础，是社会文明发展到一定阶段的产物，是治理现代化得以实现的基本保障。治理主体多元化体现共建共治共享理念的要求，构建各治理主体之间相对平衡和多元协作的治理体系是新时代实现国家治理结构和治理方式的有效路径选择。① 治理结构分权化是通过政治权力和治理权力的统筹设置，以及制约、监督、协调等机制的合理配置与动态调适，促进国家治理体系高效运行和治理能力的提升。治理方式民主化通过让人民多层次参与到国家治理当中，实现国家治理方式民主化，推动国家治理现代化进程。治理手段文明化是制度文明和行为文明的融合，体现国家治理手段和目标的统一，是推进国家治理现代化的必然要求。治理技术信息化是国家治理现代化的必要条件，通过信息技术手段为治理结构分权化、治理方式民主化、治理手段文明化、治理效率高速化提供基本保障。

（一）治理依据法治化与地方税体系建设

税收作为财政完善国家治理体系的重要工具，其法治化进程直接影响了国家治理现代化进程。因此，国家治理法治化要求税收治理法治化，以法治思维处理税收问题。2013 年《中共中央关于全面深化改革若干重大问题的决定》首次提出"落实税收法定原则"，2015 年《贯彻落实税收法定原则的实施意见》进一步明确了相关税收立法工作的时间表及路线图。在税收法律体系的形成与完善过程中，应以国家治理法治化为立法导向，以落实税收法定、兼顾税收法治的前瞻性和现实性作为税收法律制定的依据和出发点，以高质量税收立法实现国家治理依据法治化的新阶段。

（二）治理主体多元化与地方税体系建设

国家治理现代化是政府、企业和公民三维主体的治理现代化。② 这就要求在现代地方政府税制体系构建过程中，以多元主体共治为基本理念，以"共建共治共享"为手段和目标，以合作治理、公众参与、公开透明为价值追求，多元主体通过网络互动、协商、民主参与等方式参与治理，决定税种开征与否、税制要素设计等税收规则，以分权的方式最终实现税收共治。在共治的国家治理体系构建过程中，各地方税务机关充分发挥非政府主体的力量，将专业中介

---

① 杨立华. 建设强政府与强社会组成的强国家——国家治理现代化的必然目标 [J]. 国家行政学院学报，2018 (6)：57 - 62，188.
② 胡鞍钢. 国家治理现代化目标及内涵——从 2021 年到 2050 年 [J]. 前线，2019 (12)：41 - 44.

和社区组织纳入税收治理,形成税务机关负责、社会参与的地方税收治理体系。①

(三) 治理结构分权化与地方税体系建设

合理的横向和纵向税权划分能够优化税收治理结构,为地方提供财力保障,推动我国财税体制改革的顺利进行,进一步增强税收在国家治理中的基础性、支柱性、保障性作用,以科学的分权治理结构提升国家治理现代化。在税权纵向划分上,税权的边界即为中央政府与地方政府"划界而治"的边界,一定自由度的税权能够提升地方因地制宜的治理能力。在横向地方政府之间的税权竞争中,辖区内的税源则会通过"用脚投票"的方式流动至其他地方政府辖区,税源流失的压力会迫使地方政府提供更为完善的公共服务,从而影响地方治理现代化。②

(四) 治理方式民主化与地方税体系建设

在国家治理现代化语境下,必须坚持以人民为中心,税收制度的设置也必须回应纳税人诉求、保护纳税人的权利,维护纳税人利益,以构建和谐的税收治理体系。民主化的治理方式能够让纳税人参与到税收政策的制定当中,保证税收政策能够真正反映纳税人的诉求,同时有利于培养纳税信用、提升税收遵从度。通过逐步建立的公民表达机制,促进治理方式的民主化参与模式能够有效促进税收治理现代化,进而推动国家治理现代化。③

(五) 治理手段文明化与地方税体系建设

在国家治理现代化背景下,构建服务型政府是提升治理能力、实现治理文明的内在要求。④ 在国家治理手段文明化的要求下,税务部门服务本位意识不断强化,纳税服务理念加速向现代化转型,以高水平的税务人员素质和服务质量促进治理手段文明、营商环境改善和纳税人满意度的提高,为推进税收治理现代化提供坚强的精神支撑、道德滋养和文化保证。在2021年全国税务工作会议上,国家税务总局提出坚持服务大局与优化协同,提升税费服务体系和税

---

① 张斌. 深化税收征管改革 推进税收治理现代化 [J]. 国际税收, 2021 (10): 17-20.
② 吕铖钢. 国家治理视域下地方税的目标选择与价值定位 [J]. 地方财政研究, 2020 (5): 25-31.
③ 邓永勤. 税收共治的历史逻辑与实现路径 [J]. 税务研究, 2016 (12): 90-94.
④ 孙玉山, 刘新利. 推进纳税服务现代化营造良好营商环境——基于优化营商环境的纳税服务现代化思考 [J]. 税务研究, 2018 (1): 5-12.

费征管体系，高质量推进税收现代化。

（六）治理技术信息化与地方税体系建设

大数据、云计算、人工智能等现代信息技术为国家治理信息化提供保障，对现代税收征管制度的构建也提供了技术支持。"智慧税务"的建设要求各级地方税务机关将科技融入税收治理的各个环节，通过税收征管数字化升级实现"以数治税"。[①] 数字化税收征管通过对税收大数据分析与决策，通过技术手段实现纳税人信息的地区间共享，实时监控纳税人的全部涉税信息，在有效缩小税源监控盲区的同时，促使纳税人诚信纳税，有利于社会诚信机制的构建。

三、基于国家治理现代化进程的地方税体系建设的理论逻辑

（一）政府间事权与支出责任划分

国家治理体系和治理能力现代化进程中的地方税体系构建的逻辑起点是满足辖区人民的美好生活需要。财政分权测度实际上没有一个固定的占比标准，不能仅仅依靠比值高低评判制度优劣，重点是地方税收收入能否满足属于履行地方政府职能、提供地方性公共产品服务的支出，满足辖区内人民需求和促进辖区间美好生活平衡。为此，满足地方政府支出首要考虑的是协调发展中增加税收收入以促进地方城乡、经济与社会、人与自然之间的矛盾，而不是在横向、纵向间运用"体制内外"等手段进行税负输出、争夺税收份额，产生零和甚至负和博弈结果，更不是让增加地方税收规模的考量先行以求地方发展。也就是说，只要某种职能配置、事权、支出责任和收入划分有利于解决地区间与地区内的社会基本矛盾，是以服务民生福祉为中心就可行，反之则不然。

（二）税种属性与地方税建设标准

税种选择与配置是地方税体系建设的核心问题（王敏，2016）。财政分权理论根据政府职能界定（Musgrave，1959）与税种属性（Oates，1999）在多级政府间划为税收，税基分布均衡、流动性较弱和收入稳定性是地方税的最优标准（Ter – Minassian，1997）。从理论上讲，地方税的税种划分应该根据不同税种的经济属性进行，依据税基覆盖范围、征税对象流动性、财政职能履行与

---

① 施正文. 迈向税收征管现代化的里程碑式改革 [J]. 国际税收，2021（10）：11 – 16.

受益范围等划分中央与地方税种。在厘清税种属性的基础上，还需要协调好中央和地方政府税种划分的原则：受益原则、效率原则和区域税收与税源大体一致原则。基于提升地方公共服务的平等性与增加地方政府积极性的双重约束条件，地方税应该采取收益权标准，地方税体系重构应该以增值税分享机制改革为核心，以实现公平与效率的平衡。[①]

（三）地方税建设的功能定位

国家治理体系和治理能力现代化背景下的地方税体系建构过程中，必须透视收入功能落到逻辑源头以重新定位。纵然筹集收入是税收主要原则甚至首要原则，但需要指出的是，此原则若作为首要考虑是用于地方税体系整体收入考量上，即判断运用多大规模的非税收入等配合地方税体系保障地方政府支出。而不是用于某个税种上，即不能基于此为起点考虑是否将某个税种纳入地方税体系，应首先聚焦到调控功能，带有鲜明的价值导向判断其在应然意义上是否是地方税。

（四）税收权力的配置逻辑

税权指税政管理权，包括立法权、解释权、征管权、分配权、调整权、减免权。因此，结合国家政治结构形式，在宪政视角下，遵守税收法定、公平、效率、实质课税原则，以区域均衡为着力点，将立法权、解释权、征管权定为集中在中央的Ⅰ类税权，后三者定为地方有一定扩大空间的Ⅱ类税权。我国共享税、全国统一地方税的税收法律由全国人大及其常委会制定，除了海南省和民族自治地区的地方性法规由地方人大及其常委会制定，这也是疆域辽阔多民族单一制国家治理的权衡选择。坚持其余地方政府无立"法律"权，但各治理主体在授权下拥有部分税收优惠权、幅度税率确定权等Ⅱ类税权，这要求全国人大在法律秩序内对分权限度有效把握，循序渐进减少直接干预，推进立法进程将剩余地方税上升至法律层面，给出"可选清单"以"放权"。由此完成现行分税制意义上的地方税到现代财税制度中专享税为主、共享税为辅的地方税体系的跃迁，使地方政府在中央监督、间接调控中形成稳定预期以充分发挥自主性，促进地方政府治理能力现代化。

---

① 石子印. 中国地方税的界定标准与体系重构研究 [J]. 当代财经, 2015 (5): 37-44.

四、地方税改革效应模拟预测——以迈向地方消费税改革为例

2020年发布的《中共中央 国务院关于新时代加快完善社会主义市场经济体制的意见》明确要"研究将部分品目消费税征收环节后移",表明消费税征收环节后移改革研究已经进行到具体品目范围的政策落实阶段(王文甫、刘亚玲,2021)。目前,学界普遍认为应纳入消费税后移改革的具体品目范围必须具备有助于增加地方财政收入以及不恶化当前地区间的财力均衡状况的基本条件。为了验证这一结论,我们选取了消费税税目中卷烟、成品油和小汽车三个税目进行了模拟测算。

(一)数据来源与测算方法

为简化计算,不考虑由于征税环节后移所带来的价格变化,选取2019年31个省(自治区、直辖市)的数据来近似模拟。关于卷烟、成品油和小汽车消费税的具体测算方法如下:

1. 卷烟消费税估算。

我国卷烟消费税采取从量与从价复合计征方式,参考王文甫、刘亚玲(2021)的做法,先直接计算从量部分的消费税税收收入,再间接计算消费税从价部分税收收入。计算方法如下:

(1)消费地原则下消费税税收收入计算。

①直接计算从量部分:

某省份卷烟消费税从量计征收入 = 该省份烟草专卖局销售卷烟支数 × 0.003元/支

②间接计算从价部分:

某省份卷烟消费税从价计征收入 = (全国卷烟消费税收入 − $\sum$ 各省份卷烟消费税从量计征收入) × 各省份从价计征系数

$$各省份从价计征系数 = \frac{该省份烟草专卖局卷烟销售收入}{\sum 各省份烟草专卖局卷烟销售收入}$$

由于2019年数据收集不全,故各省份烟草专卖局卷烟销售收入用《中国住户调查年鉴(2020)》中各省份食品烟酒支出替代,即:

$$各省份从价计征系数 = \frac{该省份食品烟酒支出}{\sum 各省份食品烟酒支出}$$

③某省份卷烟消费税收入:

某省份卷烟消费税收入＝该省份卷烟消费税从量计征收入＋该省份卷烟消费税从价计征收入

（2）生产地原则下消费税税收收入计算。

①直接计算从量部分：

某省份卷烟消费税从量计征收入＝该省份烟草生产企业卷烟生产支数×0.003元/支

②间接计算从价部分：

某省份卷烟消费税从价计征收入 ＝（全国卷烟消费税收入 − $\sum$ 各省份卷烟消费税从量计征收入）× $\dfrac{该省份烟草生产企业卷烟销售收入}{\sum 各省份烟草生产企业卷烟销售收入}$

③某省份卷烟消费税收入：

某省份卷烟消费税收入＝该省份卷烟消费税从量计征收入＋该省份卷烟消费税从价计征收入

2. 成品油消费税估算。

我国成品油消费税采取从量计征，报告以汽油、柴油、燃料油的合计数表示成品油，计算方法如下：

（1）消费地原则下消费税税收收入计算。

某省份汽油消费税收入＝该省份汽油消费量（万吨）×1428.57（升/吨）×10000×1.52（元/升）

某省份柴油消费税收入＝该省份柴油消费量（万吨）×1190（升/吨）×10000×1.20（元/升）

某省份燃料油消费税收入＝该省份燃料油消费量（万吨）×1129.95（升/吨）×10000×1.20（元/升）

某省份成品油消费税收入＝该省份汽油消费税收入＋该省份柴油消费税收入＋该省份燃料油消费税收入

某省份调整后成品油消费税收入 ＝ 全国成品油消费税收入 × $\dfrac{该省份成品油消费税收入}{\sum 各省份成品油消费税收入}$

（2）生产地原则下消费税税收收入计算：将消费量替换为生产量。

3. 小汽车消费税估算。

我国小汽车消费税采取从价计征，计算方法如下：

（1）消费地原则下消费税税收收入计算。

整理我国2019年各种不同排量乘用车与商用车的国内市场销售量，根据

我国汽车新车零售商品销售额和销量占比计算我国消费地原则下的消费税税收收入,计算公式为:

全国消费税税收收入=(汽车新车零售商品销售额×销量占比)×适用税率

根据《中国汽车工业年鉴(2020)》统计,2019 年我国汽车新车零售商品销售额为 40713.3 亿元,参考李成、林颖(2021)的做法,计算得出消费地原则下当年全国小汽车消费税税收收入为 1241.50 亿元,如表 1 所示。

表 1　　2019 年消费地原则下全国小汽车消费税税收收入预测

汽车类型		国内市场销售量/辆	销量占比/%	适用税率/%	消费税税收收入/亿元
乘用车	排量≤1L	446957	1.73	1	7.06
	1L＜排量≤1.6L	13986647	54.28	3	662.95
	1.6L＜排量≤2.0L	5623536	21.82	5	444.25
	2.0L＜排量≤2.5L	421637	1.64	9	59.96
	2.5L＜排量≤3.0L	95510	0.37	12	18.11
	3.0L＜排量≤4.0L	35680	0.14	25	14.09
	4.0L 以上	16	0.0001	40	0.01
	纯电动	834197	3.24	—	—
	乘用车总计	21444180	83.22		1206.42
商用车	客车	444024	1.72	5	35.08
	载货车	2720281	10.56	—	
	半挂牵引车	564920	2.19		
	客车非完整车辆	30315	0.12		
	货车非完整车辆	564957	2.19		
	商用车总计	4324497	16.78	—	35.08
汽车总计		25768677	100.00	—	1241.50

数据来源:《中国税务年鉴(2020)》、《中国汽车市场年鉴(2020)》、《中国汽车工业年鉴(2020)》、国家统计局网站。

消费地原则下,各省份小汽车消费税税收收入的计算参考王文甫、刘亚玲(2021)的做法,用民用汽车新注册数量代替汽车新注册数量来衡量各省份的消费税税收收入占比,计算公式为:

$$某省份小汽车消费税收入 = \frac{该省份民用汽车新注册数量}{\sum 各省份民用汽车新注册数量} \times 全国小汽车消费税收入$$

(2) 生产地原则下消费税税收收入计算。

参考唐明(2020)和蒋云和钟媛媛(2018)的做法,用汽车工业销售增加值代替汽车产量,但由于 2019 年汽车工业销售增加值数据缺失严重,故用汽车整车产量进行替代。生产地原则下各省份小汽车消费税税收收入计算公式为:

$$某省份小汽车消费税收入 = \frac{该省份汽车整车产量}{\sum 各省份汽车整车产量} \times 全国小汽车消费税收入$$

(二) 消费税消费地原则征税改革效应评估

1. 地方财力增长效应。

由于 2019 年白酒、啤酒相关数据获取困难,故仅选取对消费税税收收入贡献为 81.64% (如表 2 所示) 的烟、成品油、小汽车三个税目进行估算。

表 2　　　　烟、成品油、小汽车、酒消费税占国内消费税比重　　　单位:%

年份	烟	成品油	小汽车	合计	酒	合计
2019	38.28	35.58	7.79	81.64	3.89	85.54

数据来源:根据《中国税务年鉴(2020)》计算整理得到。

从全国看,若征税环节后移至零售环节,我国 2019 年消费税收入将会增加 253.30 亿元 (10616.47 - 10363.17)(如表 3 所示),且会给我国 18 个省份带来更多的消费税税收收入(如表 4 所示)。其中广东、四川消费税收入增长最多;贵州、湖南、西藏增长最少,由于渝西南和湖南、湖北、贵州等地交界的武陵山区是我国中高档卷烟重要的优质原料基地①,故当征税环节后移至零售环节,必然会导致贵州和湖南卷烟消费税税收收入的大量流出,但由于贵州和湖南成品油消费量较大所带来的消费税税收流入效应超过卷烟消费税税收收

---

① 资料来源于搜狐网,https://www.sohu.com/。

入的流出效应,故整体看来,这两省份在征税环节后移至零售环节时仍能保持消费税税收收入的增长(见图1)。云南、山东、辽宁消费税收入减少得最多,主要原因在于:云南是卷烟的重要生产基地,且云南居民收入水平较低、消费能力不足,故消费税征收环节由生产环节后移至零售环节,势必会导致其消费税税收收入大量流出;山东和辽宁[①]拥有全国最多的地方炼油厂,消费税收入主要来自地方炼油厂,当消费税征收环节后移至零售环节,必然会降低其消费税收入。

表3 　　2019年全国各省份消费地原则与生产地原则下消费税税收收入　单位:亿元

消费地原则下消费税税收收入					生产地原则下消费税税收收入				
地区	卷烟	成品油	小汽车	合计	地区	卷烟	成品油	小汽车	合计
北京	104.53	90.80	28.43	223.76	北京	33.94	67.85	81.97	183.76
天津	69.96	78.32	12.13	160.42	天津	43.50	101.54	43.63	188.67
河北	195.79	118.57	75.77	390.13	河北	155.85	169.27	36.10	361.22
山西	78.60	86.21	31.17	195.97	山西	31.85	5.28	3.35	40.49
内蒙古	74.92	99.45	18.67	193.04	内蒙古	52.43	50.39	1.77	104.58
辽宁	143.25	254.84	28.23	426.31	辽宁	55.73	563.99	27.19	646.91
吉林	64.36	63.95	15.73	144.03	吉林	108.64	76.99	99.23	284.86
黑龙江	87.51	104.79	18.14	210.44	黑龙江	78.61	128.72	6.49	213.81
上海	152.80	179.38	22.81	354.99	上海	185.71	184.75	94.14	464.60
江苏	326.06	264.29	95.32	685.67	江苏	214.70	231.36	54.75	500.80
浙江	320.07	218.07	82.75	620.89	浙江	191.88	182.53	49.59	424.01
安徽	208.30	167.75	52.67	428.72	安徽	241.35	63.16	49.43	353.94
福建	188.32	145.43	33.50	367.25	福建	180.64	139.80	5.55	326.00
江西	132.43	120.57	34.93	287.93	江西	131.10	75.13	17.00	223.24
山东	307.81	432.55	97.92	838.29	山东	255.03	819.57	69.19	1143.79
河南	233.09	214.95	85.42	533.47	河南	316.71	58.27	26.18	401.16
湖北	198.19	239.03	48.11	485.33	湖北	261.77	121.07	7.69	390.54

---

① 我国地方炼油厂主要分布在山东(58%)、辽宁(7%)、广东(7%)、河北(6%)、江苏(5%)、宁夏(4%)等地,其中山东最为集中。资料来源于贤集网,网址为 https://m.xianjichina.com/news/details_269831.html,括号中为2016年全国地方炼油厂的分布情况。

续表

消费地原则下消费税税收收入				生产地原则下消费税税收收入			
地区	卷烟	成品油	小汽车	合计	地区	卷烟	成品油	小汽车	合计
湖南	215.47	196.37	48.97	460.81	湖南	339.39	72.50	32.78	444.67
广东	657.95	429.91	124.57	1212.43	广东	264.67	380.77	107.71	753.15
广西	140.94	87.91	35.79	264.64	广西	144.13	153.38	62.89	360.39
海南	39.85	25.29	7.07	72.21	海南	24.25	88.17	0.01	112.43
重庆	119.51	101.50	27.81	248.82	重庆	110.87	0.00	47.50	158.37
四川	303.66	231.41	63.44	598.51	四川	178.86	74.72	38.36	291.94
贵州	88.93	126.94	31.94	247.82	贵州	229.07	0.00	1.96	231.03
云南	120.83	136.03	36.62	293.48	云南	718.56	114.35	3.90	836.81
西藏	9.73	0.00	0.28	10.01	西藏	0.00	0.00	0.00	0.00
陕西	103.61	83.56	37.79	224.96	陕西	160.23	201.43	18.80	380.46
甘肃	64.53	59.22	14.60	138.35	甘肃	96.90	135.19	0.00	232.09
青海	17.02	26.61	4.86	48.49	青海	0.00	16.76	0.00	16.76
宁夏	18.57	27.94	5.97	52.48	宁夏	16.44	67.99	0.00	84.43
新疆	72.56	104.17	20.09	196.82	新疆	36.34	170.88	1.02	208.25
合计	4859.16	4515.82	1241.50	10616.47	合计	4859.16	4515.82	988.20	10363.17

数据来源：作者根据相关数据自行整理得到。

表4 **2019年全国各省份消费地原则与生产地原则下消费税税收收入排名**

单位：亿元

序号	地区	合计	排名	卷烟	排名	成品油	排名	小汽车	排名
1	广东	459.29	1	393.29	1	49.14	9	16.86	16
2	四川	306.57	2	124.81	3	156.69	1	25.07	11
3	浙江	196.88	3	128.19	2	35.53	12	33.16	5
4	江苏	184.87	4	111.36	4	32.93	13	40.58	2
5	山西	155.49	5	46.74	8	80.93	8	27.81	10
6	河南	132.31	6	-83.61	28	156.68	2	59.24	1
7	湖北	94.79	7	-63.58	27	117.96	5	40.42	3
8	重庆	90.45	8	8.63	17	101.50	7	-19.69	26

续表

序号	地区	合计	排名	卷烟	排名	成品油	排名	小汽车	排名
9	内蒙古	88.46	9	22.50	12	49.06	10	16.90	15
10	安徽	74.78	10	-33.05	24	104.59	6	3.24	23
11	江西	64.69	11	1.33	20	45.44	11	17.93	14
12	福建	41.26	12	7.68	18	5.64	17	27.94	9
13	北京	40.00	13	70.59	6	22.95	14	-53.54	29
14	青海	31.74	14	17.02	13	9.86	16	4.86	22
15	河北	28.91	15	39.94	9	-50.70	24	39.67	4
16	贵州	16.79	16	-140.14	30	126.94	3	29.99	7
17	湖南	16.14	17	-123.92	29	123.86	4	16.19	17
18	西藏	10.01	18	9.73	15	0.00	18	0.28	25
19	黑龙江	-3.38	19	8.90	16	-23.92	22	11.65	19
20	新疆	-11.44	20	36.22	10	-66.72	27	19.06	12
21	天津	-28.25	21	26.46	11	-23.22	21	-31.49	28
22	宁夏	-31.96	22	2.13	19	-40.05	23	5.97	21
23	海南	-40.23	23	15.60	14	-62.88	25	7.06	20
24	甘肃	-93.74	24	-32.37	22	-75.97	28	14.60	18
25	广西	-95.75	25	-3.19	21	-65.47	26	-27.10	27
26	上海	-109.61	26	-32.91	23	-5.36	19	-71.34	30
27	吉林	-140.83	27	-44.29	25	-13.04	20	-83.51	31
28	陕西	-155.49	28	-56.62	26	-117.86	29	18.99	13
29	辽宁	-220.60	29	87.52	5	-309.16	30	1.04	24
30	山东	-305.51	30	52.79	7	-387.02	31	28.73	8
31	云南	-543.33	31	-597.73	31	21.68	15	32.72	6

数据来源：根据相关数据自行整理得到。

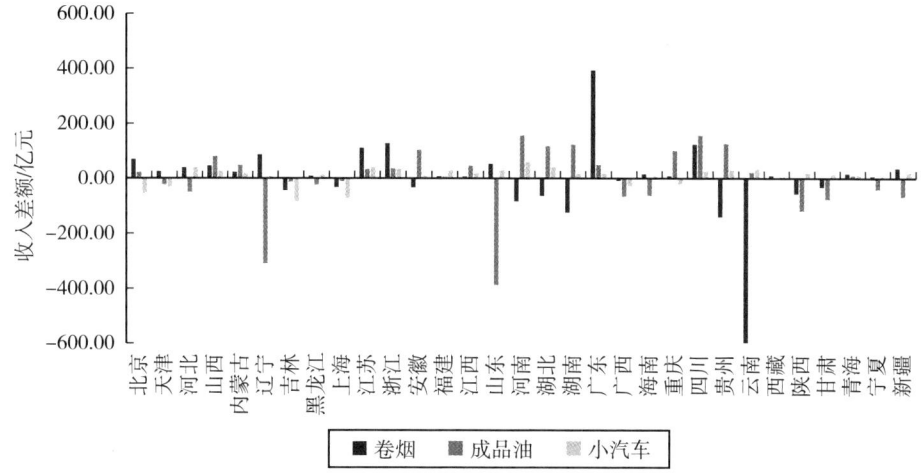

图 1　2019 年全国各省份消费地原则与生产地原则下消费税税收收入差额

数据来源：根据相关数据自行整理得到。

2. 区域财力均衡效应。

基尼系数和泰尔指数是应用最为广泛的衡量居民收入差距的两种测度方法，因此利用基尼系数和泰尔指数来衡量消费税模拟改革的地区间财力均衡程度。基尼系数和泰尔指数的计算公式为：

$$G = 1 - \sum \frac{P_i}{P}\left(2Q_i - \frac{Y_i}{Y}\right)$$

其中，G 表示基尼系数，P_i 表示某省份人口数量，P 表示全国总人口，$\frac{P_i}{P}$ 表示某省份人口数量占全国总人口数的比重，Y_i 表示某省份地方财政收入，Y 表示全国地方财政总收入，$\frac{Y_i}{Y}$ 表示某省份地方财政收入占全国财政总收入的比重，$Q_i = \sum_{k=1}^{i} \frac{Y_k}{Y}$ 为各省人均财政收入按递增顺序排列后第 1 个省份到第 i 个省份的累计财政收入比例。

$$T = \sum \left(\frac{Y_i}{Y} \log \frac{Y_i/Y}{P_i/P}\right)$$

其中，T 表示泰尔指数，Y_i 表示某省份地方财政收入，Y 表示全国地方财政总收入，$\frac{Y_i}{Y}$ 表示某省份地方财政收入占全国财政总收入的比重，P_i 表示某省份人口数量，P 表示全国总人口，$\frac{P_i}{P}$ 表示某省份人口数量占全国总人口数的比重。

经过测算,消费税征收环节后移会加重区域间财力的不均衡程度(基尼系数和泰尔指数均扩大),而且这种不均衡程度的加大主要是由卷烟品目引起的(如表5所示)。

表5　分品目消费税征收环节后移对地区间财力均衡影响的测算结果

	现行各省份地方财政收入	生产地原则下计算的地方财政收入	消费地原则下计算的地方财政收入			
			总计	卷烟	成品油	小汽车
基尼系数	0.2687	0.2679	0.2772	0.2812	0.2674	0.2670
泰尔指数	0.1445	0.1396	0.1450	0.1531	0.1447	0.1418

数据来源:作者根据相关数据自行计算得到。

卷烟品目消费税征收环节后移会导致基尼系数和泰尔指数在很大程度上增加,说明卷烟品目的后移会严重恶化我国各地区之间的财力均衡,与王文甫、刘亚玲(2021)所得结论一致。

小汽车逐渐成为我国居民出行的代步工具,其消费税征收环节后移将会在一定程度上缓解我国各地区之间的财力不均衡问题,表现为基尼系数和泰尔指数的同时缩小。因此,小汽车应率先划入消费税后移品目范围之内,以保证地方充足的税源,缓解当前地方政府所面临的财政压力。

成品油消费税征收环节后移之后所带来的地方财政收入基尼系数缩小,但泰尔指数有轻微增加,表明此次改革对高收入人群和低收入人群影响较为明显,国家应予以重视。但考虑到泰尔指数增加幅度极为微小,即可认为成品油品目消费税征收环节后移改革将不会在很大程度上恶化地区之间的财力均衡程度,因此成品油品目也应考虑在后移品目范围之内,只是应注意这一举措对高收入人群和低收入人群行为改变的影响。

五、基于国家治理现代化的我国地方税体系建设的路径选择

(一)地方税体系建设的总体设想

1. 功能健全是构建地方税体系的必然要求。

地方税体系需要积极发挥地方税种调控区域经济运行的经济功能、保证地方政府财政收入的政治功能、调节收入分配差距的社会功能、培育全社会依法

纳税的文化功能以及引导绿色发展促进生态和谐的环境功能。不断完善经济功能、政治功能、社会功能、文化功能、环境功能五位一体的地方税功能体系，是保障辖区公共服务成本与支出决策相吻合的必要措施，同时也有利于地方政府治理能力的不断提升。

2. 税权合理配置是构建地方税体系的核心问题。

在国家治理现代化背景下，地方税体系的完善，离不开税收立法权、税收征管权和税收收益权三位一体、相互协调的税权体系。就目前而言，我国的地方税权高度集中于中央，除少量的税收减免权、税额确定权、税率确定权等权力以外，地方政府并没有实质意义上的税收立法权，因此在尊重中央集中权威的前提下循序渐进地提升地方税收立法权，有利于我国治理主体的多元化和治理结构的分权化。在税收收益权方面，不能仅考虑税种自身的特征便确定其归属，还需要依据受益原则划分税权，保证课征的税收与公共支出相对应，进而增加对地方政府经济行为的监督。

3. 税种合理划分是构建地方税体系的内在要求。

一般认为，良好的地方税种应该具备充足、公平、征管便利等多方面特征。目前，我国的地方税体系初步呈现出共享税为主、专享税为辅的局面，然而地方税体系以共享税为主，在一定程度上可以解决地方财政收入不足的问题，为基层治理保障物质基础。但是在国家治理现代化的背景下，地方政府的利益诉求被忽略，难以真正实现分级财政机制，最终难以达到现代国家治理参与主体多元化的目的。因此，在税种体系方面，我们应坚持主辅结合的原则，积极构建有利于国家治理现代化的地方税种体系。

4. 运行体系完备是构建地方税体系的基本内容。

地方税运行体系包含五大税收活动主体，即设税人、征税人、用税人、纳税人和负税人。为确保地方税税收活动的正常开展，所有主体在享受权利与履行义务的同时，都必须接受规则的约束。具体来看，设税人、征税人在设计税种与征收税款时应坚持税收合法。通过对税收合法性的坚守，税制在具体实施过程中拥有法律强制力，从而确保地方税收收入及时、足额入库，并降低税收征管成本。用税人在使用税款时应确保税收合意。税收合意要求地方政府拥有健全的地方税收体系与主体税种，也有赖于共享税体系的合理调整。对于纳税人与负税人来说，应做到税收合理。在税收负担分配中，对公平的考虑应放在首位。

5. 保障体系充分是构建地方税体系的重要补充。

地方税保障体系是指地方税务机关和政府有关部门、单位为保障地方税收及时、足额收缴入库所采取的税收分析预测、监控管理、信息提供、协助配合、监督评价等措施的总称。地方税保障体系中包含着制度保障、技术保障以及环境保障。制度保障主要是通过出台税收保障法来明确领导责任与部门职责，通过建立税收司法保障体系来实现税收司法权的规范。技术保障使信息与大数据得到合理应用：地方税收保障信息共享平台的建立能够形成全方位税源信息的相互传递，加强税源监控；税收管理信息化能够提高征管效率、降低征纳成本。环境保障有助于税收遵从的实现：利用各种媒介加强涉税知识宣传，提升群众了解程度以及认可程度，从而形成一种优良的税收征纳社会环境。

（二）地方税体系建设的优化对策

1. 尊重中央集中权威的适度放权。

在尊重中央集中权威的前提下适度放权既可以保障中央的宏观调控能力，又能调动地方积极性，符合财政分权理论的要求。对于地方专享税种应由中央统一立法，落实税收法定原则，在各专享税种单行法律中，授权地方政府因地制宜地在一定范围内对税基、税率等要素进行选择，加大地方的调整权。例如对于税法中规定的课税对象，地方政府结合当地实际情况制定相应的优惠政策；在税率方面，地方政府在中央制定的税率区间内，选择适合辖区经济发展的税率。此外，考虑到我国幅员辽阔，各地区资源禀赋、经济社会发展状况差异较大，可在全国人大及其常委会制定地方税法后，授权地方决定是否开征此税的权利。对于地方政府基于本辖区的经济发展情况的充分考察下，授权地方因地制宜地制定本地方税收法规，但应在提交全国人大及其常委会商定后，确定是否开征。

2. 优化中央与地方税收收入划分。

（1）提高专享税的占比。目前我国地方税体系主要以共享税为主、专享税为辅，且专享税税收收入不足地方税收收入的三成。共享税虽然对于稳定地方税收收入而言功不可没，但在匹配地方支出责任与提高公共服务收益性方面存在一定问题，不利于地方政府管理职权的发挥。考虑到财产课税具有作为地方税体系的良好性质，其收益对称性、政府履责激励较强，纳税成本与对资源配置的扭曲程度较低，但其收入受覆盖范围的影响较大，因此，积极稳妥推进房地产税立法和改革，对于提高地方专享税比例、稳定地方税收入、调节收入分配差距具有较强的现实意义。

（2）优化共享税分享原则。现阶段共享税在匹配地方支出责任与提高公共服务收益性方面存在一定问题。具体而言，共享税的税基和税率均由中央决定,地方政府只能按比例取得收入,本质上无异于转移性支付,另外分享比例随时面临调整,不利于地方政府权衡公共支出成本与收益之间关系。对于增值税而言,将增值税分享由生产地原则改为消费地原则可以扭转资源错配和发展低效的问题,同时也能激励地方政府鼓励当地消费,进而推动区域经济增长。

3. 优化现行税制相关设计。

(1) 基于功能视角优化地方税种定位。地方税体系构建中要明确各税种定位、职能主次、税种属性,从而发挥调控功能。如消费税、环境保护税、资源税都能发挥保护环境、矫正外部性的作用。其中,大部分单一生产环节征收的消费税首要职能是引导消费且与货物劳务税等区分,理应在需求侧征收,这就要求消费税征收环节后移。资源税的首要职能是矫正开采过程中负外部性,包括代际间负外部性,且以此与出让上的权益金、占有上的租、管理上的基金相互区分。环境保护税是在生产环节对非自然人发挥矫正外部性为首要职能,则意味着对除工业噪声之外的噪声如生活噪声、服务业消费噪声等是一种对美好环境的消费,应在消费税中体现。

(2) 推进消费税征收环节后移进程。除将高档手表、贵重首饰和珠宝玉石等条件成熟的税目实施改革外,应加大其他易于在销售环节征收且在消费税中占比较高税目的改革,可首先选择小汽车、成品油等税目率先后移至销售环节征收。同时,基于受益原则和防止地区间恶性税收竞争的考虑,实行中央地方共享机制,对于生产环节征收的消费税仍归属中央税,零售环节的消费税收入归属地方。在分享比例方面,考虑到改革的平稳过渡性,可借鉴增值税划分时的"定基数,调增量"的过渡方案。基于消费税的功能考虑,消费税应增加高档服务类税目,并且直接在销售环节征收,划分为中央地方共享税。

(3) 推动房地产税建立及其相关制度整合。试点先行,逐步推广,在推进房地产税立法进程中扩大房地产税改革试点范围,采取非普遍征收、累进税率、存量房纳入征收范围等原则。根据房地产的类型与用途设置差别税率:一类为居住用房地产,适用0.5%~0.8%的比例税率;二类为工商业用房地产,适用1.5%~1.8%的比例税率;三类为空置房地产,适用5%~10%的超额累进税率。同时区分类别设置一定范围的免税条款。伴随房产税改革,推动将现行房产税与城镇土地使用税合二为一,在普遍开征房产税的同时,调减房地产开发、交易环节的个别税种如增值税、土地增值税、个人所得税、契税、印花税。

4. 信息治税、综合治税与协同治税。

信息治税、综合治税、协同治税属于地方税体系建设的保障措施，对于促进地方税收及时足额收缴入库、优化税收环境发挥着无可替代的作用，是保障税收征管由粗放式向精细化、高质量化转变的重要措施，对于提高地方治理水平有着举足轻重的意义。一方面，地方信息治税应加大运用互联网、大数据信息和最新技术成果，加强税务云化服务建设，推进业务数据化向数据业务化转变。与此同时，逐步建立数据、报表与票据之间的对应关系，推动数据比对分析自动化建设。另一方面，税务部门应充分利用信息网络平台，逐步确立与环保部门、住建部门等多部门的信息交换机制，或双方合理构建政府共享信息平台，集中进行信息交换。

5. 加快推动税收文化建设。

税收文化可以大致分为税收物质文化、税收制度文化、税收精神文化三个层面。第一，建立统一规范的办税服务厅以及及时更新换代各种办公软件、硬件，充分利用现代科技提升办公效率。第二，完善地方税收立法、建立税收司法保障体系，明确各部门权利与义务，确保税收征管工作的顺利开展；推动税收管理专业化、信息化，对税务人员进行定期培训、提高人员素质、实施考评奖惩制度，并通过构建涉税信息平台提升税收管理有效性。第三，升华税收精神文化需要加强税收教育与宣传，培养良好的税收文化氛围。政府可以通过电视、网络、报纸等媒介传播税收相关信息，使纳税人能够及时掌握最新的税收动态，提高纳税人税收素养与纳税意识。此外，也可以采取各种创新模式来进行税收教育，例如举行税收短视频创意大赛，不断提高纳税人对于学习税收知识的积极性。

作者单位：河北大学

聚束分析法及在税收政策评估领域的应用

樊 勇 杜 涵 彭凡嘉 李昊楠

聚束分析法（Bunching）是近十年来国外学术界兴起，基于大样本微观数据的经济实证研究方法。其基本原理是通过高阶多项式回归，利用不受断点影响的样本分布模拟出断点周围的反事实曲线，通过反事实曲线与实际分布曲线差异计算聚束值，并进行政策效应评估。由于避免了常用差分回归方法的不足，关于该方法的研究和应用越来越多地出现在国际重要经济学期刊中，而在我国的运用尚处于较空白状态。本文以我国企业所得税业务招待费抵扣限额政策和小微企业所得税优惠政策为背景，结合微观税收数据，分别讨论了拐点情形下和间断点情形下聚束分析法的基本原理、计算过程及实际应用，反映聚束分析法在我国经济政策效应评估领域的应用价值及前景。

一、引言

政策效应分析是经济学研究的重要领域之一。相比于普通多元线性回归，双重差分法不直接比较政策前后样本均值变化，而是从个体层面进行统计分析，既控制样本间不可观测个体的异质性，又能控制不可观测因素的时间趋势，避免了解释变量的内生性问题，并得到无偏估计量（陈林，2015）。另外，在政策制定过程中，诸多政策存在不连续性但并未构成准自然实验，由于不存在反事实组，基于外生冲击的双重差分法和断点回归法无法对政策进行分析检验。针对这一问题，聚束分析法（Bunching）应运而生。聚束分析法的核心优势在于无需自然实验构造反事实组，而是直接利用不受断点影响的样本分布模拟出断点周围样本分布的反事实曲线，进行结构参数估计，以评估政策对于行为反应的影响程度。聚束分析法最初是为评估税收转移现象而开发（Saez，2010），随着各类数据的可得性提高，目前正逐步应用于税收以及其他学科领域中。

以往文献主要区分了两种不同概念的聚束：其一是由 Saez（2010）和

Chetty 等（2011）提出的拐点（Kinks），该聚束类型的主要特征表现为预算集斜率的弯折（见图1）；另一种则是由 Kleven 和 Waseem（2013）年开发的间断点（Notches），其特征表现为预算集斜率的弯折并同时伴随预算线在弯曲处的跳跃（见图2）。拐点在收入再分配政策中被广泛使用（如超额累进税制、税收抵扣限额制度等），间断点则更多地应用于全额累进税制以及非税环境中。目前，随着理论与应用不断地完善和扩展，越来越多以聚束分析法为核心的研究成果发表在国际重要期刊上。在税收领域，聚束分析法被用于评估税收优惠政策（Saez，2010）、逃税（Kleven 等，2011；Best 等，2015）、税收对劳动供给影响（Chetty 等，2011）、税收转移现象（Le Maire 和 Schjerning，2013）、应税收入弹性（Devereux 等，2014；Bastani 和 Selin，2014；Kleven 和 Waseem，2013；Kleven 和 Schultz，2014）、财富税与财富积累（Jakobsen 等，2020）、企业研发支出税收弹性（Chen 等，2021）和房地产交易税（Kopczuk 和 Munroe，2015；Slemrod 等，2017；Best 等，2018）等。在我国，类似的拐点和间断点同样出现于各领域中，但就当前而言，国内学者仅有张航和范子英（2019）对聚束分析法的基本原理进行介绍。在实证研究方面，樊勇等（2020）首次使用聚束分析法对中小企业所得税优惠政策进行了评估。王伟同等（2020）则以相同的政策分析了减税激励对于小微企业债务规模和融资成本的影响。

二、聚束分析法的基本原理

本文以税收领域中的累进个人所得税制度为例，将聚束分析法在税收研究领域中应用的两类情形分别进行介绍①。

（一）拐点（Kinks）条件下的聚束分析法

拐点最早由 Saez（2010）提出，其研究对象为美国个人所得税中的劳动所得税收抵免（Earned Income Tax Credit）。当纳税人收入高于临界点时，超出部分不再享受任何税收抵扣，继而导致收入边际税率上升，是一种典型超额累进税制②，其基本原理如下（见图1）。

---

① 以下分析均基于个人角度进行。在运用聚束分析法对企业进行评估时，其基本原理、理论模型、估算方法与基本结论同个人层面类似。

② 税收抵扣、扣除等优惠相当于负税率，当超过临界点不再享受税收优惠时，纳税人的边际税率会面临着向上的"跳跃"，也属于本文所提到的"超额累进税制"这一概念。

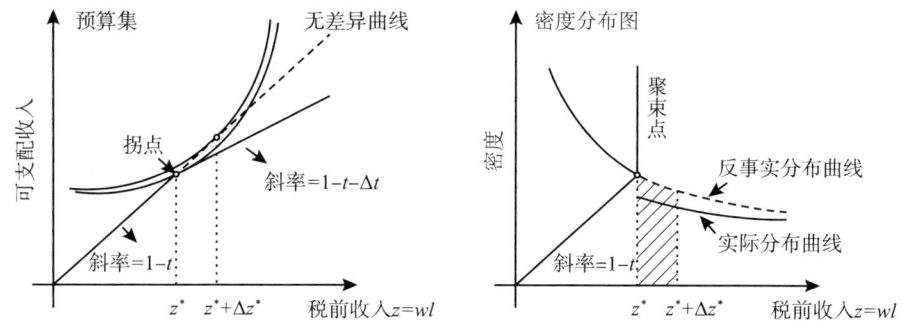

图 1　拐点条件下聚束分析法的原理与聚束分布

在经典的劳动经济学模型中，我们首先考虑同质性偏好下的个人效用最大化问题。纳税人的效用函数由可支配收入 c 和劳动时间 l 共同决定，有 $U = U(c, l)$。税前收入 $z = wl$，w 为外生给定的工资率，l 为劳动时间。可支配收入决定纳税人的购买力，商品是正常品，故效用 U 与可支配收入正向相关；纳税人通过牺牲闲暇进行劳动换取税前收入，而劳动对于纳税人是厌恶品，故效用 U 与税前收入呈负相关。二者用数学符号可以表示为 $\partial U/\partial c > 0$，$\partial U/\partial l < 0$。在引入所得税后，可支配收入与税前收入关系可表示为 $c = z - T(z)$。

当引入累进税制后，即超过临界点 z^*，超额部分收入的边际税率由 t 上升为 $t + \Delta t$，如图 1 所示，此时税收函数将变为 $T(z) = t \cdot z + \Delta t \cdot (z - z^*)$，这里 $I(\ )$ 为指示函数，当 $z > z^*$ 时，$I = 1$；当 $z \leqslant z^*$ 时，$I = 0$。此时，纳税人的效用函数可以表示为：

$$U = \begin{cases} U[z(1-t), l] & z \leqslant z^* \\ U[z(1-t-\Delta t) + \Delta t \cdot \Delta z^*, l] & z > z^* \end{cases} \quad (1)$$

在临界点 z^* 处将效用函数对收入求偏导，增加劳动时长带来的边际收入由 $(1-t)U'_1$ 下降为 $(1-t-\Delta t)U'_1$。由图 1 可以看出，收入区间段处于 $[z^*, z^* + \Delta z^*]$ 的劳动者若保持当前工作时长不变，其效用将下降，因而这部分劳动者会选择减少劳动时间以达到效用最大化，向 z^* 处移动，而对于 $[z^*, z^* + \Delta z^*]$ 则将其称为样本迁移区域。在样本迁移的过程中，在 z^* 处便形成了一个较大的聚束（Kink），如图 1 所示，该点处的样本数目将显著高于其周围区域。为了测度税制扭曲对于个体行为的影响程度，我们引入应税收入弹性，其定义为：

$$e = \frac{\Delta z^* / z^*}{\Delta t / (1-t)} \quad (2)$$

其中 $1-t$ 代表税后净收益率（the net-of-tax rate）①。弹性 e 为总弹性（非补偿弹性），包含了收入效应和替代效应。为了直接反映税收制度扭曲程度，需要剔除掉收入效应后计算出替代弹性（也称为补偿弹性），具体可分为以下两种情况：

当聚束区间长度 Δz^* 极小时，即 $\Delta z^* \to 0$。假设个体的收入供给函数为 $z = z(1-t_m, I)$，其中 t_m 为纳税人收入面临的最高边际税率，当 $z \leq z^*$，$t_m = t$；当 $z > z^*$，$t_m = t + \Delta t$，虚拟收入 I 满足恒等式 $I \equiv t_m \cdot z - T(z)$。根据斯拉茨基方程弹性表达式可得 $e^t = e^s + \gamma$，其中 e^t 为总弹性，e^s 为替代弹性，γ 为收入效应，且有 $\gamma = (1-t_m)(\partial z/\partial I)$，弹性 e 可表示为替代弹性与总弹性的加权平均值。

$$\frac{\Delta z/z}{\Delta t/(1-t)} = \left(1 - \frac{\Delta a}{\Delta t}\right) \cdot e^s + \frac{\Delta a}{\Delta t} \cdot e^t \tag{3}$$

式（3）中 Δa 代表收入水平在 z 处个体平均税负的变化值，满足 $\Delta a \equiv \Delta t \cdot (z - z^*)/z$。当聚束区间 Δz^* 极小时，$z \approx z^*$，$\Delta a \approx 0$，根据上式该点处弹性为 $e = e^s$，式（3）即测度了个体对于税制扭曲的真实反应程度。

当聚束区间长度 Δz^* 为较大区间时，根据上文分析，由（2）式可知收入效应不趋近于 0，此时弹性 e 为替代弹性与总弹性的加权平均值，无法测度纳税人由于税率改变带来的真实行为反应，这一指标的偏误在 Δz^* 较大时尤为明显（Kleven 和 Waseem，2013）。为了解决这一问题，Saez（2010）、Kleven 和 Waseem（2013）对模型加入了更强的约束条件，将效用函数设定为拟线性、等弹性函数，并引入了个体异质性：

$$U = c - \frac{n}{1+1/e} \cdot \left(\frac{z}{n}\right)^{1+1/e} \tag{4}$$

拟线性函数下，收入效应为零，根据式（3）有 $e = e^s = e^t$。等弹性设定则意味着在预算集上的任意一点应税收入弹性为常数，这一假设简化了计算过程，并且对弹性计算结果无实质影响（Saez，2010）。比例税制下 $c = (1-t)z$，效用最大化时的一阶条件满足关系式 $z = n(1-t_m)^e$。在实际收入分布函数的拐点 z^* 处，能力为 n② 的个体效用最大化的一阶条件为 $z^* = n(1-t-\Delta t)^e$；在反事实分布中，单一比例税制下边际聚束者（marginal buncher，即位于样本迁移区域的个体）效用最大化一阶条件为 $z^* + \Delta z^* = n(1-t)^e$，联立两项一阶条件

---

① 这里并未使用 $\Delta t/t$ 作为弹性的分母，原因在于模型以纳税人收入为视角，纳税人的效用取决于税收剩余率 $1-t$，税收剩余率越高，纳税人能够获得更高的效用。

② n 越大代表能力越强，其劳动效率将更高，相同劳动所花费的时间越少，能够拥有更多的闲暇，因此获得的效用越高。

等式可得：

$$\frac{z^* + \Delta z^*}{z^*} = \left(\frac{1-t}{1-t-\Delta t}\right)^e \tag{5}$$

即表示为：

$$e = -\frac{\log(1 + \Delta z^*/z^*)}{\log[1 - \Delta t/(1-t)]} \tag{6}$$

式（6）是断点处弹性的一般表达式。当 Δz^* 足够小时，$\log(1 + \Delta z^*/z^*)$ 约等于 $\Delta z^*/z^*$，$\log[1 - \Delta t(1-t)]$ 约等于 $-\Delta t(1-t)$，即式（2）为应税收入弹性表达式的特殊情形。

（二）间断点（Notches）条件下的聚束分析法

间断点最早由 Kleven 和 Waseem（2013）针对巴基斯坦个人所得税制下的全额累进税制提出。相比于超额累进税制，全额累进税制在跨越临界点时全部收入都将被课以更高的税率，其面临的边际税率和平均税率均会突然向上跳跃，给纳税人带来更为沉重的税负，导致临界点右侧的某一区间段内个体严格迁移至临界点左侧，产生断崖式分布。本部分将以个人所得税制为例，介绍间断点的基本原理（见图2）。

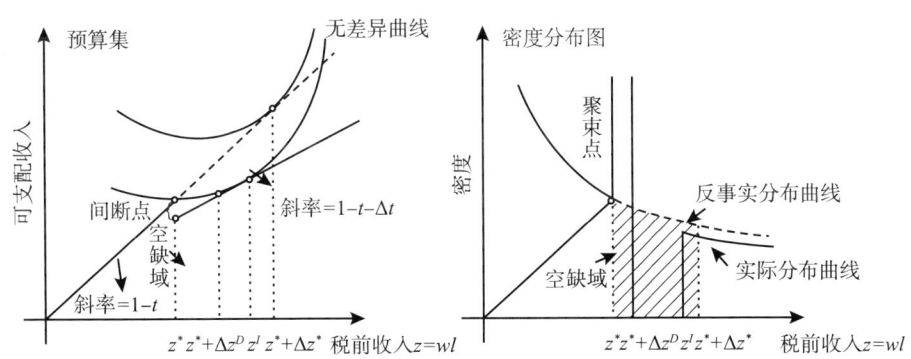

图2　间断点条件下聚束分析法原理与聚束分布

与上文保持一致，效用函数基本设定与第（一）部分中相同，当由超额累进所得税制改为全额累进所得税制后，应税收入超过临界点 z^* 时，税率由 t 上升为 $t + \Delta t$，此时个体需要缴纳的税收为 $T(z) = t \cdot z + \Delta t \cdot z \cdot I(z > z^*)$，纳税人效用函数为：

$$U = \begin{cases} U[z(1-t), l] & z \leqslant z^* \\ U[z(1-t-\Delta t), l] & z > z^* \end{cases} \quad (7)$$

图 2 展示了预算集上全额累进所得税制导致的间断点（Notches）以及导致的聚束分布图。在临界点 z^* 处，全额累进税制下的效用 $U_2[z(1-t-\Delta t), l]$ 严格小于超额累进税制下的边际效用 $U_1[z(1-t-\Delta t)+\Delta t \cdot \Delta z^*, l]$，劳动的边际收入降幅更大，因而替代效应将会使劳动者进一步降低劳动时长，以获得更高的效用。特别地，区别于超额累进税制，存在恒等式 $\Delta t \cdot z^*/(1-t-\Delta t) \equiv \Delta z^D$，使得税前收入为 z^* 和 $z^* + \Delta z^D$ 的个体税后收入相同，拥有同等购买力。因此税前收入在 $z \in (z^*, z^* + \Delta z^D)$ 的个体，其在缴纳所得税后收入均低于 z^* 处，劳动者降低劳动供给后，能享受增加闲暇同时也能提高收入的双重效用改进，理论上这一"空缺域"（dominated region）内的样本量应当为 0。对于 $z = z^I$ 处的个体，减少劳动供给到 z^* 处与当前的收入效用相同。

同样地，在测度税制扭曲程度时，我们使用应税收入弹性指标分以下两种情形进行计算：

当聚束区间长度 Δz^* 极小时，即 $\Delta z^* \rightarrow 0$。与拐点分析一致，此时收入效应几乎为 0，总弹性即为替代弹性，有 $e = e^s$。但与拐点中的弹性表达式不同，由于全额累进税制下聚束点处边际税率与平均税率同时产生跳跃，拐点中的结构估计方法无法使用。为了解决此问题，Kleven 和 Waseem（2013）使用了简约式（reduced-form）对应税收入弹性做出了近似估计，其核心在于将间断点转换为拐点，以临界点处边际税率的提高近似代替平均税率的上升。在 z^* 处，边际税率 t^* 满足：

$$t^* \equiv \frac{T(z^* + \Delta z^*) - T(z^*)}{\Delta z^*} = t + \frac{\Delta t \cdot (z^* + \Delta z^*)}{\Delta z^*} \approx t + \frac{\Delta t \cdot z^*}{\Delta z^*} \quad (8)$$

将式（8）代入弹性表达式，得：

$$e \equiv \frac{\Delta z^*/z^*}{\Delta t^*/1-t^*} \approx \frac{(\Delta z^*/z^*)^2}{\Delta t/1-t} \text{①} \quad (9)$$

当聚束区间长度 Δz^* 为较大区间时。为了排除收入效应影响及计算方便程度，同样地，在个体能力异质性的条件下，引入拟线性、等弹性效用函数，函数设定与式（4）保持一致。最大化效用的一阶条件仍由 $z = n(1-t_m)^e$ 确定。收入为 z^* 的个体效用为：

---

① 将平均税率的上升视为在 Δz^* 处的边际税率上升 Δt^*，二者缴纳的税收相等，因此有 $\Delta z^* \cdot (t + \Delta t^*) + z^* \cdot t = (\Delta z^* + z^*) \cdot (t + \Delta t)$，由于 Δt 足够小，可认为 $\Delta z^* \cdot \Delta t \approx 0$，化简后得到 $\Delta t^* = \Delta t \cdot z^*/\Delta z^*$，代入后可得上式右边部分。

$$U^* = (1-t)z^* - \frac{n}{1+1/e} \cdot \left(\frac{z^*}{n}\right)^{1+1/e} \quad (10)$$

对于处于收入无差异点 z^I 处的个体，其效用最大化的一阶条件满足 $z^I = n(1-t-\Delta t)^e$，将其代入效用函数得：

$$U^I = \left(\frac{1}{1+e}\right) \cdot n \cdot (1-t-\Delta t)^{1+e} \quad (11)$$

由于收入为 z^* 和 z^I 处的个体效用相同，有 $U^* = U^I$。此外，在比例税制的反事实分布下，边际聚束者收入为 $z^* + \Delta z^*$ 处的个体效用最大化的一阶条件 $n^* = (z^* + \Delta z^*)/(1-t)^e$，联立上式可得：

$$\frac{1}{1+\Delta z^*/z^*} - \frac{1}{1+1/e}\left[\frac{1}{1+\Delta z^*/z^*}\right]^{1+1/e} - \frac{1}{1+e}\left[1-\frac{\Delta t}{1-t}\right]^{1+e} = 0 \quad (12)$$

尽管式（12）为超越方程，无法直接写出弹性 e 的表达式，但当得到 $\Delta z^*/z^*$ 和 $\Delta t/(1-t)$ 参数值后，能够解出关于弹性 e 的方程。

三、聚束分析法在我国税收政策评估领域的应用

（一）拐点情形下的聚束分析法运用——企业所得税业务招待费扣除限额政策效应估计

拐点情形下，聚束中的拐点在断点左右两侧斜率受制度影响会发生变化，表现为预算线的弯折。拐点多适用于税收领域中的超额累进税制和限额扣除等情形。以下部分以企业所得税中的业务招待费限额扣除政策为例，介绍由拐点产生的聚束现象。

政策背景和研究设计：

业务招待费是企业为业务经营的合理需要而支付的招待费用。《中华人民共和国企业所得税法实施条例》第四十三条规定，企业发生的与生产经营活动有关的业务招待费支出，按照发生额的60%扣除，但最高不得超过当年销售（营业）收入的5‰。此规定意味着当企业于年度内列支的业务招待费超过税法规定的税前扣除标准时，企业会在年度汇算清缴时发生纳税调增。业务招待费发生额的60%超过当年收入5‰的部分将无法按其实际发生额的60%进行扣除，这使得在以销售收入的"5‰"为分段点的两侧产生不同的税负差异。

设企业营业收入为 TR，实际发生的业务招待费为 EF，名义扣除额占收入比例为 $\delta = 60\% \times EF/TR$，则不同业务招待费对应的业务区间扣除率如表1所示。

表1　《中华人民共和国企业所得税法》业务招待费扣除规定

	业务招待费区间	扣除率
享受业务招待费扣除时	$0 \leqslant EF \leqslant 0.005TR$	60%，可按发生额60%扣除
不享受业务招待费扣除时	$EF > 0.005TR$	0，超额部分不可扣除

由表1和图3可知，处在 $\delta \in [0, 0.005]$ 这一区间的企业，其业务招待费扣除额占实际发生业务招待费的比例 θ_1 为60%。处在 $\delta \in (0.005, +\infty)$ 这一区间的企业，其业务招待费扣除以"5‰"为分段点：业务招待费未超过收入 TR 的5‰的部分按实际发生额 EF 的60%扣除；超过收入 TR 的5‰的对应部分其业务招待费不可扣除。基于上述分析，可以发现我国企业所得税中的业务招待费扣除限额政策与Saez（2010）分析的劳动所得税收抵免类似，属于典型的拐点：当 $\delta \leqslant 0.005$ 时企业发生的与生产经营活动有关的业务招待费支出，按照发生额的60%扣除；当 $\delta > 0.005$ 时，企业所享受的边际扣除率由60%降为0。

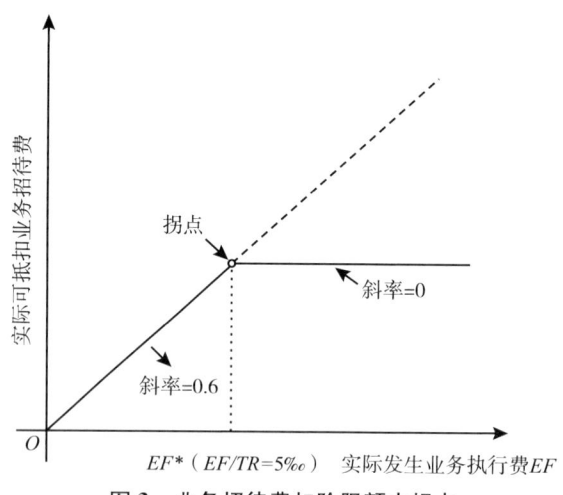

图3　业务招待费扣除限额中拐点

针对该扣除政策，在现实中企业有较强的激励调整业务招待费及营业收入，使得名义扣除额占收入的比例在5‰，实现最大化地享受扣除政策优惠，理论上在该点会产生显著的聚束现象。

（二）间断点情形下的聚束分析法运用——小微企业所得税优惠政策效应估计

相较于拐点，间断点产生于选择集截距的离散变化，常见于全额累进税率的税制设计。本部分以小微企业所得税税收优惠为例，介绍由间断点产生的聚束现象。

政策背景和研究设计：

虽然企业所得税并未像个人所得税一样采用累进税率，但是小微企业所得税优惠政策的存在却使得企业所得税在本质上类似于累进税率设计。在2019年之前，企业所得税本质上可以看作是全额累进税率。

具体而言，以2015年小微企业所得税优惠政策为例，认定条件见表2，按照2015年3月13日财政部和国家税务总局联合发布《关于小型微利企业所得税优惠政策的通知》（财税〔2015〕34号）的规定，认定条件分为三部分，从业人数、资产总额和应纳税所得额。只有三项条件均满足才能享受小微企业的税收优惠。其中，工业企业从业人数需要小于等于100人，其他企业小于等于80人；工业企业资产总额需要小于等于3000万元，其他企业需要小于等于1000万元。在满足以上两个条件的基础上，应纳税所得额小于等于20万元时可以享受20%税率减半征收的优惠，即实际税率一般情况下为10%。应纳税所得额大于20万元且小于等于30万元时，则享受20%的优惠税率，应纳税所得额大于30万元则不享受优惠，税率为25%（如表2所示）。

表2　　　　2015年小微企业所得税优惠政策认定条件

认定条件		20%税率减半征收	20%税率	25%税率
从业人数（人）	工业企业	小于等于100	—	
	其他企业	小于等于80		
资产总额（万元）	工业企业	小于等于3000	—	
	其他企业	小于等于1000		
应纳税所得额（万元）	所有企业	小于等于20	大于20且小于等于30	—

注：25%税率没有标识表示不满足上述三个条件中任意一个都适用25%的标准税率。

在这样的税率设计下，当企业满足从业人数和资产总额条件的情况下，企业所得税本质上是全额累进税率，其税率级次可以见图4。图4中表示在满足其他条件的情况下,应纳税所得额的变动如何影响税后收入。在应纳税所得额20万元处,税率由10%(20%减半征收)变为20%,斜率由0.9变为0.8,而在应纳税所得额30万元处,税率由20%变为25%,斜率由0.8变为0.75。相较于拐点处两端相接的情况,在间断点处则存在向下的跳跃间断点。该部分展示的间断点处的聚束现象以20万元处的间断点为例,在20万元附近的企业,将应纳税所得额调整至20万元以下可以额外享受10%的税收优惠,因此只要操作成本小于应纳税所得额的10%,企业就有动机调整自身的应纳税所得额。由于操作存在不确定性,一部分企业会调整成功,而一部分企业则会调整失败,仍然位于20万元以上,从而形成在20万元附近的聚束现象。

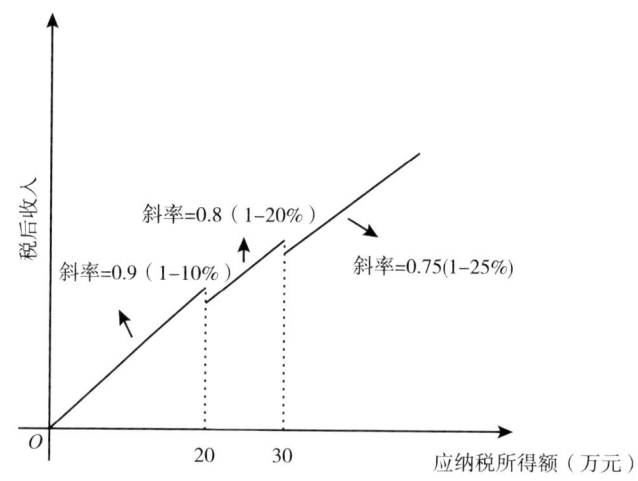

图4　小微企业所得税税收优惠形成的间断点

作者单位:中央财经大学

税收治理研究

以人民为中心：中国共产党百年治税思想的精髓

王 乔 吴宗福

历史是最好的教科书，透过历史可以映照现实、远观未来。中国共产党是马克思主义政党，党的人民性是马克思主义最基本的观点。回顾党的百年治税历程，"以人民为中心"是党百年治税思想的精髓。这主要基于党百年治税的基本逻辑以及党以人民为中心的治税实践。具体而言，"以人民为中心"的治税思想是党的初心使命和服务宗旨的体现，是马克思主义税收思想与中国传统赋税思想的发展融合，是党领导人民救亡图存和实现民族复兴的必然选择；从实践的角度看，全面总结建党以来不同历史时期不同税收政策与成效，"以人民为中心"的治税思想主线更加凸显。

一、问题的提出

历史是最好的教科书。在庆祝中国共产党成立100周年大会上，习近平总书记指出："以史为鉴，可以知兴替。我们要用历史映照现实、远观未来，从中国共产党的百年奋斗中看清楚过去我们为什么能够成功、弄明白未来我们怎样才能继续成功，从而在新的征程上更加坚定、更加自觉地牢记初心使命、开创美好未来。"党的治税思想是党领导中国税收事业发展的思想指南，任何一项税收改革政策或税收征管举措，溯其根源，都能在其中找到治税思想的影子。站在建党100周年这个特殊历史节点，全面梳理中国共产党百年治税历程，探索中国共产党领导下的税收发展规律，揭示和总结中国共产党百年治税思想，对总结党的百年历史、指导我国税收事业改革实践具有重要而深远的意义。

2021年以来，众多学者就百年大党与中国之治、财税制度变革等主题开展了深入研讨，撰写了多篇理论文章。有学者总结了党百年来治财理税的历史进程、基本经验与现实启示，指出党因应时局推进财税治理，先后构建"红色型"财税、国家型财税、调控型财税、现代型财税（马海涛等，2021；马金华等，2021）。有学者深入探究了百年来党的税收思想与税收政策的演变，指出百年来党领导的税收事业适应不同时期党和国家事业发展全局的需要，为特定目标任务提供保障，伴随着社会主要矛盾的变化，税收在经济建设中的作用更加凸显（杨志勇，2021）。有学者分析了党的历史使命与百年税收实践，指出作为国家财政收入主要来源的税收，服务于党领导中国人民实现民族复兴、人民幸福历史使命的宏伟历程（马建，2021；武靖国，2021）。还有学者分时期总结了党的税收思想与实践（曾耀辉，2021；李妮娜等，2021）。在2019年新中国成立70周年之际，高培勇、楼继伟等学者分别对新中国财税发展历程进行了研究与总结，认为伴随着新中国逐步强大的发展历程，作为政府从事所有活动的经济基础，中国税收也走过了一段不平凡的现代化历程。这些研究为后来研究学者打开了更加开阔的视野，积淀了深厚的学术基础，使其能够站在巨人的肩膀上看得更为高远。然而，当前研究主要基于历史事实的梳理，偏重税收史实的论述，对于党的治税思想演变以及治税思想引领下税收政策的响应研究不足，暂未提炼出党在百年治税中深入其里、贯彻其中的核心思想。

本文从税收史和思想史两条主线，结合马克思主义政党特征和中国共产党的历史使命，全面分析了党百年治税的历史逻辑、理论逻辑和实践逻辑，并通过探寻我国税收与文化演进中的人民性和总结建党百年来的治税实践，提出"以人民为中心"是中国共产党百年治税思想的精髓，其他治税思想和各时期治税方针、治税政策均由此延伸，并以此为逻辑起点和实践落脚点。

二、中国共产党百年治税的基本逻辑

思想是行动的先导，理论是实践的指南。中国共产党"以人民为中心"治税思想具有严密的历史逻辑、理论逻辑和实践逻辑，是初心使然、使命使然和责任必然。

(一) 历史逻辑:"以人民为中心"的治税思想是中国共产党初心使命和"全心全意为人民服务"宗旨的体现

人民性是马克思主义最鲜明的品格。① 中国共产党是马克思主义政党,始终把人民放在心中最高的位置。毛泽东 1945 年在《论联合政府》中指出,我们共产党人区别于其他任何政党的一个显著标志,就是和最广大的人民群众取得最密切的联系②。邓小平 1956 年在《马列主义要与中国的实际情况相结合》中指出:"中国共产党员的含意或任务,如果用概括的语言来说,只有两句话:全心全意为人民服务,一切以人民的利益作为每一个党员的最高准绳。"③ 习近平总书记在十八届中央政治局常委与中外记者见面会上指出:"人民对美好生活的向往,就是我们的奋斗目标。"④ 在党的十九大报告中,他进一步指出:"中国共产党人的初心和使命,就是为中国人民谋幸福,为中华民族谋复兴。"

税收是党推进革命、建设、发展的重要基础。从中共一大提出"消灭资本家私有制,没收机器、土地、厂房和半成品等生产资料";中共二大提出"废除丁漕等重税""废除厘金及一切额外税则""改良教育制度,实行教育普及";新中国成立后,历经建立新税制、简化税制、两步"利改税";到进入二十一世纪正式废止延续几千年的农业税,持续实施减税降费的政策等,回顾党的百年治税历程,无不体现着"全心全意为人民服务"的宗旨,闪烁着"为中国人民谋幸福,为中华民族谋复兴"的光芒。

(二) 理论逻辑:"以人民为中心"的治税思想是马克思主义税收思想与中国传统赋税思想的融合发展

据统计,马克思、恩格斯关于税收的论述有 320 余处,⑤ 主要内容包括对税收本质、税收与国家关系、税收作用等方面的论述,强调税收具有阶级性、革命性和科学性,是三者的有机统一。如马克思在《1857—1858 年经济学手稿摘选》"导言"中精辟地分析了税收来源与雇佣工人被剥削的本质。恩格斯 1845 年发表的《在爱北斐特的演说》是集中论述税收问题的重要文献,内容

---

① 习近平. 在纪念马克思诞辰 200 周年大会上的讲话 [EB/OL]. (2018 – 05 – 04) [2021 – 08 – 10]. http://cpc.people.com.cn/n1/2018/0504/c64094 – 29966126. html.
② 毛泽东. 论联合政府 [M]//毛泽东选集 (第三卷). 北京:人民出版社,1991:1094.
③ 邓小平. 马列主义要与中国的实际情况相结合 [EB/OL]. (1956 – 11 – 17) [2021 – 08 – 15]. http://cpc.people.com.cn/GB/33839/34943/34944/34945/2616884. html.
④ 习近平. 人民对美好生活的向往就是我们的奋斗目标 [EB/OL]. (2012 – 12 – 15) [2021 – 08 – 15]. http://cpc.people.com.cn/18/n/2012/1115/c350821 – 19590488. html.
⑤ 孙飞. 马克思主义税收思想及其现实意义 [J]. 当代经济研究,2006 (4):10 – 13.

涵盖税收本质、根据、特征、原则、制度等理论问题。列宁在1901年10月发表的《内政评论》一文中对饥荒、危机和税收关系也进行了精辟的论述。"五四运动"前后，一批先进的知识分子在宣扬马克思主义思想观点的同时，也对马克思主义税收理论进行了广泛宣传，苏俄新税制同样受到中国共产党人的关注。这些思想观点成为中国共产党构建中国财税制度、建立中国财税体制的宝贵指导思想。

与此同时，中国是一个有着五千年历史的文明古国，中华文化中蕴藏着丰富的赋税思想，如孔子主张"施取其厚，事举其中，敛从其薄"；孟子强调"民为贵，社稷次之，君为轻"，主张仁政与民本思想；老子提出"轻徭薄赋""与民休息"；管仲主张"将欲取之，必先与之"等。中国传统赋税思想为中国共产党确立"以人民为中心"的治税思想奠定了深厚的传统理论基础。

（三）实践逻辑："以人民为中心"的治税思想是中国共产党领导全国各族人民救亡图存和实现民族复兴的必然选择

党的革命和建设事业必须联合最广大的人民群众，取得最广大人民群众的支持，这既是现实需要，也是必然选择。回顾党在革命战争时期带领全国各族人民救亡图存和总结党在和平建设时期带领全国各族人民实现中华民族伟大复兴的伟大实践，税收始终承载着"以人民为中心"的核心思想。1925年，毛泽东在《中国社会各阶级的分析》中指出："中国过去一切革命斗争成效甚少，其基本原因就是因为不能团结真正的朋友，以攻击真正的敌人。"至于为什么要革命，他提出："为什么要革命？为了使中华民族得到解放，为了实现人民的统治，为了使人民得到经济的幸福。"① 1929年7月，中共闽西第一次代表大会制定的《土地问题决议案》提出"为补助残废、老病及建设地方公共事业，如创办学校、修路圳，以及政府赤卫队用费等用途，政府得向农民征收土地税""土地税须在苏维埃政府建立之后，而且有巩固可能时征收之""土地税征收分为三等，最高百分之十五，其次百分之十，再其次百分之五或免税。由各地方斟酌情形分别规定。②"这些规定较好地体现了党"取之于民，用之于民"的价值取向和"以人民为中心"的治税思想。

新中国成立后，全国统一税政，建立健全税制体系和征管制度，税收成为国家财政收入的重要来源，是国家繁荣富强、人民安居乐业的物质基础。党的

---

① 毛泽东. 毛泽东文集：第1卷[M]. 北京：人民出版社，1993：21.
② 许毅. 中央革命根据地财政经济史长编[M]. 北京：人民出版社，1982：247.

十八大以来,以习近平同志为核心的党中央在探索、总结新时代党治国理政规律的基础上,深化了对财税基础性地位的认识,提出"财政是国家治理的基础和重要支柱,科学的财税体制是优化资源配置、维护市场统一、促进社会公平、实现国家长治久安的制度保障。①"的重要论断。税收的人民性进一步凸显。面对2020年初突发的新冠肺炎疫情,党中央始终把人民群众生命安全和身体健康放在第一位,出台系列支持疫情防控的税收政策。税收为疫情防控、复工复产提供了重要的政策支持和财力保障。

三、中国共产党以人民为中心的治税实践

中国共产党的百年历史,先后经历新民主主义革命时期、社会主义革命和建设时期、改革开放和社会主义现代化建设新时期、中国特色社会主义新时代,与之对应,我国税制也经历探索、统一、发展、完善等阶段。纵观中国共产党百年治税历程,每个阶段都有不同的特点,但始终贯穿其中的是"以人民为中心"的治税思想精髓。

(一)新民主主义革命时期:废除苛捐杂税,保障战争供给

区别于国民党统治地区田赋层层加码,苛捐杂税多如牛毛,中国共产党领导的根据地和解放区却是军民融合,农民自愿纳税,中国共产党带领各族人民靠着"小米加步枪"推翻"三座大山",解放全中国。1922年6月发表的《中国共产党对于时局的主张》,是党第一次较为全面地论及税收问题,其中提出"废除辛丑条约及其他不平等条约""收回海关,改协定税制为国定税制""没收其(直奉两系军阀)财产分给老弱不能继续服务的兵士及失业游民""停止预征钱粮、征收附规及一切苛税杂捐""制定工人最低工资及农民最高税租额之法律"等政策主张②,对外涉及收回关税自主权,取消列强特权;对内涉及废止厘金及其他额外征税,保障最低工资、限制农民税租额、征收累进税等方面内容。1928年中共六大政治决议案进一步提出"取消一切政府军阀地方的税捐,实行统一的累进税"③。这些政策主张具有明确的阶级性,充分体现了工农利益,成为党在土地革命及其后革命时期的治税方针和税收行

---

① 中国共产党第十八届中央委员会第三次全体会议公报 [EB/OL]. (2013-11-12) [2021-08-20]. https://news.12371.cn/2013/11/12/ARTI1384256994216543.shtml.
② 中国共产党对于时局的主张 [EB/OL]. (2007-05-16) [2021-08-20]. http://www.ce.cn/xwzx/gnsz/szyw/200705/16/t20070516_11381831.shtml.
③ 中共六大政治决议案 [EB/OL]. (2008-05-29) [2021-08-20]. http://www.gov.cn/test/2008-05/29/content_998159.htm.

动指南。

抗日战争爆发后，根据地实行为战时服务的经济政策，在废除苛捐杂税的同时，规定根据地人民纳税的基本义务，"有钱出钱，无钱出力""使民有负但使民不伤"①，探索建立区别于国民党旧税制的新税法，同时通过大力发展生产运动筹集财政收入。在解放战争时期，中国共产党大力推进土地改革，建立以土地税和统一的累进所得税为核心的新税制。同时随着各个城市的解放，又在城市建立所得税、印花税、行商税等工商业税。这些政策举措，不仅为保障战争供给和建立人民政权奠定了坚实的物质基础，还减轻了人民负担，坚定了人民对党的政治信仰。

（二）社会主义革命和建设时期：统一全国税政，支撑国家重点建设

新中国成立后，国家百废待兴，各解放区除废除苛捐杂税及反动名目的税捐（如"防共"特捐、城防捐、兵役捐等）外，大部分地区仍然沿用旧税法征税，统一全国税政成为新中国成立后的重要工作。新中国成立后首届全国税务会议于1949年11月召开，中心任务就是"统一全国税政、建立新税制、结束暂时沿用的旧税法和税政不统一的局面"。② 会后公布的《全国税政实施要则》明确将实行合理负担、适当平衡城乡税负、解决农民负担超过工商业者负担的问题，作为增强税务工作、建立统一税收制度的指导原则；并根据当时五种经济并存的情况，决定实行多种税、多次征的复合税制（后因配合"三大改造"，进行了税制修正）。统一税政后，我国财政经济状况明显好转，有力保障了国家建设需要，增加了教育、文化、科技、卫生等领域的投入。

此外，新中国成立后，党中央采取"一边倒"的外交政策，在经济体制建设上借鉴苏联经验，采取计划经济模式。"三大改造"完成后，由于公有制经济占主体且实行计划配给制，税收调节经济发展与收入分配的职能明显弱化，1958年和1973年的两次税制改革都以"简化税制"为原则，大幅裁并税种、简化税目、调整税率，税制结构由复合制转向单一制（工商业税成为主体税种）。但总体而言，在党的坚强领导下，税收筹集收入的基本职能仍然发挥作用，税收为保障国家经济社会发展尤其是国家级重点项目建设作出重要贡献。

---

① 毕学进，马金华. 中国共产党百年财税治理的演化路径、历史经验与现实启示 [J]. 财政监督，2021（13）：35-42.

② 北京经济学院财政金融教研室. 新中国税制演变 [M]. 天津：天津人民出版社，1985：7.

（三）改革开放和社会主义现代化建设新时期：建立现代税制，服务市场经济建设

党的十一届三中全会决定将党的工作中心转移到经济建设上来，实行改革开放，我国进入改革开放和社会主义现代化建设新时期。这期间，税收组织收入、配置资源、调控宏观经济等作用受到重视。1979年5月，财政部召开全国税务工作会议，研究加强税收理论、制度和组织建设。同年7月出台的《中华人民共和国刑法》规定，偷税、漏税、抗税，情节严重者可判处有期徒刑或者拘役。1980年9月，《中华人民共和国中外合资经营企业所得税法》和《中华人民共和国个人所得税法》公布实施，我国涉外所得税制开始建立。1983年、1984年国家分两步推行"利改税"制度，进一步理顺了国营经济管理体制。1984年11月，国务院发布对经济特区和沿海港口城市减征、免征企业所得税和工商统一税的相关规定，开始实施区域性税收优惠政策；1985年3月，出口退税制度初步建立等一系列适应经济发展需要、具有现代色彩和国际内涵的税收新制度的建立，初步构建了中国现代税制，有力地推动了改革开放不断深入。

为扭转"两个比重①"下滑困境，增强中央财政调控能力，我国于1994年实行分税制改革，并以"统一税法、公平税负、简化税制、合理分权"为原则全面深化工商税收制度改革，初步建立适应社会主义市场经济体制的税制框架。② 进入二十一世纪，我国加入世界贸易组织，以"简税制、宽税基、低税率、严征管"为原则，对税制、税种进行进一步调整与优化，如2006年取消农业税，2008年统一内外资企业所得税制度。改革后增值税、消费税、个人所得税等税种的税收优惠制度更加科学合理，税收推进经济社会发展的作用更加明显。

（四）中国特色社会主义新时代：紧扣国家治理现代化，助力中华民族伟大复兴

党的十八届三中全会提出全面深化改革的总目标，即完善和发展中国特色社会主义制度、推进国家治理体系和治理能力现代化；并明确"财政是国家治

---

① "两个比重"，是指全国财政收入占国内生产总值的比重和中央财政收入占全国财政收入的比重。
② 薛钢，刘紫斌，程明梅.中国共产党百年税收改革实践与新时代税收之治[J].税收经济研究，2021（3）：9-14.

理的基础和重要支柱"。税收作为国家治理体系的重要组成部分,发挥着基础性、支柱性和保障性作用,始终保持与国家制度相配套、相协调。2012年以来,为实现"两个一百年"奋斗目标和中华民族伟大复兴的中国梦,我国税收法治建设快速推进,绿色税制加快构建,营改增、国税地税征管体制改革、金税三期工程在全国上线等一系列重大利好纳税人发展的举措相继推出,税收领域发生了巨大的变化。

近年来,为有效应对全球经济下行、减轻企业负担,保持宏观经济稳中向好,国家实行大规模减税降费。据统计,2016年我国减税0.62万亿元,2017年、2018年减税均突破1万亿元,2019年减税降费超2万亿元。① 2020年新冠肺炎疫情暴发,国家出台系列减税降费政策,延缓企业税收缴纳,累计减税降费超过2.5万亿元。② 在疫情全球蔓延背景下,中国经济仍然实现2.3%的增长,成为全球唯一实现经济正增长的主要经济体。③ 此外,我国各级政府厉行节约,将有限的资源用于民生项目支出上,使得疫情防控、脱贫攻坚、基层"三保"等重点领域支出得到了有力保障。2020年全国卫生健康支出增长了15.2%,社会保障和就业支出增长了10.9%,教育、交通、环保等各大领域支出皆有所增,④ 人民生活得以改善,全国各族人民人心空前凝聚,爱国热情空前高涨。

四、结语

习近平总书记指出,人民性是马克思主义最鲜明的品格。⑤ "以人民为中心"是中国共产党百年治税思想的精髓,这是因为中国共产党的初心使然、使命使然,也是中国共产党人的责任必然和现实既然。从历史逻辑看,"以人民为中心"的治税思想是中国共产党践行"为中国人民谋幸福,为中华民族谋复兴"的初心使命和"全心全意为人民服务"宗旨的体现;从理论逻辑看,"以人民为中心"的治税思想是马克思主义税收思想与中国传统赋税思想的融合发展;从实践逻辑看,"以人民为中心"的治税思想是中国共产党领导全国

---

① 王乔. 新冠肺炎疫情下我国财政风险防范及建议 [J]. 税务研究, 2020 (6): 5-9.
② 国家税务总局. 带好队伍展现新气象 干好税务开拓新局面 高质量推进新发展阶段税收现代化 [EB/OL]. (2021-01-08) [2021-08-20]. http://www.chinatax.gov.cn/chinatax/n810219/n810724/c5160614/content.html.
③ 盛来运. 不平凡之年书写非凡答卷:《2020年国民经济和社会发展统计公报》评读 [EB/OL]. (2021-02-28) [2021-08-20]. http://www.stats.gov.cn/tjsj/sjjd/202102/t20210228_1814157.html.
④ 财政部. 2020年财政收支情况 [EB/OL]. (2021-01-28) [2021-08-20]. http://gks.mof.gov.cn/tongjishuju/202101/t20210128_3650522.htm.
⑤ 习近平. 在纪念马克思诞辰200周年大会上的讲话 [EB/OL]. (2018-05-04) [2021-08-10]. http://cpc.people.com.cn/n1/2018/0504/c64094-29966126.html.

各族人民救亡图存和实现民族复兴的必然选择。从治税实践看，梳理中国共产党的百年治税历程，无论是废除苛捐杂税，保障战争供给；统一全国税政，支撑国家重点建设；建立现代税制，服务市场经济建设；还是紧扣国家治理现代化，助力中华民族伟大复兴，党指导和谋划中国税收事业发展的最核心思想就是"以人民为中心"的思想。它既体现为税收直接惠及人民，也体现在税收服务经济发展，发展经济造福人民。这不仅为我们发展税收事业指明了方向，更增强了我们通过税收服务人民的信心。

作者单位：江西财经大学

中国共产党百年税收发展历程、成就及展望

李 平

2021年是中国共产党建党100周年。一百年来，中国共产党坚持马克思主义和中国实践相结合，走出了一条有中国特色的税收改革发展之路。税收在国家治理中的基础性、支柱性、保障性作用得到充分彰显，为我国现代化建设奠定了坚实基础，提供了有力保障。中国共产党领导税收工作的百年发展历程积累了丰富的宝贵经验，对推进新时代税收改革发展具有重要的启示。

一、中国共产党百年领导税收工作的演进历程

中国共产党建党百年以来，其建立和发展与财税制度建设息息相关。革命战争时期，党领导下的革命根据地税收制度逐步建立和发展，为党的发展壮大、根据地的巩固和革命战争的胜利提供了财力保障，为新中国成立后的税制建设提供了十分宝贵的经验。新中国成立后，在党的领导下，全国迅速实现了税政统一，初步建立了一套比较完整的社会主义税收制度。改革开放以后，党和国家的工作重点逐渐转移到经济建设，税收走上快速发展之路，为促进经济体制改革、建立和完善社会主义市场经济体制作出了积极贡献，税收在国家治理中的基础性、支柱性、保障性作用日益彰显。

（一）党领导新民主主义时期的税收探索（1921—1949年）

党在成立初期就提出了废除苛捐杂税的税收政策主张。1927年"八七会议"之后，党确定了进行土地革命和武装反抗国民党反动派的总方针，井冈山等革命根据地纷纷建立。土地革命时期，党的税收政策已基本形成。在党的领导下，中华苏维埃共和国以及其他革命根据地废除旧的苛捐杂税，探索建立新的税收制度和税务机构，税收成为促进革命根据地发展和筹集革命战争经费的有力工具。

抗日战争时期，随着抗日民主政权的逐步建立，党领导人民废除了具有剥

削性质的旧税制，开创了革命税收的新纪元。陕甘宁边区当时成为党中央领导抗日战争和全国革命的所在地，1941年边区政府发布《陕甘宁边区施政纲领》《陕甘宁边区各级税务局所组织规程》等一系列法律制度，使得税收逐渐成为边区财政的主要来源，对促进边区经济发展、保障革命战争胜利发挥了重要作用。

解放战争时期，随着革命形势发展，解放区由分割逐步连成一片，东北、华北、西北、华东、中原等大行政区很快形成，逐步以大行政区为单位统一税制，建立从大区税务总局到基层税务所的一整套组织机构，扩充税收人员队伍，税收工作由农村转向城市。这些都为恢复战后生产、安定民生、稳定经济奠定了基础，也为新中国成立之初顺利和迅速地建立起新的税收制度打牢了基础。

（二）社会主义革命和建设时期的税收（1949—1978年）

新中国成立后，税收开启了历史新篇章。1950年1月30日，中央人民政府政务院发布了《关于统一全国税政的决定》的通令，决定以《全国税政实施要则》作为今后整理和统一全国税政税务的具体法案，建立各级财政税务机关。《全国税政实施要则》《全国各级税务机关暂行组织规程》以及相继颁布的各税种实施条例，配合以计划、会计、统计、监督检查等各项管理制度的制定和实施，结束了近代以来我国税政不统一的局面。

1952年底，国民经济得到全面恢复。根据党中央提出的过渡时期国家税收工作任务要求，对农业执行"稳定负担"的政策，对合作经济实行减税优待，对工商业实行"公私区别对待，繁简不同"的方针，促进了"一化三改"，加快了新民主主义经济形态向社会主义经济形态的转变。

1956年社会主义公有制确定之后，经过1958年和1973年两次以简化税制为主要内容的税制改革，工商税成为我国当时的主体税种。在计划经济体制时期，虽然受到"非税论""税收无用论"等干扰，但是税收筹集财政收入的基本职能在党的领导下和财经纪律保护下仍然发挥着重要作用，税收为社会主义革命和建设作出了重要贡献。

（三）改革开放和社会主义建设时期的税收（1978—2012年）

1978年党的十一届三中全会胜利召开之后，我国开始了改革开放和社会主义现代化建设的历史进程。为促进经济体制改革和对外开放，我国开始建立涉外税收体系，完成中外合资经营企业所得税、外国企业所得税和个人所得税的立法;1983年、1984年实施国营企业两步"利改税",理顺国家和企业的分配关系;推进税制改革,初步建成一套含有三十多个税种,内外有别、城乡不同的复合税制体系。

1992年党的十四大明确了建立社会主义市场经济体制的目标。1994年实施分税制财政体制改革,规范中央与地方的分配关系,建立财政收入稳定增长的机制,初步奠定了与社会主义市场经济体制相适应的税制体系。我国财政收入占国内生产总值比重从1993年的12.6%稳步提升至2002年的18%,中央财政收入占财政收入比重从1993年的22%提高到2002年的55%[①]。

2002年党的十六大提出全面建设小康社会的奋斗目标。2003年党的十六届三中全会提出了"按照简税制、宽税基、低税率、严征管的原则,稳步推进税收改革"的要求。在科学发展观和社会主义和谐社会理论的指引下,我国稳步推进农村税费改革,2006年1月1日起废止《中华人民共和国农业税条例》;2008年1月1日正式施行《中华人民共和国企业所得税法》,结束了企业所得税内外有别的历史;稳步推进增值税转型改革,实施扩大内需、稳定外需、促进区域协调发展、保障和改善民生的一系列税收政策,充分发挥了税收在服务经济社会发展、促进和谐社会建设中的职能作用。

(四) 中国特色社会主义新时代的税收 (2012年以来)

党的十八大胜利召开,中国特色社会主义进入新时代。党的十八大报告提出加快改革财税体制,形成有利于结构优化、社会公平的税收制度。2012年以来,税收制度改革步入新阶段、迈入快车道。营业税改征增值税改革试点全面推开,现代增值税制度逐步建立;2016年7月1日资源税改革全面推开,2018年环境保护税顺利开征,绿色税制建设加速;2018年《中华人民共和国个人所得税法》及其实施条例修订发布,综合与分类相结合的个人所得税制基本建立。税收工作主动融入经济社会发展大局,服务党和国家重大发展战略。减税降费政策持续实施,红利持续释放,为减轻市场主体负担、有效应对经济下行压力提供了有力支持。不断出台税收政策,支持打赢三大攻坚战,支持"大众创业、万众创新",助力区域协调发展,助力新冠肺炎疫情防控和恢复复工复产,为高质量发展提供了有力保障。

税收征管改革持续推进,从2015年国税地税合作到2018年国税地税合并,再到2021年开启业务流程、制度规范、信息技术、数据要素、岗责体系

---

① 中华人民共和国国家统计局. 中国统计年鉴 [M]. 北京:中国统计出版社,2003:281,287.

的融合升级。金税三期工程在全国上线,发票电子化平稳有序推进,智慧税务建设取得初步成效。持续深化"放管服"改革和优化税收营商环境,大力推行"非接触式"办税缴费,纳税人缴费人的满意度和遵从度持续提高。国际税收合作不断加强,"一带一路"税收征管合作机制成果丰硕。税务部门逐步完善税务组织体系,绩效管理、数字人事、人才工程深入开展,税收现代化"六大体系"和"六大能力"建设持续推进,走出了一条具有中国特色的税收治理体系和治理能力现代化之路,充分发挥了税收在国家治理中的基础性、支柱性、保障性作用。

二、中国共产党百年税收工作的基本成就

百年来,在中国共产党的全面领导下,我国坚持马克思主义和中国实践相结合,走出了一条有中国特色的税收改革发展之路。税收在国家治理中的基础性、支柱性、保障性作用得到充分彰显,为我国现代化建设奠定了坚实基础,提供了有力保障。

(一) 税收收入职能充分彰显,为我国现代化奠定了坚实的物质基础

百年来,中国共产党领导的税收始终在筹集收入方面发挥着重要作用。新民主主义革命时期,税收为革命根据地建设和革命战争胜利提供了重要财力保障。例如陕甘宁边区税收收入占财政总收入比重,1941年为30.8%,1943年为45.8%,1944年升至60%,1945年高达83%,成为边区政府财政收入的主要来源[①]。1950—1977年,我国税收收入规模从49亿元扩大到468亿元,有力支持了社会主义革命和建设事业[②]。

改革开放以来,税收筹集财政收入的能力越来越强,1978—2012年,我国税收收入从519亿元扩大到100614亿元,为经济社会快速发展作出了重要贡献[③]。特别是1994年分税制改革,形成了以流转税和所得税为双主体税的模式,税收收入快速增长,2000年破万亿元大关,2012年破10万亿元大关。

党的十八大以来,我国经济发展质量不断提高,税收收入持续稳定增长,从2013年的110531亿元扩大到2018年156403亿元,为社会主义现代化建设

---

① 中国革命根据地的税收编写组. 中国革命根据地的税收 [M]. 北京:中国税务出版社,2011:180-183.
② 中华人民共和国国家统计局. 中国统计年鉴 [M]. 北京:中国统计出版社,2000:258.
③ 中华人民共和国国家统计局. 中国统计年鉴 [M]. 北京:中国统计出版社,2020:212.

奠定了坚实的物质基础①。

党的十九大以来，我国经济转向高质量发展。2019年实施更大规模减税降费，当年税收收入规模为158000亿元②，2020年下降至154310亿元③，减税降费效应不断释放，为促进"六稳""六保"和全面建成小康社会发挥了重要作用。

（二）现代税收制度初步建立，为高质量发展提供了有力保障

百年来，中国共产党领导的税收制度始终是经济制度的重要组成部分，经历了从建立到不断改革、逐步完善的过程。新民主主义革命时期，革命根据地不断进行税收制度探索，《中华苏维埃共和国暂行税则》《陕甘宁边区税收条例》等一系列税制建设，为新中国税制提供了宝贵经验。新中国成立后，通过颁布《关于统一全国税政的决定》《全国税政实施要则》等一系列法规制度，统一了全国税政，建立了社会主义税收制度。改革开放以后，特别是1994年按照统一税法、公平税负、简化税制、合理分权的要求，实施了新中国成立以后规模最大、范围最广、内容最深刻的一次税制改革，初步奠定了与社会主义市场经济体制相适应的税制体系。

党的十八大以来，税收法定原则加快落实，法治体系不断健全，截至2021年3月，18个税种已有11个上升为法律，法治正从一种治税手段发展成为税收治理的基本方式。税制改革进入快车道并逐渐取得重大突破，2012年以来营业税改征增值税改革试点从区域到行业再到全国全面推开，逐步建立了顺应发展趋势、具有中国特色的现代增值税制度，为世界税制改革提供了"中国样本"。以资源税和环境保护税为主体税种的绿色税制体系初步建立，有力推动了生态文明建设。2018年《中华人民共和国个人所得税法》及其实施条例修订发布，综合与分类相结合的个人所得税制基本建立，有效发挥了调节收入分配、促进社会公平正义的重要作用。经过上述一系列改革发展，我国走出了一条具有时代特征、中国特色的税制改革之路，已经初步构建起税种科学、结构优化、法律健全、规范公平、征管高效的现代税收制度，为中国特色社会主义现代化建设打下了牢固的制度基础。

---

①② 中华人民共和国国家统计局. 中国统计年鉴 [M]. 北京：中国统计出版社，2020：212.
③ 财政部. 2020年中国财政政策执行情况报告 [EB/OL]. [2021-03-06]. http://www.mof.gov.cn/zhengwuxinxi/caizhengxinwen/202103/t20210305_3666406.htm.

（三）税收征管制度日趋完善，为税收治理现代化注入了强大动力

加强和改进税收征管，是税收工作的永恒主题，是税收发挥职能作用的重要保证。新民主主义革命时期，革命根据地政权十分重视税收征管制度建设，积极开辟税源，大力组织收入，保证革命战争的需要。新中国成立之后，统一了全国税政，开启了税收征管专管员模式。改革开放以来，逐步推行征收、管理、稽查三分离的征管模式，1997年底基本确立了"以纳税申报和优化服务为基础，以计算机网络为依托，集中征收，重点稽查"的征管模式，初步建立了一个有现代化手段支持的、相互协调制约的税收征管新格局。进入21世纪之后，随着全球信息化浪潮，积极利用现代信息技术手段促进税收征管，在税收征管模式中加上了"强化管理"的内容。

党的十八大以来，税收征管改革加快，实现了从"合作"到"合并"再到"合成"的三次大变革。第一次是"合作"，2015年中共中央办公厅、国务院办公厅印发《深化国税、地税征管体制改革方案》，全面深化国税、地税合作。第二次是"合并"，2018年中共中央办公厅、国务院办公厅印发《国税地税征管体制改革方案》，圆满完成了全国省以下国税地税机构合并，建立起以税务总局为主、与省区市党委和政府双重领导管理体制，社会保险费和非税收入征收职责按要求平稳划转，初步构建起了优化统一高效的税费征管体系。第三次是"合成"，2021年3月，中共中央办公厅、国务院办公厅印发《关于进一步深化税收征管改革的意见》，推进执法、服务、监管系统优化，推进业务流程、制度规范、信息技术、数据要素、岗责体系的融合升级，建设具有高集成功能、高安全性能、高应用效能的智慧税务，推进精确执法、精细服务、精准监管、精诚共治，为税收治理现代化注入强大动力。

（四）治税思想逐渐成熟，为税收现代化建设指明了前进方向

纵观百年税收发展，治税思想随着各个历史时期的转变而不断升华。在新民主主义革命时期，税收是筹集收入支援革命战争取得胜利的重要工具。进入社会主义革命和建设时期后，税收成为巩固新生政权、完成社会主义改造的重要工具，成为社会主义建设特别是为工业化积累建设资金的重要工具。改革开放以来，税收始终围绕经济建设这个"中心"，成为调节经济、调节收入分配的重要工具。

党的十八大以来，党中央提出财政是国家治理的基础和重要支柱。把税收

的定位上升到国家治理的层面，把税收作为国家治理的一个重要组成部分，并指出税收在国家治理中起着基础性、支柱性、保障性作用，是税收理论和实践的重大突破。植根于新时代中国特色社会主义建设的伟大实践，税收治理现代化理论应运而生。2013年12月，国家税务总局局长王军在全国税务工作会议上提出全面推进税收现代化"六大体系"蓝图。2020年，王军局长进一步系统阐述税收现代化，将其丰富发展为新"六大体系"，并提出要着力锤炼税收治理"六大能力"，使得税收现代化的内涵更加丰富、逻辑更加严密、框架更加完整、体系更加成熟定型。新时代税收现代化理论的形成与完善，为高质量推进新时代税收现代化提供了根本指引，对于税收更好服务决胜全面建成小康社会、实现中华民族伟大复兴的中国梦，具有重大现实意义和深远历史意义。

（五）国际税收治理实现跨越发展，我国越来越走近世界税收舞台中央

国际税收管理是全球经济治理的重要组成部分。我国国际税收以改革开放为起点，1978—1992年逐渐建立涉外税制体系，服务改革开放战略。1993—2012年，涉外税收向国际税收转型并走向快车道，特别是2001年我国正式加入世界贸易组织（WTO）之后，按照市场经济和WTO规则的要求，清理和规范涉外税收优惠政策，健全完善国际税收法律法规，强化国际税收征管协作，为进一步扩大对外开放作出了积极贡献。

2013年以来，国际税收实现跨越发展。在2014年布里斯班二十国集团（G20）峰会上，习近平主席就税收问题提出"强化全球税收合作，打击国际逃避税，帮助发展中国家和低收入国家提高税收征管能力"三点主张，不仅为我国国际税收工作指明了方向，而且为提升全球税收治理水平提供了重要推动力。税收合作已经成为促进世界经济包容发展的新引擎。我国税务部门积极加强国际税收合作，不断扩大和完善税收协定网络，截至2020年底，我国税收协定网络已覆盖全球111个国家（地区），为跨境投资创造了确定、有利、合作共赢的税收环境。深度参与全球税收治理，深入参与国际税收规则制定，国际税收话语权越来越重。积极构建"一带一路"税收征管合作机制，2019年4月，首届"一带一路"税收征管合作论坛在浙江乌镇举行，签署《"一带一路"税收征管合作谅解备忘录》，正式建立"一带一路"税收征管合作机制，共商共建共享的常态化工作交流机制和平台不断升级。我国税收大踏步走近世界税收舞台中心，为全球税收治理作出了积极贡献。

（六）税务组织队伍建设不断加强，为税收现代化提供了组织保障

百年来，税务组织队伍建设始终是党领导税收工作的重要内容。1931年11月，中华苏维埃共和国财政人民委员部成立了税务局，即中央税务局。1934年10月，中央税务局随主力红军一同踏上长征之路，为后来的人民民主政权税务机构建设保存了骨干力量。陕甘宁边区政府将税务机构分为边区税务总局、边区税务分局、县税务局、税务所等四级，历练了一支高素质的税收队伍，为保障边区税收、争取抗战胜利作出了重要贡献。新中国成立后，1949年11月，以华北税务总局为基础，成立中央人民政府财政部税务总局。1950年1月，政务院颁布《全国各级税务机关暂行组织规程》，自中央至地方迅速建立起了一套新的、统一的税务机构，形成了一支新的、过硬的税务队伍。改革开放以后，随着税制改革的推进，各级税务机构迅速恢复和加强，税务干部队伍得到充实。1993年4月，国务院将国家税务局调整为国务院直属机构，更名为国家税务总局。1994年国税、地税机构分设之后，税务部门持续加强干部队伍建设，国税、地税两支队伍不断发展壮大，为税收有效发挥职能作用提供了坚强的组织保障。

党的十八大以来，税务部门确立以"带好队伍、干好税务"为主要内容的新时代税收现代化建设总目标，不断充实完善"六大体系"，逐步提升"六大能力"。2018年，国税、地税机构由合作到合并，积极推进"事合、人合、力合、心合"，夯实了国家治理的重要基础。税务部门全面加强党的建设，深化干部人事制度改革，逐步完善税务组织体系，构建了纵合横通强党建、绩效管理抓班子、数字人事管干部、人才工程育俊杰、严管善待活基层的机制体系，打造了一支"忠诚担当、崇法守纪、兴税强国"的税务铁军，走出了一条具有中国特色的税收治理现代化之路。

三、中国共产党百年税收工作的基本经验

中国共产党领导税收工作的百年发展历程积累了丰富的宝贵经验，对推进新时代税收改革发展具有重要的启示。

（一）必须加强党对税收工作的全面领导，确保税收工作正确的前进方向

百年来，坚持党对税收工作的全面领导确保了税收工作始终沿着正确的方

向前进,为税收工作取得显著成就提供了坚强的政治保证。抗日战争期间,党中央提出了"党领导一切"的概念;社会主义建设时期,毛泽东同志进一步阐发"党领导一切"的思想。党的十八大以来,习近平总书记多次强调"党领导一切工作"的思想。特别是党的十八大以来税收工作不断实现重大突破、取得辉煌成就,最根本的在于以习近平同志为核心的党中央的坚强领导,在于习近平新时代中国特色社会主义思想的科学指引。税务部门认真贯彻习近平总书记关于"把抓好党建作为最大的政绩"的重要指示精神,积极探索构建以"条主责、块双重,纵合力、横联通,齐心抓、党建兴"为主要内容的新"纵合横通强党建"机制体系,确保了党的全面领导始终贯穿税收改革发展的各方面和全过程,为做好各项税收工作提供了坚强的组织保证。实践证明,只有不断加强党对税收工作的全面领导,才能保证税收改革发展始终沿着正确方向前进并不断取得新成绩,迈上新台阶。

(二)必须坚持马克思主义理论和我国实践相结合,探索符合我国国情的税收改革发展道路

百年来,马克思主义始终指引着我国的发展,而中国共产党在实践中将马克思主义基本原理与具体实际相结合,不断推进马克思主义中国化时代化,制定正确的路线方针政策,是我国取得成功的关键。在新民主主义革命时期,毛泽东同志将"为人民服务"作为中国共产党的根本宗旨,将"取之于民、用之于民"作为党的税收工作的最高原则。新中国成立之后,马克思主义财税理论中国化不断取得重要成果,具有鲜明的中国风格和强烈的时代特点,为建设中国特色社会主义财税制度提供了丰富的思想和理论源泉。特别是党的十八大以来,习近平总书记对税收工作作出了一系列重要论述,是马克思主义税收思想与我国改革开放实践有机结合的最新产物,是指导新时代税收现代化建设的理论依据和强大思想武器。实践证明,只有坚持马克思主义理论和我国税收改革实践相结合,坚持以习近平新时代中国特色社会主义思想为指导,认真学习贯彻习近平总书记关于税收工作的重要论述和重要指示批示精神,税收现代化建设才能沿着正确的方向和轨道实现高质量快速发展。

(三)必须服从服务于党和国家工作大局,充分发挥税收的基础性、支柱性、保障性作用

百年来,税收始终围绕党和国家工作大局发挥作用,促进党的伟大事业发展。特别是党的十八大以来,税收改革发展有力支持了供给侧结构性改革、全

面建成小康社会、脱贫攻坚、"一带一路"建设等，税收的基础性、支柱性和保障性作用日益增强。"十三五"时期，全面贯彻落实减税降费政策，新增减税降费总规模超过 7.6 万亿元，为做好"六稳"工作、落实"六保"任务提供了强有力的支持。2020 年新冠肺炎疫情发生以后，税务部门持续聚焦优惠政策落实要给力、"非接触式"办税要添力、数据服务大局要尽力、疫情防控要加力的要求，坚决贯彻落实支持疫情防控和复工复产税费优惠政策，激发市场主体活力，助力企业复工复产。实践证明，税收工作只有不断提升政治站位，自觉服从服务于党和国家工作大局，才能跟上改革开放的步伐，才能在党和国家发展大局中找准定位，更好地发挥职能作用。

（四）必须坚持税收取之于民用之于民，不断满足人民日益增长的美好生活的需要

百年来，税收工作始终践行党的全心全意为人民服务的宗旨，做到取之于民，用之于民，造福于民。在新民主主义革命时期，中国共产党在革命根据地领导人民废除具有剥削性质的旧税制；陕甘宁边区税务机构积极推行民主评税、民主征收方法。新中国成立之后，税务部门始终坚持为国聚财、为民收税，税收收入规模不断扩大，国家财力显著增强，为经济社会发展和改善民生提供了强大的财力保障。特别是党的十八大以来，税务部门不断改进纳税服务措施，升级纳税服务工作规范，推进纳税服务"非接触"、智能化、无感化，逐步构建起了符合税收现代化管理要求的税费服务体系，显著优化了税收营商环境。实践证明，税收工作只有坚持以人民为中心，不断满足人民日益增长的美好生活的需要，才能构建和谐的征纳关系，才能使税收工作赢得大力支持和广泛认可。

（五）必须坚持以改革创新为根本动力，不断增强税收改革发展的内生动力

改革创新是高质量发展的动力源泉。这不仅是从国家层面推进经济社会发展的基本遵循，而且对于加快税收现代化建设同样具有重要指导意义。推进改革创新、增强发展动力，必须坚持解放思想、实事求是，一切从国情出发、从实际出发，既总结国内成功做法又借鉴国外有益经验，既大胆探索又脚踏实地、求新求变。百年来，在不同的历史时期，围绕当时历史阶段的中心任务，根据明确的改革目标推进税制改革，发挥税收制度在各项制度建设和改革中的"排头兵"和"突破口"的作用；在税制改革中采取"试点先行"的策略，注

重税制改革与税收征管协调推进；这些都成为推进税收改革发展的重要经验。党的十八大以来，税务部门始终坚持新发展理念，创新税收工作思路，一些改革举措在国际税收领域具有开创性，取得重大突破和显著成效，为经济社会领域治理积累了宝贵经验。实践证明，创新驱动和改革开放是推动高质量发展的两个轮子，只有坚持改革创新，税收事业才能保持不断前行的动力，才能持续推进税收现代化。

（六）必须高度重视干部队伍建设，为税收事业提供坚强有力的组织保障

在新民主主义时期，革命根据地在税收实践中培养了一大批精通人民税收理论、具备丰富税收经验的税务干部，许多成为新中国经济财税工作的中坚力量。新中国成立后，税务部门努力造就一支忠诚干净担当的税务干部队伍，为税收事业科学发展提供了有力保证。特别是党的十八大以来，税务系统上下全面加强党的建设，持续优化税务组织体系，持续改进绩效管理，加快推进数字人事，有序开展人才培养，打造了一支让党和人民放心的税务铁军，确保了打赢营改增试点、国税地税征管体制改革、落实减税降费、综合与分类个人所得税改革等一场场攻坚战。实践证明，队伍建设是税收工作的基础，是实现税收现代化建设的根本保障，只有造就一支忠诚干净担当的税务铁军，才能确保税收现代化建设不断取得新的进步。

四、高质量推进中国税收现代化的展望

回顾过去，税收走过了不平凡历程，取得了辉煌成就；展望未来，税收事业面临前所未有的机遇与挑战。立足新发展阶段，在习近平新时代中国特色社会主义思想的指导下，要高质量推进新发展阶段税收现代化，为全面建设社会主义现代化国家贡献更多税务力量。

（一）始终坚持以习近平新时代中国特色社会主义思想为指导，确保税收工作始终沿着正确的政治方向前进

习近平新时代中国特色社会主义思想，是马克思主义中国化最新成果，是全党全国人民为实现中华民族伟大复兴而奋斗的行动指南。要始终把学习贯彻习近平新时代中国特色社会主义思想作为一项长期重要的政治任务，真学真懂真信真用，增强"四个意识"、坚定"四个自信"、做到"两个维护"。要强化政治机关意识教育，引导广大党员干部进一步增强带头践行"两个维护"的

思想自觉、政治自觉、行动自觉，始终同以习近平同志为核心的党中央保持高度一致。要不断加强党对税收工作的全面领导，把坚持和加强党的全面领导贯穿税收改革发展的各方面和全过程，建立"不忘初心、牢记使命"长效机制，为加快构建以国内大循环为主体、国内国际双循环相互促进的新发展格局贡献税务力量。要贯彻全面从严治党，加强税收执法权和行政管理权监督，更好管控税务系统内部廉政风险和外部不法分子侵蚀税款问题，确保国家税源安全。

（二）加快完善现代税收制度，助力经济社会高质量发展

健全以所得税和财产税为主体的直接税体系，逐步提高其占税收收入比重；进一步做大中等收入群体、缩小中低收入群体，加快形成纺锤形收入分配格局，夯实社会治理基础。进一步完善综合与分类相结合的个人所得税制度，合理扩大纳入综合征税的所得范围，完善专项附加扣除项目，建立基本减除费用的动态调整机制。聚焦支持稳定制造业、巩固产业链供应链，进一步优化增值税制度，简并增值税税率，加大对"卡脖子"关键领域企业的留抵退税政策力度。完善地方税税制，在征管可控的前提下，将部分在生产环节征收的消费税品目逐步后移至批发或零售环节征收，拓展地方收入来源。全面落实税收法定原则，完成全部税种的立法工作，并在此基础上不断完善税法，提升立法质量，最终建成成熟完备的税收法治体系。坚持税制改革和法治建设相结合，提高税制的科学性、权威性、稳定性，形成有利于高质量发展的现代税收制度，让税收通过改革真正走上法治化的道路。

（三）深化税收征管改革，大力推动税收治理现代化

深入贯彻落实《关于进一步深化税收征管改革的意见》，推动税收征管的第三次变革，大力推进智慧税务建设，深入推进精确执法、精细服务、精准监管、精诚共治。要全面推进税收征管数字化升级，推进发票电子化改革，建设统一高效的大数据云平台，不断强化税收大数据服务经济社会发展的作用。要促进税收征管智能化改造，推进法人和自然人税费信息"一户式""一人式"智能归集，税务机关和税务人员信息"一局式""一员式"智能归集。要不断完善税务执法机制，健全以"信用＋风险"为基础的新型税务监管机制，建成"无风险不打扰、有违法要追究、全过程强智控"的税务执法新体系，逐步将经验式执法转向精确执法。要建设全国统一的电子税务局，全面改进办税缴费方式，积极推行智能型个性化服务，切实减轻办税缴费负担，维护纳税人缴费人合法权益。

（四）推动全球税收治理，支持高水平对外开放

新冠肺炎疫情全球大流行加速全球治理格局变革，全球税收治理变革同步加快。坚持运用战略化国际化视野谋划全球税收治理，不断加大全球税收新规则制定的参与力度，提升国际税收话语权，谋求在2035年左右建立起合作共赢的新型国际税收关系和国际税收治理格局，助力构建人类命运共同体。要继续加强国际税收合作，推动完善国际税收合作与协调机制，促进不断提高"走出去"的竞争力和"引进来"的吸引力，支持高水平对外开放。要积极参与数据安全、数字货币、数字税等国际规则和数字技术标准制定，不断增强话语权和影响力，特别是针对数字经济要强化征管举措，维护我国税收主权。要严厉打击国际逃避税，构建反避税国际协作体系。要主动服务对外开放战略，进一步完善"一带一路"税收征管合作机制，推动"一带一路"建设，在全球税收治理的舞台上提供"中国方案"、贡献"中国智慧"、分享"中国经验"。

作者单位：国家税务总局税收科学研究所

税收征管改革研究

数字经济背景下个人所得的预缴税征管制度完善[①]

天津市税务学会 南开大学联合课题组

数字经济下,我国个人所得税税收征管面临着扣缴义务人缺位的难题,对个人自行申报预缴提出了更高的要求。与目前学界倡导的代扣代缴和委托代征的征管方式相比,预缴税是个人所得税自行申报预缴的法定途径,但我国现行预缴税制度在数字经济背景下未能充分发挥其作用,不能满足数字经济下新业态发展给个人所得税征管带来的新挑战。因此,本文在充分挖掘、梳理预缴税制度内涵基础上,结合数字经济给预缴税制度带来的挑战和机遇来展开研究,为促进我国个人所得的预缴税更好发挥作用提出针对性政策建议。

一、引言与文献综述

近年来,数字经济发展迅速,已经成为我国国民经济高质量发展的新动能。据相关数据显示,2020 年我国数字经济规模达到39.2 万亿元,占 GDP 比重为38.6%,数字经济的名义增速为9.7%,高于同期 GDP 名义增速约6.7 个百分点。[②] 数字经济的发展催生了数据经济、平台经济、物联经济和共享经济(含零工经济)等多种新业态(邵凌云、张紫璇,2020),这些经济新业态吸

[①] 基金项目名称和编号:本文得到南开大学文科发展基金科学研究类项目青年项目《税收治理现代化与我国消费税改革研究》(ZB21BZ0313)、教育部哲学社会科学研究后期资助项目"中国个人所得税的收入差距平抑功能研究"(19JHQ059),以及中国特色社会主义经济建设协同创新中心(南开大学)的资助。

[②] 资料来源:中国信息通信研究院. 中国数字经济发展白皮书 (2021) [EB/OL]. (2021 – 04 – 23) [2021 – 05 – 03]. http://www.caict.ac.cn/kxyj/qwfb/bps/202104/P020210424737615413306.pdf.

纳了大量的就业人员。以共享经济为例，2020年共享经济参与者人数约为8.3亿人，其中服务提供者约为8400万人，同比增长约7.7%。[①] 从薪资水平来看，2020年各省的数字经济月均薪资水平总体位于5000元至8000元之间，上海、北京、浙江的平均月薪高于8000元。[②] 数字经济已形成非常可观的个人所得税税源。如何建设与数字经济发展相适应的税收征管体系，更好实现依法治税、促进自然人纳税人税收遵从、防止税收流失，是数字经济背景下个人所得税征管体系改革亟须解决的问题。

《G20数字经济发展与合作倡议》提出："数字经济是指以使用数字化的知识和信息作为关键生产要素、以现代信息网络作为重要载体、以信息通信技术的有效使用作为效率提升和经济结构优化的重要推动力的一系列经济活动。"数字经济发展过程中，新业态不断出现、生产者与消费者界限消失、产品和服务的交易均可以通过现代信息网络在线完成，涌现出大量数字经济从业者。数字经济的从业成本更低，从业人员数量更多、范围更大，进一步加大了税收管理的难度（傅靖，2020）。对于从事个人生产经营活动的从业者，例如网红、主播、网络作家等自由职业者，其个人所得缺乏相应的代扣代缴义务人（吴伟达，2019）。传统的"单位代扣代缴为主"的个人所得税征管模式在新经济业态下也难以贯彻到位（韩莉、杨惺锴，2019）。为了提高税收征管的效率，很多研究建议由用工平台代扣代缴（高金平、李哲，2019；王凤飞、贾康，2020；孙正等，2019）或采用委托代征（王靖，2020；吴伟达，2019）的方式来解决扣缴义务人缺位的个人所得税征管问题，但这两种方式的合法性和有效性存在较大的不足（朱娅，2020）。按照税法规定，在没有扣缴义务人扣缴税款或有扣缴义务人但扣缴义务人未扣缴税款的情形下，纳税人应采取自行申报预缴的方式预缴税款。

自行申报预缴反映的是纳税人在纳税义务发生时，清晰认识到自己的纳税义务，并根据税法相关规定积极主动完成缴税活动的过程。这一过程的实现需要纳税人的高度配合与自愿性遵从。但是，在数字化背景下，当前我国预缴税征管的信息化水平与数字经济的发展不匹配，预缴税的实现途径不够便捷，导致纳税人的自行申报预缴税遵从成本高，不利于实现数字经济下个人所得税的应收尽收，也不足以匹配税收治理现代化的发展需要。因此，结合《关于进一

[①] 资料来源：国家信息中心. 中国共享经济发展报告（2021）. [EB/OL]. [2021-02-19]. http://www.sic.gov.cn/News/557/10779.htm.

[②] 资料来源：中国信息通信研究院政策与经济研究所. 中国数字经济就业发展研究报告：新形态、新模式、新趋势（2021年）[EB/OL]. (2021-03-23) [2021-06-12]. http://www.caict.ac.cn/kxyj/qwfb/ztbg/202103/P020210323383606724221.pdf.

步深化税收征管改革的意见》要求,完善个人所得的预缴税制度,尤其是完善预缴税制度中的自行申报预缴制度,为纳税人遵从税法提供更加便利的有效通道,不仅能够促进纳税人税收意识的提升,提高其合作性税收遵从度,进而推动税收治理现代化的实现,而且有利于减少数字经济下个人所得税税收收入的流失。

本文从完善个人所得自行申报预缴的角度,探索如何完善预缴税征管安排,促进纳税人自愿性税收遵从。与既有研究相比,本文的贡献主要体现在以下三个方面。第一,本文明确提出了预缴税的概念和类型,有利于学界进一步理解预缴税的制度内涵。第二,本文梳理了我国预缴税制度的现状以及数字经济背景下预缴税制度面临的挑战,指出代扣代缴、委托代征等方式不能完全有效解决数字经济中个人所得扣缴义务人缺位的税收征管问题,预缴税是应对数字经济中个人所得税自行申报预缴的法定途径。第三,本文从加强"以数治税"完善税源监管、使用"信用+激励"手段促进纳税人预缴税税收遵从、完善预缴税服务体系三个主要方面提出完善我国预缴税的建议。

二、预缴税的内涵

(一) 预缴税含义

预缴税是指预先缴纳的税款。判断税款是否为预缴税的依据是计征税款的时间与缴纳税款的时间是否一致,缴税行为发生在计征税款之前的税款才称为预缴税。例如,工资、薪金所得,劳务报酬所得,稿酬所得,特许权使用费所得这四项所得,又称为综合所得,是按纳税年度合并计算个人所得税的,但在年度汇算清缴之前,有扣缴义务人的,由扣缴义务人按月或者按次预扣预缴税款,这部分提前缴纳的税款即为预缴税。在个人所得税综合所得年终汇算清缴时,按照预缴税规模与年应缴税款之间的差额多退少补。此外,经营所得中也实行按月或按季度自主申报、年终汇算清缴的个人所得税申报制度,因而经营所得中按月或按季度自主申报的税款即预缴税。但对于按次计征税款的个人所得(如利息、股息、红利所得,财产租赁所得,财产转让所得和偶然所得),由于计征税款的时间与缴纳税款的时间是一致的,因而,是不存在预缴税问题的。

(二) 预缴税的类型

结合现有研究和其他国家的做法,根据预缴方式的不同,本文将预缴税归纳为两种类型：一种是他人代为预缴，也称代扣代缴、预扣税；另一种是自行申报预缴。例如，美国个人所得税实际是一种"收入纳税全预缴"制度，对工资薪金、劳务报酬等收入形式采取源泉扣缴，即他人代为预缴；但对没有从源泉扣税的收入实行"按当年预估纳税额的90%或前一年税额的100%"按季度预缴，即自行申报预缴。①

根据《中华人民共和国个人所得税法》，我国的预缴税制度同样存在他人代为预缴、自行申报预缴这两种类型。例如，根据《中华人民共和国个人所得税法》第十一条规定，综合所得按年计税，有扣缴义务人的，由扣缴义务人按月或者按次预扣预缴税款，在取得所得的次年3月1日至6月30日内办理汇算清缴，该方式属于他人代为预缴。根据《中华人民共和国个人所得税法》第十三条规定，当纳税人取得应税所得而没有扣缴义务人，或者纳税人取得应税所得但扣缴义务人未扣缴税款时，个人应自行申报预缴。此外，根据《中华人民共和国个人所得税法》第十二条第一款规定，经营所得按年计征税款，由纳税人在月度或者季度终了后15日内向税务机关报送纳税申报表并预缴税款，亦即，经营所得的预缴方式也属于自行申报预缴。

在我国长期实行源泉扣缴的税收征管模式背景下，他人代为预缴的预缴税制度较为完善，但自行申报预缴的预缴税建设尚有完善空间。

(三) 预缴税在个人所得税中的基本应用

由预缴税含义的分析可知，我国的预缴税仅在综合所得和经营所得中实行。按照有无扣缴义务人以及扣缴义务人是否扣缴税款，预缴税的类型可分为他人代为预缴、自行申报预缴。

当纳税人获得个人所得、需要缴纳个人所得税时，涉及的预缴税流程如图1所示。

(四) 预缴税的作用

1. 预缴税有利于构建和谐税收征纳关系。

首先，从纳税人的角度来说，预缴税可以避免形成税收债务，减少纳税人年终时一次性支付税款的压力，可以在一定程度上减轻纳税人的税痛感。其次，预缴税制度也可以简化年度汇算清缴的程序（侯思捷、刘怡，2020），降

---

① 关于美国个人所得税中预缴税的相关规定参见：黄凤羽，刘维彬，张瑞红. 个人所得税预缴税款制度对纳税遵从的影响研究——基于前景理论的心理效应分析 [J]. 当代经济科学，2017，39（1）：88－95，127. 解学智，张志勇. 世界税制现状与趋势 2014 [M]. 北京：中国税务出版社，2014.

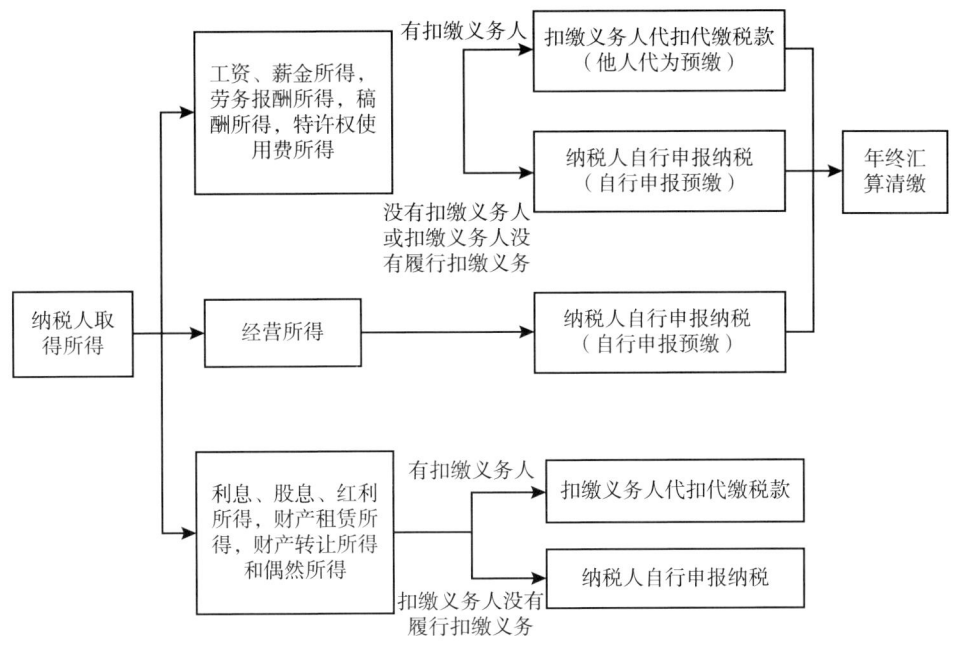

图 1　个人所得缴税过程中的预缴税

低纳税人的税收遵从成本，减轻税务部门的业务负担。再次，根据前景理论的相关观点（Kahneman、Tversky，1979），当纳税人以税后收入为参考点时，"确定性效应"[①] 会使纳税人认为多缴税面临的退税是"收益"，而少缴税面临的补缴是"损失"。基于对这种相对效用的考量，纳税人会倾向于选择平时多缴税款，以在年终汇算清缴时获得退税的确定性"收益"，因此个人所得的预缴税也能够提高纳税人的税收遵从度。此外，这部分退税收入作为纳税人的"额外收入"具有刺激消费的作用，有研究表明，对于边际消费倾向较高且个人储蓄较低的中低收入者来说，年终的退税收入将极大地刺激其消费行为。最后，对于税务机关而言，预缴税可以保障税款按月度或季度均衡地入库，有利于保障税收收入进度、促进财政收支平衡。因此，预缴税制度有助于减少税收征收阻力，构建和谐的征纳关系，维护良好的税收秩序；在合理的制度安排下，预缴税制度甚至有能力成为低成本的宏观经济调控工具。

2. 预缴税有利于提升纳税人的税收意识。

税收意识是公众对自身承担的真实的税收负担的感知，以及在此基础上了

---

① 确定性效应：面对正的期望收益时，人们通常会选择具有确定性的收益，而非风险收益。

解和监督税收使用与政府行为的权利意识（刘怡、余向荣，2006）。预缴税中的自行申报预缴就是纳税人在纳税义务发生时，清晰认识到自己的纳税义务，并主动去缴税的过程，这一过程会充分激发纳税人的税收意识。这一自行预缴税款的过程必然促使纳税人去主动了解税法，增加对自身税负的直观认识，逐步建立纳税人的权利与义务意识，最终促成纳税人对财政收支的关注与参与，为税收治理现代化打下坚实的民意基础。

三、数字经济背景下个人所得预缴征收面临的挑战

数字经济下，技术和数据愈发成为生产经营活动中不可缺少的生产要素，数字化产品和服务的提供者持续增加，发达的互联网平台为交易的实现提供了最大的便利，潜在的自然人纳税人规模不断增大。同时，数字经济下的交易环节监管难度增大，数字化产品带来的税源隐蔽性较强，这些都对现行个人所得的预缴税安排提出了更高的要求。

（一）数字经济下大量个人所得的扣缴义务人缺位

与传统经济中的税源相比，数字经济带来的税源呈现出纳税主体数量多、分散化的特点。由于数字经济中各项数字技术的使用打破了时间地点的限制，人们可以自由地跨越行业界限参与数字化产品的生产或数字化服务的提供。这些数字化的经济活动呈现出个体化、家庭化的趋势，比如，网络小说、直播带货、知识提供等数字化的产品或服务都可以由独立的个体完成。因此，数字经济背景下，潜在的自然人纳税人数量将急剧增加（董蕾、王向东，2019），纳税主体相对于传统经济行业更加分散。

数字经济下出现了大量没有扣缴义务人的个人所得。数字经济降低了人们参与各项经济活动的成本，越来越多的自然人开始从事个人生产经营活动，甚至生产者与消费者的身份可能随时发生转换。由于《中华人民共和国个人所得税法》中规定经营所得没有扣缴义务人，因而，对于在数字经济中从事生产经营活动、获得经营所得的自然人，他们需要自行申报预缴经营所得的税款。但现实中这些自然人通常不会进行工商登记或税务登记，他们的应税行为基本游离于国家的监管之外（吴伟达，2019），纳税人是否自行申报完全取决于自身的纳税意愿和纳税意识。

数字经济下传统的代扣代缴税款难以实现。对于在数字经济中从事非生产经营活动、获得综合所得收入的自然人，按照《中华人民共和国个人所得税法》《中华人民共和国税收征收管理法》的规定，他们的个人所得税款应由支

付个人所得的单位或个人代扣代缴。但在数字经济中,这些自然人的个人所得的支付方可能也是自然人,从而数字经济中存在大量的自然人扣缴义务人[①]。例如,兼职厨师很可能与平台企业并没有任何劳动、劳务关系,仅通过平台的中介功能达成交易,在兼职厨师提供餐饮服务、获得所得时,其所得需要缴纳的税款理论上应由消费服务并支付所得的自然人为其代扣代缴;再如,保姆通过平台获得了一份月薪8000元的工作,服务于某家庭的自然人雇主,那么保姆的个人所得需要缴纳的税款理论上应由自然人雇主代扣代缴……但事实上,自然人付费方通常不具有代扣代缴意识,而且,目前关于自然人扣缴义务人如何代扣代缴的规定也比较模糊,自然人很难按照《中华人民共和国税收征收管理法》《中华人民共和国税收征收管理法实施细则》和《税务登记管理办法》的规定去办理扣缴税款登记从而完成代扣代缴义务。因此,数字经济中自然人扣缴义务人难以完成代扣代缴业务。此外,数字经济中存在大量第三方平台,部分平台由于规模小、财务制度不健全、纳税人纳税意识不强等原因,也难以完成代扣代缴业务(韩莉、杨惺锴,2019)。

因此,面对数字经济下的个人所得的扣缴义务人缺位问题,按照税法规定,纳税人需要自行缴税。但由于纳税人与税务机关之间信息不对称(吴伟达,2019)、税务机关税源监管困难、纳税人纳税意识淡薄等原因,纳税人通常不会自觉申报纳税。

(二)平台代扣代缴以及委托代征税收征管方式合法有效性存在缺陷

对于数字经济中个人所得的扣缴义务人缺位、自行申报纳税遵从度不高的税收征管问题,一些学者提出通过平台代扣代缴或采取委托代征的方式解决该难题,但本文认为由于目前这两种方式的合法性、有效性均存在不足,并不是解决上述难题的最终方法。

就合法性而言,代扣代缴、委托代征都是由第三方协助税务机关征收纳税人的税款。代扣代缴中第三方征税的合法性来源于《中华人民共和国个人所得税法》《中华人民共和国税收征收管理法》中关于个人所得法定扣缴义务人的规定;委托代征中第三方征税的合法性来源于与税务局签订的委托代征协议。

[①] 根据《中华人民共和国个人所得税法》(2018年修订)第九条规定,支付所得的单位或者个人为扣缴义务人,但是《中华人民共和国个人所得税法》中并没有明确指出"个人"的范围,执法部门对税法中规定的"个人"解读不一。然而根据《财政部 税务总局关于全面推开营业税改征增值税试点的通知》(财税〔2016〕36号)规定,"个人"包括个体工商户和其他个人(即自然人)。从这个角度来说,本文认为《中华人民共和国个人所得税法》中的扣缴义务人包含"个人"中的自然人。

对于解决数字经济中扣缴义务人缺位的个人所得税征管问题，由平台企业代扣代缴数字经济从业者通过在线平台取得的收入（高金平、李哲，2019）或者推行第三方平台代扣代缴（孙正等，2019；王凤飞、贾康，2020）的征收方式的合法性都存在争议。因为按照《中华人民共和国个人所得税法》《中华人民共和国税收征收管理法》中对扣缴义务人的规定，① 只负责代收代付的平台不是这些从业者个人所得的支付方，因而不具有对这些从业者的个人所得进行代扣代缴的法定义务。因此，使用代扣代缴的方式解决数字经济中扣缴义务人缺位问题的合法性不足。

委托代征虽然能够合法地解决数字经济中扣缴义务人缺位的问题，但只是针对经营所得的征收，覆盖的纳税人不全面。无论是由平台（王靖，2020）还是独立的第三方中介服务机构（吴伟达，2019）作为委托代征方，都只能解决经营所得的税收征管问题（朱娅，2020）。如果数字经济中就业者的所得被认定为工资、薪金所得，劳务报酬所得，稿酬所得或特许权使用费所得，而非经营所得，同时该就业者又没有扣缴义务人时，这部分所得的个人所得税理论上应该是需要自行申报的，且这部分所得无法采用委托代征的方式进行征收。因此委托代征只解决了一部分个人所得的征管问题，并不能有效应对数字经济中所有类型的个人所得的税收征管问题。

（三）缺乏自主申报预缴的电子途径，预缴遵从成本高

预缴税制度是目前数字经济下个人所得税自行申报的法定方式，但目前预缴税制度信息化程度较低，预缴税的实现途径不够便捷，增加了纳税人预缴税遵从成本，难以得到有效运用。根据《国家税务总局关于个人所得税自行纳税申报有关问题的公告》（国家税务总局公告 2018 年第 62 号）规定，纳税人可以采用远程办税端②、邮寄等方式，或者到主管税务机关进行纳税申报。无疑，对纳税人而言，通过远程办税端等现代信息办税手段实现预缴税的遵从成本最低。然而，目前我国自行申报预缴的远程办税端的建设还不够健全（如表 1 所示）。

---

① 《中华人民共和国个人所得税法》第九条规定，个人所得税以所得人为纳税人，以支付所得的单位或者个人为扣缴义务人。《中华人民共和国税收征收管理法》第四条规定，法律、行政法规规定负有纳税义务的单位和个人为纳税人。法律、行政法规规定负有代扣代缴、代收代缴税款义务的单位和个人为扣缴义务人。

② 目前的远程办税端主要包括自然人电子税务局扣缴端、自然人电子税务局 WEB 端、个人所得税 APP 端。其中自然人电子税务局扣缴端主要适用于扣缴义务人对自然人进行税款的代扣代缴；自然人电子税务局 WEB 端和个人所得税 APP 端主要适用自然人进行纳税申报和汇算清缴。

表1　　　　　　　综合所得、经营所得预缴税制度的实现途径

所得类型	预缴税类型	远程办税端			邮寄	到税务机关办理
		自然人电子税务局扣缴端	自然人电子税务局WEB端	个人所得税APP端		
综合所得	他人代为预缴	√	部分支持①	—	√	√
	自行申报预缴	—	×	×	√	√
	汇算清缴	经书面确认可由单位办	√	√	√	√
经营所得	自行申报预缴	√	√	×	√	√
	汇算清缴	√	√	×	√	√

注：该表由作者根据国家税务总局相关公告、远程办税端版税页面的内容整理获得。表中"√"表示可以预缴实现；"×"表示预缴不能实现；"—"表示该种情况不存在。

具体而言，对于综合所得的申报，当前远程办税端主要针对有扣缴义务人的情形，扣缴义务人可以通过自然人电子税务局扣缴客户端对自然人纳税人进行税款扣缴管理，纳税人也可以通过自然人电子税务局 WEB 端和个人所得税 APP 端参与年度汇算清缴。当扣缴义务人没有对纳税人的应税收入扣缴税款时，纳税人需要自行申报纳税，此时远程办税端中并没有纳税人可以日常开展自主申报预缴的入口。② 这样的安排有历史必然性，但为了应对数字经济飞速发展、应对税收治理现代化的需要，这样的安排需作出改变。

对于经营所得的申报，目前只有自然人电子税务局（扣缴端或 WEB 端）能够进行按月或按季度自主申报预缴税款、参与经营所得的年终汇算清缴等操作，但个人所得税 APP 端并没有申报经营所得并进行预缴的入口。

综上，当前远程办税端的建设不够完善，部分纳税人只有选择邮寄或者到税务机关现场办理等方式才可能实现自主预缴，这加大了纳税人的遵从成本，降低了纳税人自主申报的积极性。当然，如果由于缺乏严密的税源监管体系而导致偷逃税的零成本，那么无论遵从成本高低，纳税人都很可能不会去积极自主申报预缴。但是，面对数字经济的飞速发展、新业态的不断涌现、各种灵活用工的出现、电子商务活动的规模扩大……我们不能因为假设纳税人不会自主去申报预缴，就不为其提供便捷有效的预缴途径。伴随着数字经济的发展，面

---

① 自 2020 年 11 月 1 日起，自然人电子税务局 WEB 端扣缴业务等相关功能正式上线，支持在职人员为 100 人以下单位扣缴申报个人所得税。

② 以 2021 年远程办税端的情况为例，目前自然人电子税务局、个人所得税 APP 上只有 2019 年、2020 年汇算清缴的入口，并没有对 2021 年取得的应纳税收入自行预缴的入口。

临着"以数治税"的必然发展趋势,未来税源监管数字化水平提高必然从源头上切断偷逃税的可能,配合数字税源监管有效性的提升,自主申报预缴活动会增多,预缴税机制应作出前瞻性的安排。

四、完善个人所得预缴税征管的政策建议

数字经济是一把双刃剑,既对个人所得预缴税制度形成了挑战,同时也带来了机遇。作为一种新的生产力变革方式,数字经济赋能税收征管,"以数治税"助力预缴税制度的全面实现。数字经济中广泛使用区块链、"互联网+"、大数据等信息通信技术,这些数字技术的使用能够有效提高税收征管效率,形成强大的税源监管能力。拓宽预缴税的实现途径,有利于提升税收治理现代化水平。本部分从加强"以数治税"建设、运用"信用+激励"手段促进纳税人预缴税税收遵从、完善预缴税服务体系三方面提出政策建议。

(一)"以数治税"助力预缴税制度的全面实现

1. 探索建立预缴税的智能实现机制。

按照亚当·斯密税收四原则中的税收便利原则,税收的稽征管理要为纳税人提供便利。考虑到数字经济中区块链、大数据、云计算等现代信息技术被广泛运用,在线支付交易方式盛行,应以智慧税务为抓手,以税收大数据为依托,探索建立预缴税的智能实现机制。纳税人在交易结算发生时以最便利的线上方式自动完成预缴额计算、智能完成预缴,亦即建立数字预缴机制,在实现个人所得税预缴应缴尽缴的同时,能够在纳税人与税务机关形成良好的双向互动。同时,可以减轻纳税人可能发生的被罚滞纳金、年终进行大量补税等负担。例如,在时机成熟时,可以考虑将税务局的预缴税功能内嵌在在线支付系统内部或与之建立网络接口,同时在在线支付系统内设置配套的税款计算工具,在支付活动发生时,即刻实现纳税人的一键式自主预缴税款。这样,在预缴税款的时间和方式上,能够给予纳税人较大的选择权,除事后自行申报和委托代征之外,纳税人在交易发生时就完成税款预缴。为此,应与数字平台协同治税,要求纳税人在使用在线交易系统之初,就主动提供纳税人识别号,并在平台内部设计自动识别支付活动发生预缴税的条件。当支付活动满足特定条件时,在线支付系统会自动提示纳税人已产生预缴税款的义务,此时,内嵌于在线支付系统的预缴税系统将自动从在线支付额内预扣税款,预扣税款数据同时进入个人所得税电子税务局系统,便于在年终时完成年度汇算清缴。

2. 完善预缴税的远程办税端建设。

为方便纳税人自主申报纳税、预缴税款，降低纳税人的税收遵从成本，应从两方面完善预缴税的远程办税端建设。一是对于综合所得，自然人电子税务局 WEB 端和个人所得税 APP 等远程办税端除提供年度汇算清缴功能外，还应该增加自主申报预缴的入口，方便扣缴义务人未扣缴税款的纳税人在取得收入后及时自主申报税款。二是对于经营所得，应完善个人所得税 APP，增加纳税人自行申报预缴、汇算清缴的入口，以便取得经营所得的纳税人能够及时、便捷地申报所得，真正实现个人税费事项掌上办理。

3. 健全数字化税源监管体系。

数字化税源监管是自行申报预缴能够实现的必要条件。为了促进数字经济下涌现的新就业形态人员的税收合规，应积极建设税务部门与相关部门的常态化、制度化的协同治理机制，形成智能化的税源监管体系。

数字经济下涌现出了大量的平台企业，这些企业汇聚了大量的自然人纳税人的涉税信息，使得平台企业在协同治税新模式中发挥着重要作用。政府可完善相关法律法规要求平台企业协同治税。平台协同治税一方面要充分发挥平台的数据报送功能，建立健全第三方涉税信息共享制度，依法保障税务部门对涉税涉费必要信息的获取能力，使平台成为税源监管的重要抓手；另一方面可以考虑增加平台功能使其成为自然人自主申报预缴税款的通道、成为跳转到智能办税端的有效接口，使平台成为税收征纳双方的数据接口。

数字化税收征管还要求税务部门与市场监督管理、人力资源与社会保障、海关、外汇管理等部门相互配合，协同治税。上述各部门之间应建立纳税人信息共享和工作配合机制，深化税收大数据的共享应用。具体来讲，可运用大数据、区块链、人工智能等先进技术，建立涵盖各个部门以及数字经济下产生的平台企业和综合服务平台企业的数据监管平台，实现数字化、智能化的税源监管。

同时，各部门应提高利用信息技术智能化分析数据的能力，建立常态化的数据风险评估和检查机制，加强对重点领域、重点人群的风险防控和监管，高效核验纳税人自行申报的各项信息的真实性，并对数据异常者进行高风险预警和提示，以减少纳税人违法违规行为的发生。

(二) 运用"信用 + 激励"手段促进纳税人预缴税税收遵从

1. 将预缴税制度和信用体系相结合。

为激励纳税人提前支付预缴税款，可以借鉴美国做法，将预缴税制度与信用制度建设相结合。具体来讲，应完善自然人纳税信用管理系统，将纳税人预缴税款的情况与自然人纳税信用记录挂钩，依据自然人纳税信用水平，对纳税人实行分级分类差别化管理和服务，建立预缴税的守信激励和失信惩戒制度，充分发挥纳税信用在社会信用体系中的基础性作用。税务机关应提示纳税人按时预缴税款，对于及时预缴税款、信用评价高的纳税人，可为其实施绿色办税通道、容缺受理、行政表彰、税款优惠等激励措施。① 同时，也应建立自然人税收信用信息数据动态更新机制，实行动态信用等级分类。

2. 发挥税收优惠政策的激励作用。

除利用税收信用体系来激励纳税人提前支付预缴税款之外，还可以借鉴澳大利亚 PAYG 分期付款制度的经验，对于预缴税款达到应纳税款一定比例的纳税人，对其年终应支付的差额税款给予一定额度的减免。未来我国也可以运用税收优惠的方式鼓励纳税人在交易发生时就预缴税款，即对于在交易发生时就支付了预缴税款的纳税人，在年终汇算清缴时其需要支付的差额可以享受一定的税收优惠。

（三）完善预缴税服务体系

1. 做好预缴税的纳税教育和宣传工作。

通过完善预缴税的纳税教育与宣传工作，促进纳税人自主申报预缴意识的提高，是贯彻实施预缴税制度的首要条件。首先，税务部门可以在其官网和公众号等媒介上对预缴税的政策进行细致解读，力求实现征管操作办法与税费优惠政策同步发布、同步解读，增强政策落实的及时性、确定性、一致性。此外，应充分利用数字媒体资源，广泛开展预缴税的主题教育讲座，讲座内容包含需要进行预缴税款的情形、不同类型所得的预缴税的时间、预缴税款的途径和计算方法、优惠政策等，进而促进纳税人预缴意识的提高。其次，通过智能化数字预缴系统，在每个预缴税款的时间点之前，通过发送短信、移动办税端的首页提示与通知等，提醒纳税人及时预缴税款，做好纳税提示服务。最后，税务部门应该加强与互联网平台等第三方平台的合作，请第三方平台积极配合做好预缴税的纳税提示、纳税教育与宣传工作。

2. 做好预缴税的纳税服务工作。

为纳税人提供便捷的税务登记服务。数字经济背景下，出现了大量的从事

---

① 在后期制度成熟时，再逐步增加失信惩戒力度，对于信用评价不合格的纳税人，可向全国信用信息共享平台推送相关信息，依法依规实施联合惩戒，一定时间段内限制其本人交通、住宿、高消费、贷款等，以提高自然人纳税人的个人所得税遵从度。

生产经营活动的"新经营个体"①，他们取得的所得应该按经营所得自行申报、预缴税款。为更好地服务纳税人，应该简化税务登记流程以及登记注销程序。例如，可以制定个人从事生产经营活动的标准，只要纳税人的经济活动符合该标准，即可不进行工商登记，直接办理税务登记。此举有利于减轻"新经营个体"的办税负担，也有助于切实做到税费优惠政策直达快享，方便纳税人享受相关税收优惠政策。

大力推行优质高效的智能税费服务。首先，在预缴税款的计算上，可效仿美国的做法，开发专门的帮助纳税人计算预缴税款额的软件，并将其嵌入在自然人电子税务局和个人所得税 APP 等远程办税端上，以便纳税人能够实现高效且准确的预缴税款的申报。其次，还需进一步优化补税和退税的流程，可以借鉴美国预缴税的经验，比如允许纳税人将多缴的税款留在税务系统，用于下一年税款的抵扣。此外，对于既要缴纳个人所得税，又要缴纳增值税等其他税费的纳税人，可以进一步优化税收流程，设计个人所得税与增值税等税费合并申报的流程，压减纳税缴费次数和时间，切实减轻办税缴费负担。

课题组成员：李冬妍　高丽丽　刘　群　杨　瑾
　　　　　　文玉香　衡亚男　魏孟博
课题执笔人：李冬妍　文玉香　衡亚男

---

① 本文认为"新经营个体"是从事生产经营活动但没有进行工商登记的个人。"新经营个体"获得的收入属于经营所得，需要自行申报预缴税款。

新形势下平台经济增值税管理的挑战和应对

河南省税务学会课题组

2018年,《政府工作报告》首次提出了"平台经济"的表述,要求发展平台经济、共享经济,形成线上线下结合、产学研用协同、大中小企业融合的创新创业格局,打造"双创"升级版。"十三五"期间,平台经济蓬勃发展,展现出了新形式、新业态。2019年,国务院办公厅印发《关于促进平台经济规范健康发展的指导意见》,为我国平台经济健康发展、创新监管理念和方式提供了遵循。展望"十四五"时期,我们一方面要更加重视平台经济,支持平台经济持续发展;另一方面也要充分认识和分析平台经济发展给增值税管理带来的新挑战,创新增值税管理机制,规范平台经济增值税管理秩序,促进平台经济的健康、持续发展,为我国税收治理现代化和经济社会高质量发展注入新动力。

一、平台经济概念和运营模式

(一)平台经济的概念及特征

平台经济是一种基于数字技术,由数据驱动、平台支撑、网络协同的经济活动单元所构成的新经济系统,是基于数字平台及相关技术所形成的各种经济模式和经济关系的总和。平台经济具有以下特征:一是网络外部性。指连接到一个网络的价值取决于已经连接到该网络的其他人的数量。对于平台经济而言,平台为买卖双方搭建起交易场所,买方与卖方越多,平台的交易量越大,越有价值。二是资源整合性。平台经济以"平台"为中心,以需求为导向,将跨区域、跨行业、跨类型的企业聚集到一起,强化了对上下游的带动和统筹整合能力,促进相关企业合理集中,形成协同发展的平台经济产业链。三是互利共赢性。平台经济的兴起,打破了时间和空间的限制,把各行各业优势力量汇聚到一起,匹配供需双方直接对接,极大提高了生产效率。四是多元开放性。平台以开放的姿态，吸引各种主体和资源参与其中，增强了上下游和同行业的联系，形成相互促进发展的良好生态环境。

（二）平台经济的运营模式

依据平台连接主体的不同，可以将平台分为 B2B 模式、B2C 模式、C2B 模式、C2C 模式以及 O2O 模式等。

1. B2B 模式。

平台一端是企业，另一端也是企业。以网络运输平台为例：网络平台经营者利用平台整合配置运输资源，以承运人身份与托运人签订运输合同，再委托实际承运人完成运输服务。对于真正的托运人来说，其是承运人；但是对于实际承运人来说，其又是托运人。具体业务流程见图1。

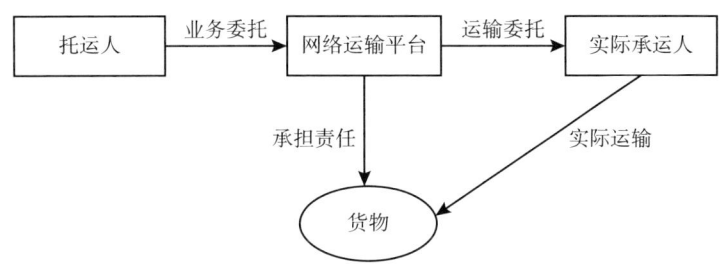

图1 网络运输平台业务流程

2. B2C 模式。

平台一端是企业，一端是个人。以京东为例，平台进驻的商家将商品及服务，以"图片+视频+文字"的形式展现给买家。买家在网站上搜索选中后，下单支付即可。具体业务流程见图2。

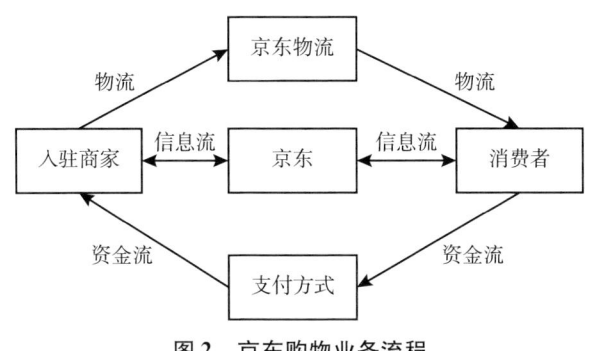

图2 京东购物业务流程

3. C2B 模式。

平台一端连接个人，另一端连接企业。个人为卖方，企业为买方。以钇活儿网为例，通过整合"人才"和"企业"双方供求关系，既解决了"个人"的就业，也解决了"企业"灵活用工面临的问题。具体业务流程见图3。

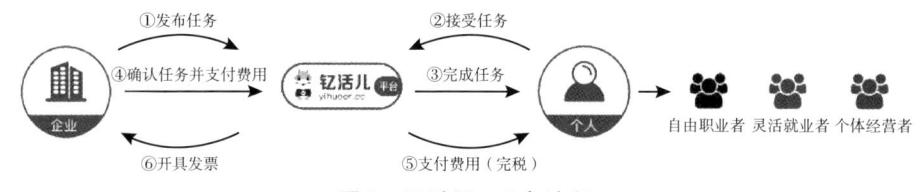

图3　灵活用工业务流程

4. C2C 模式。

平台一端是个人，另一端也是个人。以滴滴顺风车为例：用车人在平台发起用车需求，车主可以在线接单。服务完成后，用车人将服务款支付给平台，再由平台将费用结算给车主。具体业务流程见图4。

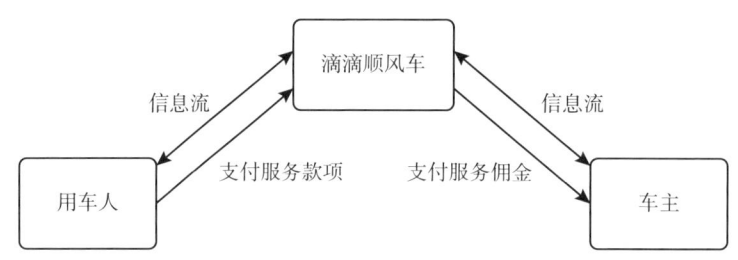

图4　滴滴顺风车业务流程

5. O2O 模式。

该模式是 B2C 模式的衍生，一端是线上，一端是线下。以美团外卖为例：商家进驻平台后上传相关信息，消费者选择自己需求的商品，线上付款给美团的网上收银平台，美团扣除一定的服务费、抽成后将款项支付给商家。具体业务流程见图5。

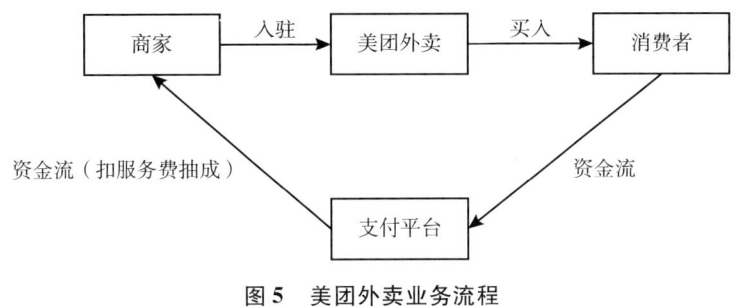

图 5 美团外卖业务流程

（三）不同运营模式下的增值税处理方式

1. B2B 模式。

该模式下，买卖双方均为企业，并纳入税务管理。作为销售方的 B，根据所从事应税业务，依法申报纳税，同时向购买方的 B 开具发票。平台应根据不同服务项目申报纳税，并向支付服务费的 B 开具相应发票。

2. B2C 模式。

该模式下，卖方通过平台向消费者 C 销售货物、服务，申报纳税，并向消费者 C 开具增值税发票。在交易过程中，如 B 或 C 向平台支付使用费，则平台应申报纳税，同时向支付方开具发票。此种模式下还存在一种特殊情况，平台作为 B 直接向消费者 C 销售货物、服务，此时，平台作为卖方进行申报纳税，向消费者 C 开具发票。

3. C2B 模式。

该模式下，卖方为自然人 C，买方为 B，C 申报纳税，并申请代开发票，接受方 B 将发票作为税前扣除凭证。由于 C 一般为自然人，且数量众多，申请代开发票难度极大。在实践中，平台往往"身兼两职"，一方面接受 C 提供的服务，另一方面向实际接受方 B "转售"服务。第一种身份下，平台往往需签订委托代征协议，代征自然人 C 应缴纳的税款，并为自然人汇总代开发票作为所得税税前扣除凭证；第二种身份下，平台就"转售"服务申报纳税，并向服务实际接受方 B 开具增值税专用发票，供其作进项税额抵扣和所得税税前扣除凭证。

4. C2C 模式。

该模式下，买卖双方均为自然人 C，卖方 C 应申报纳税，如需发票，应向税务机关申请代开。平台仅提供了信息、技术和撮合服务，应申报纳税，并向支付费用的 C 开具发票。在实践中，卖方 C 作为自然人，通常未办理税务登记,买方 C 也不需要发票,导致该过程存在税收管理盲区。同样,由于支付使用费的 C 不需要发票,平台提供服务应缴纳的税款也容易流失。

5. O2O 模式。

该模式下,卖方仍是在平台注册的商家、企业,商家、企业作为纳税人申报纳税,并向消费者开具发票,平台若向入驻商家收取服务费,应就该服务申报纳税,并向支付服务费的商家开具发票。

二、平台经济发展面临的新形势

以"互联网+业态"为代表的全球互联网平台经济蓬勃发展,但同时也面临着一些新的形势。

(一)鼓励平台经济发展的国家战略越来越清晰

2018 年 3 月,《政府工作报告》第一次提到平台经济,指出要提供全方位创新创业服务,发展平台经济、共享经济。2019 年,李克强总理在《政府工作报告》指出,坚持包容审慎监管,支持新业态发展。2020 年 10 月,《中华人民共和国国民经济和社会发展第十四个五年规划和 2035 年远景目标纲要》明确指出,"促进共享经济、平台经济健康发展""健全共享经济、平台经济和新个体经济管理规范"。2021 年 3 月,习近平总书记强调,我国平台经济正处在关键时期,要着眼长远、兼顾当前,补齐短板、强化弱项,推动平台经济规范健康持续发展。

(二)加强平台经济监管的规则越来越完善

2018 年 8 月,《中华人民共和国电子商务法》规定,电子商务平台经营者应按规定向市场监督管理部门报送经营者身份信息,并依法办理登记。2019 年 8 月《关于促进平台经济规范健康发展的指导意见》要求推动建立健全适应平台经济发展特点的新型监管机制。2021 年 4 月,《中华人民共和国市场主体登记管理条例》规定,将电子商务平台提供的网络经营场所作为经营场所,市场主体实行实名登记;2021 年 10 月,《互联网平台落实主体责任指南(征求意见稿)》指出,互联网平台经营者应当遵守税收法律、行政法规规定,依法履行纳税义务和代扣代缴义务。

(三)规范平台经济税收治理的研究越来越重视

平台经济的发展对税收治理也提出了新要求。《关于进一步深化税收征管改革的意见》明确，坚持包容审慎原则，支持新业态发展，促进依法纳税和公平竞争；同时明确建立健全"信用+风险"的新型监管机制，推动从"以票管税"向"以数治税"的监管转变。在国际上，据统计已有奥地利、法国、意大利、西班牙等22个国家和地区开征数字服务税；在国内，研究学者也建议从明确管辖权限、加大税收优惠政策、推广电子发票系统、由平台代收代缴等方面加强对平台经济的税收监管。

三、平台经济增值税管理面临的挑战

（一）纳税主体分散性给增值税税源管理带来挑战

传统经济模式下，大量自然人极少参与经济活动，但在平台经济领域，依托互联网平台即可完成商品销售、服务提供、资金交付等交易活动，大量自然人经营者积极从事数字经营活动，推动C2B、C2C等商业模式快速壮大。作为商品或服务供给者的个人通常只需要在平台注册即可借助平台持续性参与经济活动，但对大量的自然人而言，经营地点不固定，纳入税收管理的意愿不强，难以独立完成税务登记，导致平台经济税源流失。上述问题导致平台经济从业人员游离于增值税管理之外，其增值税负担明显低于进行税务登记的传统从业人员，不利于体现社会公平。

（二）供需对接远程性给纳税地点确定带来挑战

根据增值税制度规定，固定业户应当向其机构所在地主管税务机关申报纳税，非固定业户应当向货物销售地、劳务和服务发生地缴纳增值税。传统经济模式下，由于实体的存在，相当程度上保证了纳税地点与销售地、劳务和服务发生地的一致性，但在平台经济领域，可以在不设立分支机构、服务提供者不在现场的情况下，向不同地区的接受方开展经营活动，由此产生了以下问题：一是易导致税收管辖争议。平台内任何一家企业都可以在任意地点进行经营，平台上的大多数个人没有办理市场主体登记，一方面易形成平台经营者税收管辖权的真空地带，另一方面也会因销售地与所在地的不同引起税收管辖争议。二是纳税地点与税源背离影响国内财税区域格局。平台企业实际经营活动与纳税地点常常不一致，受经济下行和疫情等叠加影响，地方政府需寻求新的税费增长点，平台经济这种运营模式由于纳税能力强、短期效应明显而成为欠发达地区招商引资、引税重点，加之财政返还优惠，易形成税收洼地效应。

(三) 业务边界模糊性给增值税税目和税率适用带来挑战

平台经济领域新模式新业态层出不穷，促使业务边界模糊化，给课税对象的合理界定带来挑战。例如，以滴滴出行为代表的网约车服务，是将为司机提供的信息技术服务和为乘客提供的客运服务融合为一体的综合性服务，而交通运输服务和信息技术服务在现行税制中是两类不同的课税对象，分别对应不同的税目，适用不同的税率。业务边界模糊化驱使平台经济纳税人选用最低税负方案进行生产经营。例如，传统的有形动产租赁服务应按13%税率申报缴纳增值税，但从某租车平台的运营模式和发票开具看，平台将客户支付的一笔费用，分拆为适用13%税率的有形动产租赁服务和适用6%税率的信息技术服务，且有形动产租赁服务金额占30%，信息技术服务金额占70%，该种方式大幅降低了租车平台的增值税税负。

(四) 经营模式复杂性给增值税发票使用带来挑战

发票领用环节，多数平台企业通过线上销售货物或提供服务，但实际经营地址未必是登记地址，甚至是虚拟地址，而当前增值税发票的领用，主要依赖于实体的办公地点、办公设备以及保管环境，这与平台经济的业务特点存在较大矛盾。发票开具环节，按照发票管理办法规定，销售商品、提供服务以及从事其他经营活动的单位和个人，对外发生经营业务收取款项，收款方应当向付款方开具发票。但由于平台经济业务的"虚拟性"和"隐蔽性"，不开具、不索取发票现象比较普遍。当提供的服务为多种服务形成的综合性服务时，在同一笔消费中，平台以不同销售方、不同服务名称开具不同税率的发票，不同平台的处理方式可能差别很大。以消费者通过某德地图打车为例，如果服务实际提供方是"某的出租车"，消费者索取发票时，是由北京某行出行旅游有限公司开具税率为6%的"*旅游服务*代订车服务费"的发票；如果服务实际提供方是"某滴快车"，则由某滴出行科技有限公司（位于天津某开发区）开具免税的"*运输服务*客运服务费"的发票（注：疫情期间，公共交通运输服务免征增值税）。

(五) 业务开展不可见性给虚开增值税发票风险防控带来挑战

平台经济的相关交易全流程在网络平台中完成，实际业务与平台数据显示是否一致不可见、难查证。例如，以人力资源服务为主的灵活用工平台，该模式下，平台企业承接业务后，再将业务转委托给平台上的个人会员，业务完成后，平台企业收取用工企业价款并向用工企业开具增值税专用发票，形成平台企业收入，同时，平台企业向个人支付价款，很少能取得进项发票。平台企业一方面通过掌握的发票资源，伪造完整的业务流逃避监管，从上游获取虚开发票用于抵扣；另一方面，由于财政返还政策，平台企业容易对外虚开发票。此外，平台虚开发票更易于实现，加之平台聚集的海量零散税源和数据，容易导致巨大虚开金额案件产生。2020年，××警方破获了全国首例灵活用工平台虚开发票的案件，涉及10省15市。

（六）信息不对称性给涉税信息共享和"以数治税"带来挑战

首先，平台经济下，纳税人和税务机关之间存在严重的信息不对称，容易造成漏征漏管。原因如下：一是互联网平台和第三方支付平台是企业法人，会依法进行税务登记，但当服务提供者是个体工商户或者个人时，税务机关难以掌握纳税真实信息。二是平台的交易呈现无纸化、数据化特点，其账簿、凭证、发票都是电子数据信息，容易被修改、删除甚至隐藏。三是税务机关和其他部门信息共享程度待加强，虽然税务部门扩大了和有关部门的信息共享，但是税务机关获取平台参与者信息渠道单一且制度有待完善。其次，平台电子信息涉税数据的真实性、完整性难以确定。如某平台内经营者为提高销售排名会进行"刷单"但不申报销售收入。另外，平台企业如果直接虚构交易并开票，在正常缴纳增值税的情况下，虚开成本相对较高，但一些地方政府对当地平台企业出台财政返还政策，导致税收执法风险。最后，由于平台经济连接的多边主体分散于不同领域、不同地区，税收征管信息资源呈现"碎片化"状态，而且平台交易的信息流、资金流、合同流、票据流等相对分离。

（七）平台企业易招商性对增值税管理外部环境带来挑战

平台经济往往能够实现"多方共赢"：平台企业享受地方政府特殊扶持政策，下游企业能够取得形式合规的增值税发票，地方政府能够扩大财政收入规模、完成相关考核指标。在平台企业内部，一级平台企业把部分无法取得发票等合法成本费用凭证的业务批量打包至二级、三级甚至四级平台企业，把企业应当核算的人工、劳务、无法取得发票的费用等，改由下级平台企业"开具"发票进行扣除，而这些从下级平台企业开具的发票多数享受政府财政奖补，导致增值税链条断裂、所得税成本费用虚列，加大了税收征管的难度，客观上为平台企业虚构收入、虚开发票提供了利益驱动，导致平台企业虚开风险明显增加，而税务部门在平台入驻、日常监管、违规处理过程中，容易与招商引资政策和环境产生冲突,使税务机关执法处于两难境地。

四、应对平台经济增值税管理挑战的建议

(一)加快增值税立法进程,完善我国增值税制度设计

首先,降低和简并增值税税率。我国目前有13%、9%、6%三档税率和5%、3%、1.5%、1%、0.5%等多档征收率,使得税率税目适用较为复杂,由于平台经济高度的开放性及业务多样性,复杂性更为明显。从国际增值税制度比较看,增值税税率为一档的国家(地区)约占45%,为二档的约占30%,为三档的约占15%,为四档及以上的约占10%。结合我国实际,我们建议将我国增值税税率简并为二档,并严格控制低税率适用范围,主要限制在消费末端。同时,就税率高低而言,亚太地区近70%的国家和地区将标准税率设置在10%及以下,我们建议将我国标准税率设置为10%,将低税率设置为5%,既简并税率又保持一定比较优势。

其次,完善增值税一般反避税制度。由于平台经济开放性强、外延性广、业务模式复杂、涉及纳税主体和应税行为多等特点,更容易通过一系列复杂和人为的操作进行避税。而我国增值税具有反避税性质的规定,主要是以"价格明显偏高或偏低且无正当理由"为前提,无法对恶意拆分、合并应税项目,恶意并购重组,恶意设计复杂交易模式等避税行为进行调整。因此,建议参考企业所得税和加拿大、澳大利亚等国家的增值税反避税制度,完善我国增值税一般反避税制度,将纳税人在不具有合理商业目的情况下,通过人为安排,减少、免除、推迟缴纳增值税,或者增加退还增值税以及留抵税额的行为,视为增值税不当避税行为,可以由税务机关按照合理方法予以调整。

(二)探索税制改革,打造平台经济增值税制度体系

平台经济基本经济内核依然是实体供应商把业务集中到虚拟的平台上来,实现供需双方的资源更加高效的配置。理论上讲,平台经济涉及纳税主体和课税对象都没有发生实质的变化,但在平台经济的模式下,相关税收政策在具体执行的时候出现了较多的争议,需要继续完善增值税相关政策,为平台经济的管理和服务提供政策层面的支持。结合国务院相关文件中提出的"推进经营范围登记规范化,及时将反映新业态特征的经营范围表述纳入登记范围"的方向,可以考虑将平台经济作为一个独立的增值税征税项目,对平台经济的税制要素进行科学设置,对平台企业和上下游市场主体的涉税事项予以明确、规范

和细化,围绕平台经济建立特殊的税制设计、征收管理、收入分配制度等。

(三)改革收入分配机制,平衡地区税收和财政收入

平台经济经营活动所产生的税收收入脱离于消费地,甚至脱离于经营地,而集中于平台所在地,进一步加剧了区域间发展不平衡问题,可探索研究制定增值税按照目的地课税相关机制,化解平台经济带来的区域间税收分配失衡问题。近期,对增值税的征收仍继续按照企业注册地进行,但对于增值税地方收入部分的划分按照消费地分享的原则来进行。加快推进对数字产品和服务消费归属地的研究,力争通过消费指标的完善,保证消费作为增值税课税基础的合理性和可靠性,将社会消费总额、人口规模等因素纳入增值税分享的权重。远期,探索逐步将平台所涉增值税转移至货物和服务终端消费环节征收,在此过程中需要引导平台及商家根据消费者购买商品或服务时所填写的地址、IP地址或支付信息提供地址等确定消费者所在地,按照目的地原则将代扣代缴的增值税在消费者所在地进行缴纳,以保障地方财政格局的基本稳定。

(四)加快"以数治税",建立健全数据共享机制实现精诚共治

根据《关于进一步深化税收征管改革的意见》从"以票管税"向"以数治税"分类精准监管转变的要求,以及《中华人民共和国税收征收管理法》《中华人民共和国电子商务法》《中华人民共和国增值税法(征求意见稿)》等关于税收共治、数据信息共享的有关要求,我们建议,尽快修订《中华人民共和国税收征收管理法》,明确不同部门的协力治税义务,建立健全信息共享机制,制定和明确统一标准,推动部门间的信息交换和共享。各级地方党委和政府,要支持和推动将涉税数据共享纳入地方数据信息共享平台建设,并研究明确相关数据信息共享的范围、用途、频次以及数据口径和标准,一揽子加强平台经济涉税信息共享系统的建设。同时,以统一的标准,将不同地区、不同平台的数据自下而上进行全国汇总,再自上而下进行清分,形成上下贯通、左右联通的大共享格局。上述数据共享机制,不仅可以运用在国内增值税的征收和管理上,也可以用于加强对跨境电子商务和国际税收的管理,增加对通过跨境数字交易进行增值税欺诈等违法行为的打击力度,从信息源头上对增值税税收遵从予以监督和控制。

(五)规范财政返还政策,营造健康的平台经济发展环境

为了吸引平台企业在本地"落户",增加地方财政收入规模,完成相应考

核指标（如税收占财政收入的比例）等，部分地方政府滥用财政返还政策，出台文件或与平台企业达成协议，许诺将平台企业实现税收收入中的当地留存部分，按一定比例返还给平台企业，客观上形成了税收洼地，给平台经济增值税管理带来诸多隐患。

为防止财政返还对平台经济增值税管理的不当干预和影响，我们建议，一是国家或省级人民政府以立法形式规范财政返还行为，明确财政返还对象、范围、标准、方式和程序等，制定资金管理办法，明确规定政策对象、补助标准、资金使用方向和政策期限，并公开资金管理办法、分配办法和分配结果等。在没有法律规定情况下，任何部门不得设置财政返还项目，不得设置与税收收入直接挂钩的财政返还项目。二是将财政返还纳入预算资金安排，执行统一的预算管理制度，接受人大审议和监督，并依法依规向社会公开，接受社会各界监督。对超越相关法律法规规定的财政返还，不得列入财政预算。三是加强财政支出的审计监督。对财政支出资金定期开展常规化、制度化监督检查，严厉查处滥用财政返还政策行为，依法依纪追究有关单位和责任人的责任。

（六）"区块链+电子发票"，解决增值税发票管理难题

区块链技术具有可回溯、不可篡改、实时记录备份的特点，可以最大限度保证涉税数据的真实性。我们可以充分利用区块链技术，在深圳、广东、云南、福建、北京等5省（市）税务机关消费领域试点区块链电子发票的基础上，根据《关于进一步深化税收征管改革的意见》的要求，探索区块链技术在强化平台经济管理方面的运用，在全国推广"区块链+电子发票"模式，搭建以区块链技术为基础，以区块链电子发票为抓手，以平台经济数据真实性和完整性为目标的"区块链+电子发票"征管体系，集合初级供应商、税务、外汇、银行、物流、房产登记等多方面涉税信息。上游零散的初级供应商可以通过自助终端、移动终端等途径自开或代开发票。平台企业可以较为便捷地获取零散的初级供应商的电子发票，解决增值税进项抵扣和所得税成本列支的问题。税务机关通过区块链技术，可以有效控制发票信息流的出口和入口，全面深入整合涉税大数据，强化对平台经济增值税的管理。通过搭建"区块链+电子发票"征管体系，实现电子发票随着业务流和资金流的流转而自动生成、自动传递、自动汇总等。在横向数据上，使发票信息与业务和资金信息紧密捆绑，可比对、可校验；在纵向数据上，使上下游交易信息可追溯、可监控，大幅压缩不开具发票和虚假开具发票的操作空间。

（七）创新管理方式，有效提高平台经济增值税管理质效

一是赋予平台企业一定税收管理职责。参照 OECD 提出的数字平台责任制度框架，赋予平台企业对非固定业户的简易税务登记和税款代扣代缴职能。货物销售者和服务提供者在平台注册过程中增加相关税务登记内容，一经注册即同步完成平台端和税务端的简易登记，并由平台企业对在平台注册的简易登记纳税人发生的应税业务代扣代缴税款，再辅以汇总申报、自主申报、数据同步等配套措施，实现代扣代缴信息在平台企业、税务机关、简易登记纳税人之间的共享。二是更加关注平台企业增值税管理中的"经济存在"。传统的增值税治理方式更加依赖于纳税人的"实体存在"，但平台经济已经脱离了时间和空间的限制，我们建议更加关注平台经济中的"经济存在"，即穿透"平台"这一经济形式，从最底层的业务来准确把握基于平台之下的经济活动实质，再以该经济活动实质为管理目标，要求平台对其之下发生的经济活动承担增值税管理责任，使平台之下的经济活动能够有效纳入税务机关监管等。三是实现涉税数据的"一人（户）式"智能归集。分别以平台、经营者、自然人为核心，智能归集平台本身及平台之上经营者的全部涉税数据、经营者基于线上和线下经营的全部涉税数据、自然人通过实体和平台所有的涉税数据等，再通过数据的交叉比对、验证等，对其增值税实行全面管理。四是实施不同税费种的联动管理。可以通过加强企业所得税税前扣除凭证管理，增加虚假平台企业的造假难度，通过加强个人所得税和自然人社会保险费的征收管理，有效清除平台之上灵活用工人员和自然人的虚假注册，防范增值税税源流失和虚开发票等风险。五是实施不同区域税务机关的协同治理。平台企业注册地税务机关将平台相关涉税数据传递至底层经济活动发生地税务机关，底层经济活动发生地税务机关对经济活动的实质进行调查核实，并将结果反馈给平台注册地税务机关，通过异地协同摆脱导致平台企业注册地"能发现、管不住"，底层经济活动实际发生地"管得住、难发现"的困境，有效实现双方既"能发现"又"管得住"。

五、结论

平台经济的发展遇到新形势和新挑战。平台经济使得原先的交易半径限制得以突破，对交易主体的实体资产转移过程难以确认，针对这部分附加值增量的税目以及税率、税款抵扣方式等问题将随之产生。同时也出现了增值税管理难点，如课税对象界限模糊，难以辨别；一些交易平台未办理工商登记，纳税

主体难以确认。因此，完善平台经济增值税相关政策尤为重要。

平台经济的税收征管理念亟待改变。从国家税收征管层面来说，税收征管应当利用数字技术完善税收征管体系，为纳税人提供更便捷的服务。此外，还需建立线上税收协同管理平台，加强各部门协作，提高涉税信息的准确率和利用率，形成完备的税收协同管理系统，增强税收征管质效。

本文在对平台经济全面细致的论述过程中，指出了平台经济的优势、特征、模式、发展状态以及各方面存在的问题，同时对影响我国平台经济发展的税收问题尤其是增值税问题等进行了探索研究，并针对税收政策、税收制度和税收征管等方面提出了相应的建议和思考。面对新的经济形态，我国要积极应对平台经济带来的税收挑战，转变税收征管理念，吸取国际先进的税收征管经验，结合我国国情完善税收征管体系，逐步建立起现代化的智慧型税收体系，引领平台经济规范健康发展。

课题组组长：杨贵荣
课题组副组长：刘　召
课题执笔人：杨贵荣　刘　召　郭培渊　李　锋　李　军
　　　　　　李天天　李雪丽　张　钦　马　莉　杨　辉

增值税分享、消费统计与区域协调发展①
——基于增值税分享由生产地原则改为消费地原则的思考

刘 怡 张宁川 耿 纯

增值税作为中央和地方共享税，地方分成部分由地方按税收缴纳地分享会导致资源配置扭曲、生产过剩加剧、地区间财力差距拉大，不利于区域协调发展。按照消费地原则确定地方分成部分的增值税收入归属有助于上述问题的解决。消费地原则的实施需解决现行消费统计指标存在的问题，本文构建"社会消费品和服务零售总额"指标，并使用2019年相关数据测算了地方按照消费地原则分享增值税对各省财力的影响，对如何改进消费统计以支撑消费地原则，进而促进区域协调发展提出政策建议。

一、引言

1994年分税制改革确定了我国对制造业征收增值税，并将增值税作为中央和地方共享税，按75%：25%的比例分享。在确定增值税收入归属方面，我国增值税地方分成部分主要通过增值税纳税人注册地划分，即地方按照生产地原则分享增值税的25%。尽管《中华人民共和国增值税暂行条例》历经增值税转型、营改增等改革的数次修订，但关于纳税地点的规定一直维持生产地原则。2016年国务院发布的《全面推开营改增试点后调整中央与地方增值税收入划分过渡方案》和2019年国务院发布的《实施更大规模减税降费后调整中央与地方收入划分改革推进方案》两份关于中央和地方增值税收入划分改革的文件规定，"地方按税收缴纳地分享增值税的50%"，依旧维持了生产地原则。

在生产地原则下，商品或劳务在哪国（地区）生产或提供，增值税就归属于该生产或提供地。在我国现行财税体制下，企业销售产品或提供劳务后将增值税税款缴给其注册地税务机关，企业注册地政府分享增值税收入。然而，

---

① 本文是国家社科基金重点项目"增值税分享原则重构与消费促进创新研究"（项目编号：21AZD025）、国家自然科学基金青年项目"税负跨地区转移与增值税收入划分机制研究"（项目编号：72003210）的阶段性研究成果。耿纯为本文通讯作者。

由于增值税是间接税,生产者在其注册地缴纳,而税负是由消费地的消费者承担。由此,增值税间接税的特性和我国生产地原则的管理办法共同导致了这样的结果:生产地政府取得分享的增值税收入,消费地居民实际负担其所购产品和服务中包含的增值税。

地方政府按照税收缴纳地分享增值税收入,即以生产地原则确定增值税地方分成部分的收入归属,有利于调动地方的生产积极性,鼓励地方培育和拓展税源,但是,生产地原则可能会扭曲资源配置、加剧产能过剩、拉大地区间财力差异,不利于区域协调发展(赵静,2014;刘怡等,2015;席鹏辉等,2017)。而消费地原则能够扭转由生产地原则造成的资源错配和发展低效。在消费地原则下,商品或劳务在哪里消费,增值税收入就归属于该消费地。由生产地原则转向消费地原则,能够促使地方政府将服务重点由企业转向居民,促进经济增长方式的根本转变(黄夏岚等,2012;杨帆等,2014;吕冰洋等,2015;刘怡等,2019)。现有文献多使用人口、消费、地方财力等因素对地方按照消费地原则分享增值税收入进行测算,并将其与生产地原则下的税收分享情形进行比较,发现消费地原则能够较好地平衡地区间的财力差距(杨帆等,2014;刘怡等,2016;张克中等,2021)。

我们的前期研究证明,综合考虑增值税的征管效率、对经济主体行为影响等因素,应将增值税的税款征收和收入划分采取"两条线"的形式,即继续按照企业注册地征收增值税,而地方分成部分,由各地根据其在全国总消费中的占比计算得到,即由生产地原则转向消费地原则(刘怡等,2020)。

由生产地原则向消费地原则的转变依赖于对消费的准确统计。消费统计监测也是政府部门把握经济运行态势、制定经济和社会政策的重要依据。2018年9月20日发布的《中共中央 国务院关于完善促进消费体制机制 进一步激发居民消费潜力的若干意见》指出,研究制定服务消费和消费新业态新模式的统计分类,完善相关统计监测,形成涵盖商品消费、服务消费的消费领域统计指标体系,更加全面反映居民消费发展情况。现实中,随着我国经济的快速发展,许多基于网络数字技术的新业态、新消费模式出现,当前的消费统计指标和体系在服务消费、新消费等方面已经难以准确、全面地反映实际消费的规模、结构、变化、发展趋势等情况。因此,改进现有的消费统计指标,完善当前的消费统计体系,不仅是保障消费相关政策准确可靠的迫切需要,也是地方增值税分享由生产地原则改为消费地原则的技术基础。

二、消费地原则与当前我国的消费统计指标

已有文献在消费地原则的测算或改革方案设计中多使用"社会消费品零售

总额"（黄夏岚等，2012；杨帆等，2014；吕冰洋等，2015；刘怡等，2016），但是"社会消费品零售总额"难以准确反映消费的全貌。其他反映消费的指标，如居民消费支出、最终消费支出，在消费的衡量上也各有偏重、各有不足。本部分分析当前我国消费统计主要指标存在的问题，为支撑消费地原则的实施寻找现实基础。

（一）社会消费品零售总额

在各类消费统计指标中，"社会消费品零售总额"的应用最广。根据国家统计局的指标解释，"社会消费品零售总额"指企业（单位、个体经营户）通过交易直接售给个人、社会集团非生产、非经营用的实物商品金额，以及提供餐饮服务所取得的收入金额，被用于反映全社会实物商品的非生产方面消费情况。① 在统计方法上，"社会消费品零售总额"采用全面统计和抽样调查两种方法相结合。对限额以上②批发和零售业法人企业、个体经营户、其他行业附营的批发和零售业产业活动单位，以及零售连锁集团、亿元商品交易市场等资料采用全面调查的方法取得；对限额以下法人企业及个体经营户等资料采用抽样调查方法推算。

从指标内容和统计方法看，"社会消费品零售总额"以零售批发商为统计对象，能够涵盖居民、企业和政府部门的实物商品消费。实物商品消费在最终消费支出中占有较大比重，因此，使用"社会消费品零售总额"作为消费地原则下地方分享增值税的测算依据具有一定合理性。

但是，在服务消费部分，"社会消费品零售总额"仅包含餐饮（2019 年约占全部社会消费品零售总额的 11.35%）③，缺少对文化、医疗、教育、艺术、保险、金融中介、住房中介服务等服务消费、虚拟商品消费的考虑。近年来，随着服务业的快速发展，实物商品消费在最终消费支出中的比重不断下降，而服务消费比重持续上升。2020 年四个季度居民消费支出④中服务消费的占比累计值分别为 49.2%、49.3%、49.9%、50.1%⑤。因此，在服务消费快速发

---

① 国家统计局. 批发和零售业 [EB/OL]. (2019 – 12 – 02) [2021 – 01 – 30]. http：//www. stats. gov. cn/tjsj/zbjs/201912/t20191202_1713046. html.
② 限额以上单位是指年主营业务收入 2000 万元及以上的批发业企业（单位）、500 万元及以上的零售业企业（单位）、200 万元及以上的住宿和餐饮业企业（单位）。
③ 国家统计局. 中华人民共和国 2019 年国民经济和社会发展统计公报 [EB/OL]. (2020 – 02 – 28) [2021 – 02 – 03]. http：//www. stats. gov. cn/xxgk/sjfb/tjgb2020/202006/t20200617_1768655. html.
④ 此处的"居民消费支出"是作为 GDP 核算组成部分的最终消费中，与"政府消费支出"相对应的部分。它与下文提到的由住户问卷调查得到的"居民消费支出"是不同的指标。
⑤ 数据来源：国家统计局，http：//www. stats. gov. cn/，统计数据—数据查询—季度数据—国民经济核算—货物服务消费占比。

展、占比不断提高的当前和未来,如果使用"社会消费品零售总额"作为消费地原则下地方分享增值税收入的依据,可能使税收收入归属和各地的真实消费规模不匹配。改进消费统计指标,准确统计各类服务消费情况成为消费地原则实施的前提条件。

(二)居民消费支出

通常所称的"居民消费支出"或"人均居民消费支出"是指居民用于满足家庭日常生活消费需要的全部支出,既包括实物消费支出,也包括服务消费支出,分为食品烟酒、衣着、居住、生活用品及服务、交通通信、教育文化娱乐、医疗保健以及其他用品及服务八大类。①

虽然居民消费支出能够较好地反映居民的实物消费和服务消费,但是这一指标的统计仅限居民部门,缺少企业消费的内容。此外,由于其用支出衡量,且数据主要由问卷调查取得,在数据的准确性方面存在欠缺,难以完整反映居民的实际消费情况。例如,在医疗保健消费支出方面,没有包括国家财政为农村居民支付的新型农村合作医疗和医药费、社保基金为城镇居民支付的医疗和医药费以及行政事业单位职工享受的公费医疗和医药费,也不包括对间接计算的金融中介服务、保险服务和自有住房服务的消费支出(许宪春,2014)。因此,居民消费支出这一指标也难以成为消费地原则下地方分享增值税的依据。

(三)最终消费支出

最终消费支出是用支出法核算 GDP 时的一个重要部分,指常住单位为满足物质、文化和精神生活的需要,从本国经济领土和国外购买的货物和服务的支出。② 从 2011 年起,最终消费对 GDP 的贡献率一直保持在 50% 以上,个别年份甚至接近 70%。

作为核算指标,最终消费支出能够较为完整地反映各省消费的总体贡献,但是刘怡等(2019)指出,将"最终消费支出"用于消费地原则的测算可能存在误差大、易受人为因素影响的缺陷,而且最终消费包括居民消费和政府消费,其中政府消费除工资福利性支出、商品和服务性支出外,还包含固定资产折旧,能否将其全部作为消费地原则下增值税分享的基础,还需要细致深入探

---

① 国家统计局. 人民生活 [EB/OL]. (2019 - 12 - 02) [2021 - 01 - 30]. http://www.stats.gov.cn/tjsj/zbjs/201912/t20191202_1713055.html.
② 国家统计局. 国民经济核算 [EB/OL]. (2019 - 12 - 02) [2021 - 01 - 30]. http://www.stats.gov.cn/tjsj/zbjs/201912/t20191202_1713058.html.

讨。因此，当前的最终消费支出也不适宜直接作为消费地原则下"消费"的衡量指标。

三、改进消费统计指标，支撑增值税分享消费地原则实施

针对目前各消费指标的不足，我们建议在"社会消费品零售总额"指标的基础上加入服务消费的内容，调整为"社会消费品和服务零售总额"。以此为基础，我们测算了地方由按生产地原则分享增值税改为按消费地原则分享增值税对区域协调发展的影响。

（一）"社会消费品和服务零售总额"指标的构建

由于"社会消费品零售总额"以零售批发商为统计对象，在数据准确性和可靠性上优于以调查方式取得的"居民消费支出"。因此，新指标"社会消费品和服务零售总额"的构建以"社会消费品零售总额"为基础。针对"社会消费品零售总额"对服务消费统计不足的问题，本文使用住户调查数据"居民消费支出"中的服务消费部分进行补充。但是，考虑到"居民消费支出"的八大类（即食品烟酒、衣着、居住、生活用品及服务、交通通信、教育文化娱乐、医疗保健以及其他用品及服务）未能清晰划分出商品消费支出和服务消费支出，直接将若干种类算作服务消费支出会存在较大偏误。因此，我们使用国民经济核算公布的服务消费占比推算居民消费支出中的服务消费规模。

由于《中国住户调查年鉴》分地区全体居民消费支出表中公布的消费支出为人均值，我们使用各地常住人口数乘以该消费支出，得到各地"消费支出总额"；将各地的"消费支出总额"乘以国家统计局公布的国民经济核算季度数据——"居民消费支出中服务消费占比累计值"，得到各地"服务消费总额"。[①] 最后，将"服务消费总额"与"社会消费品零售总额"相加，得到新指标"社会消费品和服务零售总额"。使用2019年数据计算的各省份社会消费品和服务零售总额如图1所示。

---

① "居民消费支出中服务消费占比累计值"这一指标中的"居民消费支出"是GDP核算指标"最终消费支出"的构成部分，与住户调查中的"居民消费支出"不同，具体差异分析可见许宪春（2013，2014）相关研究。另外，由于国家统计局公布的"居民消费支出中服务消费占比累计值"是全国层面的，因此本文此处假设各地的服务消费占比相同。

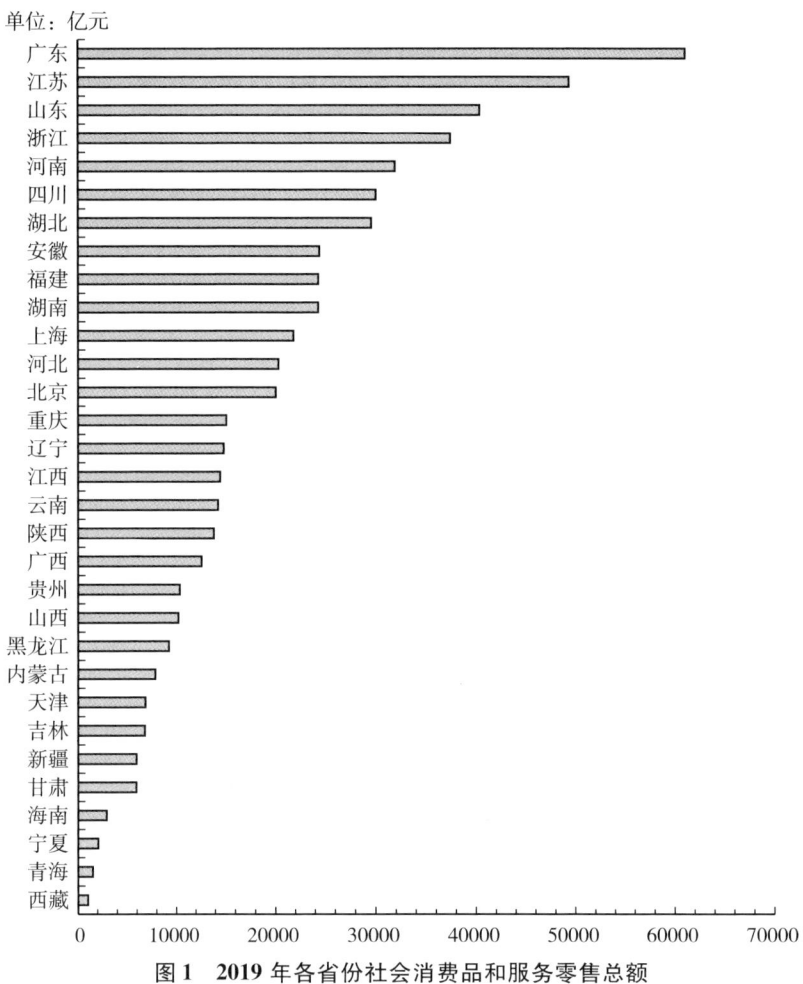

图1 2019年各省份社会消费品和服务零售总额

(二) 改革方案测算

根据前文分析,结合已有文献关于增值税征收原则和分享方式的研究,在消费统计数据完善的基础上使地方改按消费地原则分享增值税,可以有效缩小地区间财力差距,促进区域协调发展。本部分借鉴刘怡等(2016)对2019年地方分成部分的增值税收入按照各省份社会消费品和服务零售总额的占比重新划分,并考察新的分享方案与现有情形的差异。

为了直观展示消费地原则对生产地原则扭曲的修正，图2展示了按照各省份社会消费品和服务零售总额占全国比重计算的增值税收入与现行生产地原则下各地增值税收入占全国比重的比较情况，即消费地原则和生产地原则下各省份分享的增值税收入在全国的占比比较。图2横轴由左至右按社会消费品和服务零售总额由高至低排序。从图2可以看到，广东、江苏、浙江、上海、北京、天津在消费地原则下分享的增值税收入，将明显少于目前在生产地原则下分得的增值税收入。因此，若采取消费地原则将显著改变地区间的横向收入分配关系，促进区域协调发展。

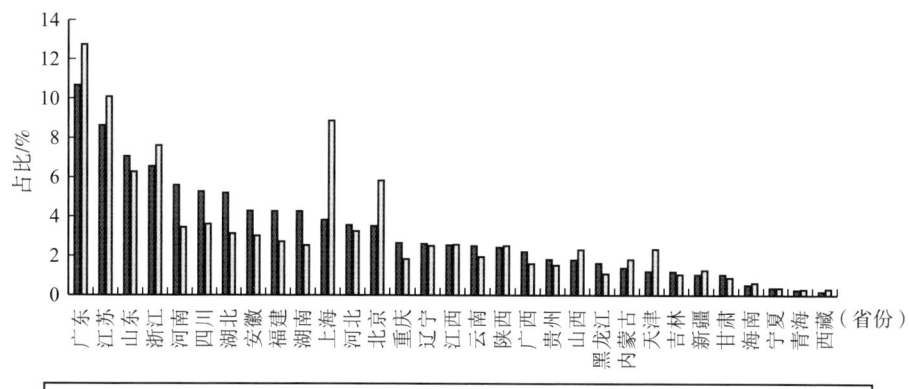

图2 消费地原则与生产地原则下各省份2019年增值税收入在全国的占比情况比较

图3展示了改为消费地原则后，各省份分享部分的增值税收入变化情况。从图3可以看出，河南、湖北、湖南、四川、福建、安徽、山东等16个省份从消费地原则中受益。这些受益省份多位于中西部和东北地区，经济欠发达、产业发展落后、财政压力大。经济发达、产业发展水平较高、税收收入较多的上海、北京、广东、江苏、天津、浙江等六个省份明显受到影响。由此，初步测算表明消费地原则可以缩小地区间的增值税收入差距，促进区域协调发展，也有助于激励地方政府转变发展思路，由以往的一味鼓励生产转向鼓励消费、促进当地消费增长。

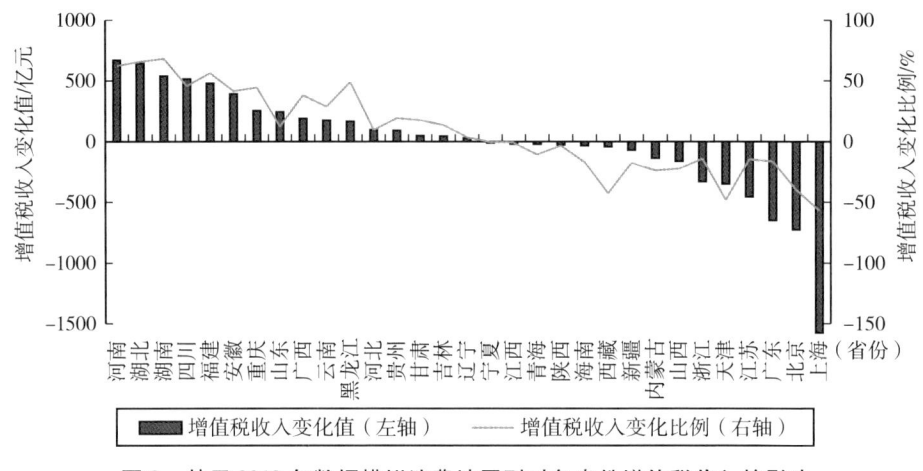

图3 基于2019年数据模拟消费地原则对各省份增值税收入的影响

四、进一步讨论

(一) 对"社会消费品和服务零售总额"指标的再思考

本文构建的"社会消费品和服务零售总额"在实物商品消费方面包括居民、企业和政府部门,但是受数据可得性所限,在服务消费方面,除餐饮服务外(因其在社会消费品零售总额的统计中),其他服务消费仅包含居民部门。可能存在的问题,一是存在对居民餐饮服务消费的重复统计,二是未能将企业和政府部门的服务消费纳入统计。

统计指标的完善和统计部门的工作配合能够有效实现对"社会消费品和服务零售总额"的准确统计。在实践中,北京市和上海市浦东新区已率先作出尝试。北京市自2017年开始率先以"总消费"代替"社会消费品零售总额"衡量实际消费水平,总消费由商品消费和服务消费组成,其中服务消费包含消费者在交通、邮政、住宿、居住、教育、医疗、信息、文化体育娱乐等多个服务性行业的消费开支,弥补了"社会消费品零售总额"不能全面反映服务消费贡献的问题。上海市浦东新区在2017年10月底正式发布了"社会消费总额"指标,在原先统计"社会消费品零售总额"的基础上新增"服务性消费总额",用以反映浦东新区真实的消费规模、结构和速度。因此,北京市和上海市浦东新区的实践表明,将服务消费纳入"社会消费品零售总额"的统计在操作中切实可行,能够全面反映商品消费和服务消费情况,支撑其作为地方参与增值税分享的依据。

（二）数字经济对消费统计的新挑战

增值税分享由生产地原则改为消费地原则还需关注数字经济的影响。当前，数字经济发展已经深度改变了传统经济形态和价值创造过程，对居民的消费内容、消费结构、所消费产品和服务的质量、消费方式等方面产生了根本性的影响，例如对数字产品服务的消费、线上消费等。特别地，数字经济还催生了一系列新的业态，如直播带货、在线教育、互联网医疗、共享生活等。根据许宪春等（2020）的测算，2008—2017年，中国数字经济增加值的年均实际增长率达14.43%，明显高于GDP的年均实际增长率8.27%，数字经济在推动经济增长方面的作用十分突出。然而，中国数字经济统计研究明显滞后于数字经济发展实践（陈梦根等，2020；关会娟等，2020），这种滞后也制约了作为消费地原则实施基础的准确的消费统计。本文认为，数字经济对当前消费指标体系的挑战主要体现在以下几个方面。

一是数字经济使更多自然人参与经营活动，导致现有消费统计体系难以覆盖这些新业态新模式下的消费。例如大量存在的微商、直播带货等自然人借助互联网平台销售产品的C2C模式下，许多个人经营者没有工商和税务登记，其销售也不会被统计在社会消费品零售总额中。同时，数字经济引发的新业态新模式，也给产品如何在现有的消费统计体系下进行确认带来挑战。例如施凤丹等（2019）指出，顺风车使原本作为消费品的私家车具备了投资品的属性，GDP核算时将这些轿车作为消费品处理还是作为投资品处理就存在争议，共享住宿、知识分享等也存在类似问题。

二是数字经济下的消费形式多样化，"免费"的产品和服务消费难以统计。数字经济发展使得许多个体成为内容提供者，可以将其作品（产品）上传至网络平台，而消费者通过移动终端完成消费行为。除付费内容和付费会员外，一般消费者在网络平台上的消费行为并不直接支付对价，而是以授权平台获取消费者个人的账号基本信息、登录时间和频次、位置、浏览记录等数据信息为前提，消费者同意平台的"隐私条款"后，即可免费使用平台提供的数字产品或服务。平台方基于一定的技术和算法对数据进行收集、加工、处理，形成具有商业价值的信息，而广告商基于这些信息支付广告费、向消费者随机或定向推送商品或服务广告。以短视频为例，《2020年中国网络视听发展研究报告》显示，截至2020年6月，我国短视频用户规模达8.18亿，占网民整体的87%，短视频应用人均单日使用时长为110分钟。① 与短视频消费的快速增长相对应，视频平台的广告收入也迅速增加，根据《2020中国互联网广告数据报告》，2020年视频平台广告收入较上年增长64.91%，达903.53亿元，其中短视频广告增幅达106%。② 由此可见，消费者看似免费的消费行为，实则创造了大量价值。如果能够对这部分规模大、增长快、与居民生活紧密相关、地理分布更为分散的消费进行量化和统计，不但能够准确反映消费情况，而且有助于通过增值税分享的消费地原则促进区域均衡发展。

三是数字经济导致的生产集聚给消费地点的确定和消费额归属地的划分带来挑战。随着互联网技术的发展、交通基础设施的完善、物流效率的提升，网络购物规模不断扩大，电子商务企业和电子商务消费者在地理空间上的分离加剧（刘怡等，2019）。对于在线教育、网络游戏等在线服务，这种地理空间上的分离更加突出。在当前的消费统计体系下，对于产品销售方或服务提供方与消费者所在地不同的情况，"社会消费品零售总额"指标中，这笔消费记在销售方所在地，而居民消费支出则会将其记在消费者所在地，出现同一笔消费在不同指标下归属地不同。图4使用2019年各省份数据，以横轴表示居民人均消费支出，可以大致理解为根据消费地统计的消费情况；纵轴表示社会消费品零售总额，可以认为是根据销售地统计的消费情况。因此，各省份在图4中的相对位置可以在一定程度上反映该省的销售和消费情况。例如广东省，其社会消费品零售总额排全国第一，而居民人均消费支出排在上海、北京、浙江、天津之后，表明广东省按照生产地的统计排名高于其按照消费地的统计排名。类似地，河南、山东、江苏、四川、湖北等省份，按照销售地统计的社会消费品零售总额排名明显高于其按照消费地统计的居民人均消费支出排名；而青海、西藏、宁夏、海南、天津则相反。这表明消费统计方式直接影响消费额的归属地，进而影响各地经济核算，以及基于经济核算的共享税地方分成部分归属地确认。随着数字经济和经济数字化的发展，生产集中的趋势不断加强，如果不能在消费统计方面做出调整适应这种变化，则可能导致税收收入划分与经济活动发生背离，甚至扭曲地方政府在经济发展过程中的激励和反馈，不利于区域协调发展目标的实现。

---

① 网络视听用户规模超9亿 娱乐需求持续转移线上［EB/OL］．(2020-10-12)［2021-02-27］．http：//www.gov.cn/xinwen/2020-10/12/content_5550753.htm.
② 国家市场监督管理总局广告监督管理司．2020中国互联网广告数据报告［EB/OL］．(2021-02-14)［2021-05-10］．http：//www.samr.gov.cn/ggjgs/sjdt/gzdt/202101/t20210114_325214.html.

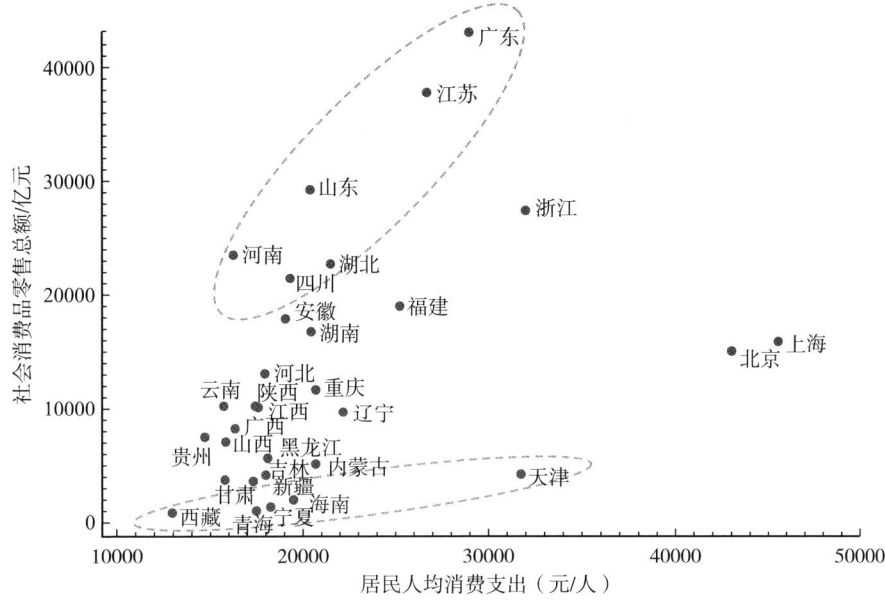

图4 2019年分地区社会消费品零售总额与居民人均消费支出

五、政策建议

根据对当前消费统计指标和体系存在问题的分析，以及基于新消费指标测算的增值税地区间分布格局，本文提出以下建议，以期完善我国的消费统计指标体系，推动增值税分享由生产地原则向消费地原则转变，促进区域均衡发展。

短期内，加强对服务消费的统计工作，在"社会消费品零售总额"的基础上构建"社会消费品和服务零售总额"指标，为增值税分享由生产地原则向消费地原则转变提供数据基础。随着居民消费由实物型向服务型转变，传统的"社会消费品零售总额"在反映消费的规模、结构、变化等方面的不足日益凸显，若将其作为增值税分享的数据基础，服务消费必须被准确纳入。鉴于北京市和上海市浦东新区已分别作出尝试，可将北京市和上海市浦东新区的实践经验加以总结，逐步推广至全国，不但能够完善当前的消费统计指标，而且能够更好地成为支撑增值税分享向消费地原则转变的基础。

从长远来看，需加快推进对数字经济如何影响消费的深入研究，将与数字经济新业态新模式相关的商品和服务消费纳入统计体系，并清晰划分消费额的归属地。2021年5月，国家统计局公布了《数字经济及其核心产业统计分类（2021）》，可参考这一分类，对相关领域的新业态新模式进行梳理归类，准确纳入"社会消费品和服务零售总额"的统计范围。同时，随着新业态新模式的不断涌现，还需建立行业分类动态调整机制，保证对数字经济下新消费的准确全面统计。此外，还需对每一笔消费额明确归属地，从而保证其作为增值税分享基础的合理性和准确性。

通过完善消费统计，推动地方按消费地原则分享增值税收入，促进区域协调发展。随着数字经济的快速发展，当前地方按照企业注册地、产品销售地分享增值税的弊端日益突出，特别是其对于生产投资的过度激励和对消费基础性作用的长期忽视，一定程度上加剧了地区间发展的不平衡，迫切需要由传统的"生产地原则"向"消费地原则"转变，而准确的消费统计是"消费地原则"得以实施的基本前提。此外，消费对经济增长的贡献不断提高，消费的重要性越来越受到关注，也为增值税分享方式由生产地原则转向消费地原则提供了现实支撑。根据商务部的统计，2019年我国消费对经济增长的贡献率为57.8%，拉动GDP增长3.5个百分点，连续6年成为经济增长的第一拉动力[①]。第十三届全国人民代表大会第四次会议批准的《中华人民共和国国民经济和社会发展第十四个五年规划和2035年远景目标纲要》指出，"全面促进消费""增强消费对经济发展的基础性作用"。这是立足新发展阶段、贯彻新发展理念、构建新发展格局、深入实施扩大内需战略的迫切要求，也是坚持以人民为中心的发展思想、满足人民日益增长的美好生活需要的应有之义。在我国促进消费体制机制不断完善之时，推动消费统计体系完善，有助于推动增值税收入的地区间分布更加合理，促进地方政府转变发展思路、促进区域经济协调发展、推动民生福祉达到新水平。

作者单位：北京大学
中央财经大学

---

① 消费连续6年成为中国经济增长第一拉动力[EB/OL].（2020-01-21）[2021-02-02]. http://www.xinhuanet.com/fortune/2020-01/21/c_1125490591.htm.

增值税减税、企业议价能力与创新投入[①]

谷 成 王 巍

本文以2016—2019年A股上市公司面板数据为样本,运用倾向得分匹配方法模拟自然实验,构建双重差分模型检验了2018年增值税税率下调对企业研发投入的影响。实证结果表明,增值税税率下调显著促进了企业的研发投入。作为一种商品税,增值税具有易于转嫁的特点,因而议价能力不同的企业,享受的减税红利并不一致——相对于议价能力弱的企业而言,议价能力强的企业在增值税税率下调之后能获得更多的减税红利,从而促进其创新投入。进一步分样本研究发现,相对于中西部地区企业而言,东部地区企业能享受到更多的减税红利;而非国有企业则比国有企业享受到更多减税红利。本文的研究结果意味着,在制定普惠性商品税减税政策时应充分考虑税负转嫁机制,发挥减税政策对创新驱动的激励作用,从而为深化增值税改革提供政策依据。

一、引言

当前,我国经济已转向"高质量发展"阶段,处于转变发展方式、优化经济结构、转换增长动力的攻关期。企业的科技创新是否顺利决定着我国能否实现经济增长动能的战略转型。研发创新具有高投入、高风险、高壁垒、高不确定性等特征,创新成果的外溢性和创新信息的不对称性使得融资约束成为影响企业创新的首要因素。在实践中,世界各国经常采用税收激励政策弥补创新过程中的市场失灵。现有文献深度探讨了税收政策对企业研发创新的影响。刘诗源等(2020)基于时间维度的异质性,从生命周期视角展开的研究发现,税收激励政策显著提高了企业的研发创新投入,但会因企业发展阶段不同而存在差异,具体表现为成熟期的企业受政策影响的效果要显著强于成长期和衰退期的企业。李维安等(2016)利用2009—2013年上市公司民营企业数据考察

[①] 本文原载于《财贸经济》2021年第9期,系国家社会科学基金重大项目"基于现代国家治理的税收理论体系创新研究"(18ZDA099)阶段性研究成果。感谢匿名审稿专家的宝贵意见,当然,文责自负。

了制度性环境特征对税收优惠政策实施效果的影响，指出制度性环境可能影响税收优惠政策对企业研发创新投入产生的正向激励效果。李林木和汪冲（2017）运用全国中小企业股份转让系统挂牌公司的年报数据分析了总体税负及直接税负、间接税负对企业创新能力的影响，发现三者与企业创新能力都呈显著负相关关系。Cai 等（2018）运用断点回归方法考察了 2002 年企业所得税征管范围改革，发现改革使企业所得税税率降低了 10% 左右，更低的税率显著提高了企业申请专利的数量和质量。Czarnitzki 等（2011）的研究表明，所得税优惠政策可以在专利和新商品开发等方面带来更多创新产出。

文献分析表明，已有研究主要集中于所得税对企业创新投入的影响，但在我国现行税制结构中，以增值税为代表的商品税仍占据主导地位。同时，近年来我国一直通过深化增值税改革激发市场活力，增强经济发展后劲，因此探讨增值税对企业创新投入的影响具有政策指导意义。再者，当企业面临针对特定行业、特定领域或其他非普惠性的高额税收优惠收益时，会更有兴趣谋求源于政府部门的"寻扶持"投资，而不是将资源用于提高企业自身的创新水平上。原因在于：一方面，研发操纵现象在盈利企业中更为显著；另一方面，在我国现行税收优惠政策中，研发费用加计扣除、免税收入、加计扣除以及固定资产加速折旧等所得税优惠政策都只针对特定群体，不具有普惠性。相比之下，增值税减税的普适性减弱了企业"寻扶持"行为的激励。因此，在减税降费背景下，探讨增值税税率下调对企业研发创新投入的影响可能更为重要。

值得注意的是，增值税具有商品税易于转嫁的特征。增值税税率下调在商品和劳务的交易过程中通过价格机制传递给相关企业，引导企业在按照政府调控目标进行生产经营活动的同时，基于自身议价能力的强弱追求经济利益的最大化。因此，在讨论增值税税率降低对企业创新投入的影响时，不能回避税负转嫁问题。在已有文献中，王桂军和曹平（2018）、刘行和赵健宇（2019）利用双重差分模型分别检验了营改增和增值税转型对于企业创新行为的影响，但二者都没有考虑增值税易于转嫁的特点，对于改革红利如何在议价能力不同的企业间分配及其对企业创新投入的影响，仍有待进一步探索。对于增值税税率下调政策而言，税负转嫁决定了减税红利由谁享受。企业的议价能力在很大程度上反映了供求弹性，进而对税负转嫁施加影响。本文从议价能力角度考察增值税税率下调对企业研发创新的影响，试图回答为什么在增值税税率下调之后，部分企业"获得感"不强的原因。

与既有文献相比，本文的研究特色主要体现在以下三个方面。首先，既有文献对税收政策影响企业创新的探讨大多围绕企业所得税展开，主要涉及研发费用加计扣除、固定资产加速折旧以及税率变化等政策要素，作用机制大多表现为通过改变现金流支出影响企业创新投入。本文以增值税税率下调对企业创新投入的影响为研究对象，拓展了目前理论界对影响企业研发创新的税制要素考察。其次，本文在探讨增值税税率下调对企业科技创新的影响时考虑税负转嫁因素，分析普惠性减税背景下，企业议价能力如何影响减税红利的分配，从而解释了减税降费政策实施过程中导致企业的"获得感"不同的原因。最后，现有文献研究增值税政策效应多采用双重差分模型（王桂军和曹平，2018；刘行和赵健宇，2019）。增值税政策作为外生的政策冲击，可以视为一个准自然实验，但由于增值税政策的制定往往并非随机的，因此仍可能存在选择偏差问题，使得增值税政策对企业创新投入的影响受到内生性的困扰。本文采用PSM-DID的方法模拟自然实验弱化了内生性问题，是对增值税政策评价企业创新投入影响相关研究的重要补充。此外，本文还进一步将企业性质和地区异质性纳入分析框架，深入挖掘增值税税率下调对企业创新投入的影响，以期为当下国家深化增值税改革提供政策依据。

二、制度背景、理论分析与研究假说

为减轻市场主体税负，国务院自2018年5月1日起，将制造业等行业一般纳税人适用税率由17%下调至16%，将交通运输、建筑、基础电信服务等行业及农产品等货物的一般纳税人适用税率由11%下调至10%；[①] 2019年将制造业等行业适用税率进一步降至13%，交通运输、建筑等行业适用税率降至9%。[②] 税率下调实实在在地降低了相关企业的增值税税负，其实质是"用财政收入的减法来换取企业效益的加法和市场活力的乘法"。[③] 既有文献表明，增值税减税能够明显激励企业进入，提升企业价值，对我国经济具有积极效应。但现有文献关于增值税税率下调对企业研发创新投入影响的研究却极为有限。本文根据以下分析，提出了有待检验的理论假说。

一方面，在企业研发创新活动中，对于企业外部资金提供者而言，研发创新属于高风险、高投入活动。在高风险低收益的情况下，企业外部融资渠道通

---

① 详见《财政部 税务总局关于调整增值税税率的通知》（财税〔2018〕32号）。
② 详见《财政部 税务总局 海关总署关于深化增值税改革有关政策的公告》（财政部 税务总局 海关总署公告2019年第39号）。此项政策不会对后文的分析产生影响，原因在于：一方面，税率下调行业未发生改变，且税率变化方向均为下调，与本文所做研究呈同向变化；另一方面，尽管加计抵减政策增加了现代服务业和生活服务业企业的进项抵扣额度，但针对税率下调行业受到政策冲击的程度较小，依然可以通过双重差分模型来进行回归，不会对双重差分的结果产生影响。
③ 肖捷. 2018年减税降费三管齐下 将提高个人所得税起征点 [EB/OL]. [2018-03-07]. http://lianghui.people.com.cn/2018npc/n1/2018/0307/c418314-29852969.html.

常会失效，只能动用自有资金进行内源性融资。理论上说，增值税减税使企业因纳税而支出的现金流显著减少，从而增加了企业的可支配现金流。另一方面，企业的创新决策很大程度上由企业的领导者决定，而企业领导者活动又可分为生产性与寻租性两类。受时间和精力等条件的约束，企业家会为了谋求低成本的寻租收益，而牺牲掉更多的生产性创新行为。在企业用于发展的资源数量既定的情况下，如果寻租的边际收益较高或成本较低，企业领导者很可能会主动迎合政府的"干预之手"而减少创新投入。增值税税率下调的普遍适用性不但激励企业家从事生产性创新活动，而且减税之后节省下来的现金流还解决了企业研发创新内源性融资不足的问题，为企业研发失败提供了备用金，从而对研发创新活动产生积极影响。

由此，我们提出本文的假设1：在其他条件不变的情况下，增值税税率下调能够显著促进企业研发投入的增加。

进一步分析发现，既有研究普遍认为增值税的最终承担者是消费者，因此增值税税率下调后，市场上产品的预期价格会降低，产生刺激消费和拉动经济增长的效应。然而，实践中许多产品的价格并没有随着增值税税率的降低而降低，增值税税负变动相对于经营业绩变动存在黏性现象，即营业利润同比上升时，增值税税负上升的幅度显著高于营业利润下降时增值税税负的下降幅度。这种非对称性表明企业间分享了减税红利，但较少承担税收增加的经济负担，因此研究企业间税负流转问题比研究企业与消费者个人之间的税负承担问题更有助于发现减税红利到底由谁享受。而企业间的税负分配与税负转嫁问题密切相关，企业能否真正缓解融资约束，享受增值税减税带来的现金流福利，也需要对税负转嫁问题深入探讨。不难看出，增值税税负在企业间的流转和分配主要取决于企业在产业链网络中的议价能力。在商品流通环节，增值税可以随上下游企业的销售（采购）价格的变动实现向上下游企业转嫁。在转嫁过程中，企业的议价能力则决定着是由本企业向上下游企业转嫁还是接受其他企业的转嫁——如果企业针对上游企业的议价能力较强，则可以通过压低供应商的采购价格实现转嫁；同理，针对下游企业则可以通过抬高对客户的销售价格实现转嫁。在实际的生产经营活动中，合同的签订通常基于含税价格，因而增值税税率的降低使得议价能力强的企业可以通过压低投入品的不含税价格或者提高产出品的不含税价格来享受更多的减税红利。当企业从事生产性活动时，研发费用的投入有助于使其创造出与其他同类商品相区别的独特性商品，商品独特性增加了客户的依赖程度，同时也提高了企业自身的议价能力。因此，企业在享受减税红利之后，更愿意将因取得减税红利而节省下来的现金流投入研发活动中,通过提高研发能力改善企业自身的议价能力。据此,我们提出本文的另外两个待检验的假设。

假设2:相对于供应商议价能力弱的企业而言,供应商议价能力强的企业,在增值税税率下调后,其研发投入受政策的影响更显著。

假设3:相对于客户议价能力弱的企业而言,客户议价能力强的企业,在增值税税率下调后,其研发投入受政策的影响更显著。

三、研究设计

本文的实证分析旨在识别增值税税率下调对企业创新投入的因果性影响,令 $Indus_i \in \{0,1\}$ 表示各行业的企业是否享受了增值税税率下调政策;$RDintensity_{it}$ 表示企业的研发投入强度。本文考察的是下调增值税税率对处置组的平均处理效应,即:

$$ATT \equiv E\{RDintensity_{i1} \mid Indus_i = 1\} - E\{RDintensity_{i0} \mid Indus_i = 1\} \quad (1)$$

其中,$E\{RDintensity_{i0} \mid Indus_i = 1\}$ 为反事实结果,可利用未下调增值税税率的结果变量的均值加以度量。由于增值税税率下调改革并非随机的,因而可能存在选择偏差问题。同时,为防止因未能较好地控制潜在不可观测变量的影响而导致的偏差,本文基于 PSM – DID 方法进行稳健估计,具体模型设定如下:

$$RDintensity^{psm} = \alpha_0 + \mu_i + \lambda_t + \beta policy_{it} + \eta X_{it} + \varepsilon_{it} \quad (2)$$

其中,μ_i 为公司层面的固定效应,用于控制公司层面的不变因素对企业创新的影响;λ_t 为一组年度虚拟变量,用于控制时间因素对企业研发投入的影响;$Policy_{it}$ 用于检验增值税税率下调对企业研发投入的影响;X_{it} 则为一组控制变量,用于控制公司层面随时间变化的因素对企业研发投入的影响。

(一)样本选择与数据来源

本文的初始样本为 2016—2019 年间的 A 股上市公司,并执行了如下筛选程序:①删除金融类上市公司,因为这部分上市公司的财务报表制度具有独特性。②删除在样本期间内被特别处理的上市公司(ST,ST*),原因在于这部分上市公司已连续亏损两年至三年,财务状况较差,不能反映企业经营过程中的税负水平。③删除上市时间为 2017 年以后的企业。④删除资产负债率大于 1 的公司。⑤删除企业增值税税负小于 0 或者大于 1 的公司。⑥删除行业分类为综合的公司,以减少复合税率对本文中行业分组的影响。以上筛选过程和现有文献的筛选程序基本一致。筛选后共得到包含 2672 家上市公司的 10688 个观察值。最后，本文对所有涉及的连续变量在1%和99%水平上进行了缩尾，以消除异常值影响。文中2016—2018年的增值税名义税负数据来自CNRDS数据库，附加税和附加税税率数据来自CSMAR数据库，其余数据均来自WIND数据库。

（二）变量定义

1. 被解释变量。

本文以企业研发支出强度作为被解释变量，将其定义为"研发支出总和/营业收入"。① 此外，本文未使用发明专利数量作为衡量企业研发行为的指标，基于以下两方面的考虑：一方面，增值税减税对企业研发行为施加影响的最主要路径是通过缓解企业融资压力，释放更多的现金流供企业支配，故而采用研发投入指标加以衡量更为直接，对因果效应的识别也更加科学；另一方面，影响企业发明专利数量的因素过于复杂，企业投入资金开展研发活动后，最终不一定能形成发明专利，而专利数量的增加也不能完全归因于创新投入的增加。综上，采用研发支出总和除以当期销售收入进行标准化后的指标衡量企业研发行为，可使得减税后适用不同增值税税率行业的企业之间更加具有可比性。

2. 解释变量。

（1）为度量增值税税率下调的影响，我们设置了一个虚拟变量 $Policy$，用以反映政策冲击带来的变化，在本文中即增值税税率下调导致的企业研发投入变化。按照证监会行业分类，将2018年改革中涉及增值税税率下调的行业，包括制造业、交通运输业、建筑业等行业中的企业设置为1；将生活服务业、现代服务业等税率未下调行业中的企业设置为0。当样本年度为增值税减税政策实施年度（2018）之后时取1，否则取0。如果 $Policy$ 系数为正，即表明增值税税率下调促进了企业研发投入的增加。

（2）企业的议价能力在很大程度上取决于自身与相关企业的依赖程度。一家企业的采购额（销售额）越集中来源于一家或少数几家上下游企业，则该企业对其上下游企业的依赖程度就越大，自身议价能力也越低，因而采购（销售）集中度可以间接反映企业的供应商（客户）议价能力。借鉴童锦治等（2015）的方法，本文采用样本年度上市公司年报中披露的"从前五大供应商

---

① 本文未采用现有文献中"研发费用总和/资产总额"指标，主要原因有二：第一，资产总额不仅涵盖了流动资产，还包含固定资产、在建工程以及其他长期资产等。在一些上市企业中，资产规模并不大。在这些轻资产企业中，研发投入的占比反而很高，比如研发和技术服务企业，从而使资产总额并不能充分反映企业的真实规模。第二，研发投入属于时期指标，资产总额属于时点指标，营业收入属于时期指标，采用时期指标与时期指标的比值更恰当。

处采购份额占企业采购总份额的比例"以及"在前五大客户处销售份额占企业销售总份额的比例"来衡量企业的供应商议价能力和经销商议价能力，占比越大，议价能力越弱。

3. 控制变量。

我们控制了一些可能对企业研发投入行为产生影响的因素，包括：增值税名义税负（Tax Burden）、流动比率（CR）、成长性（Growth）、资产负债率（Leverage）、研发人员数量占比（Dstaff）、投入资本回报率（ROIC）、盈利能力（ROE）、营业收入（Lnrevenue）以及公司规模（Size）等。其中，2019年的增值税名义税负无法在各类数据库中获得，需要进行估算。本文参考童锦治等（2015）的做法，使用地方教育附加、教育费附加和城市维护建设税及三者对应的附加率和税率逆推获得增值税税额。表1为各个变量定义。

表1 变量定义

变量符号	变量名称	变量描述
RDintensity	研发支出强度	研发支出总和除以营业收入
Policy	年份和政策行业交乘项的值	生活服务业、现代服务业的企业为0，享受增值税税率下调政策的企业为1，2018年及之后年份取1，2018年之前取0
TaxBurden	增值税名义税负	实际缴纳增值税税款除以营业收入
Supplier	供应商议价能力	前五大供应商采购份额占比
Customer	客户议价能力	前五大客户销售份额占比
CR	流动比率	流动资产总额和流动负债总额之比
Growth	净利润增长率	（当年净利润 – 上一年净利润）/上一年净利润
Leverage	资产负债率	资产负债率 = 负债总额/资产总额 × 100%
Dstaff	研发人员数量占比	研发人员数量占员工总数的百分比
ROIC	投入资本回报率	息前税后经营利润/总资本
ROE	盈利能力	净利润与净资产的比值
lnrevenue	营业收入	公司披露的营业收入的对数
Size	总资产	公司披露的总资产的对数

四、实证结果

(一) 倾向得分匹配

本文根据增值税税率是否下调进行配对,将涉及增值税税率下调的样本企业作为处理组,将不涉及增值税税率下调的样本企业作为控制组。本文同时进行了最近邻匹配、核匹配和半径匹配,三种方法匹配后,处理组和对照组的可观测变量分布变得均衡,且从均值 T 检验的值可知不存在显著性差异。为了获得最佳的匹配效果,在通过 Logit 进行模型估计获得控制组和处理组的倾向性得分后,本文采用 1∶2 最近邻匹配法,按照相同年份的原则,为每个涉及增值税税率降低政策背景的企业进行匹配。经过匹配之后,处理组和控制组的偏差值均远远小于 20%。① 另外,从图 1 中也可以明显看出,匹配后的样本偏差相对于匹配前变得更小,总体上差异不大。综上所述,说明得分匹配的效果较为理想。

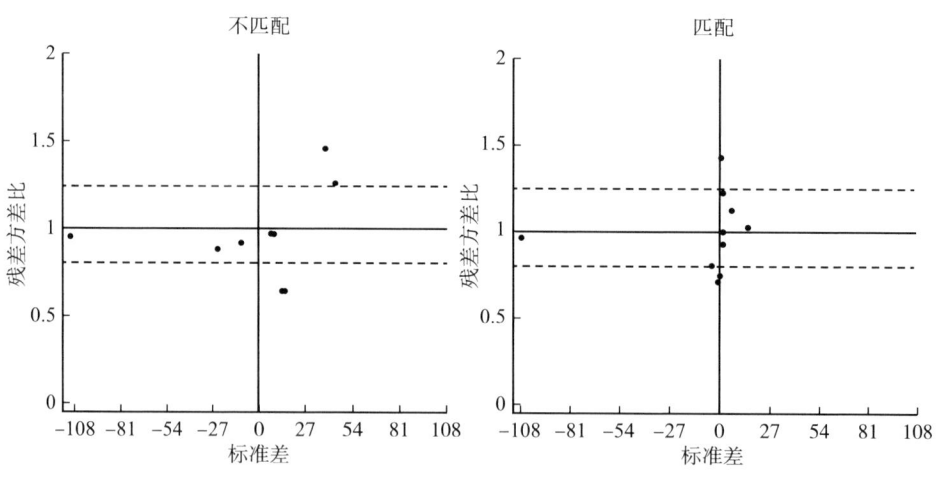

图 1　匹配前后样本偏差对比

(二) 回归结果

表 2 第 (1) 列报告了增值税税率下调对企业研发投入的影响。可以发

---

① Rosenbaum 和 Rubin (1983) 指出,当匹配变量的标准偏差值的绝对值大于 20 时可认为匹配效果不好。

现，增值税税率下调对企业研发投入的影响在1%的水平上显著且系数为正，这表明增值税税率下调后，企业研发投入显著提高，假说1得以验证，即增值税税率下调能够显著促进企业加大研发投入；表2第（1）列中供应商议价能力和客户议价能力的符号均为负，主要是因为本文采用前五大供应商采购份额占比代表供应商议价能力，供应商采购份额占比越高，企业的议价能力越弱，因此系数为负。客户议价能力系数为负的原理与之相同。

本文参考童锦治等（2015）的方法，将供应商议价能力和客户议价能力都按均值分为高低两组，进一步验证了议价能力对企业研发投入的影响。对比表2第（2）、（3）列结果可以看到，当企业的供应商议价能力相对较高时，增值税税率下调对企业的研发投入影响显著为正，而对供应商议价能力较低的企业并没有显著影响。主要原因在于每个企业在产业链中既充当供应商的角色，也扮演着客户的角色，增值税税率下调所带来的政策红利能够被供应商议价能力较强的企业所"守住"，甚至去"侵占"供应商的政策红利，而供应商议价能力较弱的企业的政策红利则被上游企业所"吞噬"。税率下降给企业可支配现金流带来的影响有三种：减少、不变和增加。可支配现金流的减少和不变不会导致企业研发投入的增加，而增加会缓解企业内源性融资约束，进而促进企业研发投入的增加（刘行和赵健宇，2019）。结合 Policy 所在行的结果可以发现，议价能力强的企业能够享受更多的政策红利。同理，对比表2第（4）、（5）列的结果，也可以在客户议价能力方面得到相同的结论，即对于客户议价能力较强的企业而言，税率下调对其研发投入的影响更加显著，从而使假设2和假设3得以验证。上述分析解释了为什么在实施增值税减税政策之后，有的企业的税负并没有随着税率的降低而降低。

表2　　　　　　　　　增值税减税对企业研发投入的影响

变量	全样本（1）	供应商议价能力低于均值的企业（2）	供应商议价能力高于均值的企业（3）	客户议价能力低于均值的企业（4）	客户议价能力高于均值的企业（5）
Policy	0.544*** (0.210)	0.504 (0.418)	0.617** (0.264)	0.630 (0.405)	0.477* (0.260)
Supplier	−0.011* (0.006)				
Customer	−0.022*** (0.008)				

续表

变量	全样本（1）	供应商议价能力低于均值的企业（2）	供应商议价能力高于均值的企业（3）	客户议价能力低于均值的企业（4）	客户议价能力高于均值的企业（5）
控制变量	YES	YES	YES	YES	YES
公司固定效应	YES	YES	YES	YES	YES
年份固定效应	YES	YES	YES	YES	YES
样本量	2237	890	1347	785	1452
Within R^2	0.182	0.198	0.216	0.225	0.209

注：***，** 和 * 表示系数在1%，5%和10%水平显著；括号内数值为对应变量估计系数的标准误。

五、异质性分析和稳健性检验

（一）异质性分析

1. 地区异质性分析。

增值税税率下调具有普惠性，各地区企业之间很可能因为地区发展水平不同步而导致减税效果在地区间存在差异。为了进一步探究增值税税率下调对不同地区企业的税负影响差异，本文基于地区代表性和各地区企业样本观测值数量，将样本企业按省份归属地划分为中、东、西三个区域，① 并进行分样本回归。表3第（1）、（2）、（3）列回归结果表明，第（1）列中 Policy 的系数显著，而第（2）、（3）列不显著，说明东部地区企业的减税效果相对于中部地区和西部地区企业更明显，这与预期相符。产生这一结果的原因很可能是由于东部地区在区域发展中处于领先地位——一方面，这一地区的企业市场份额占比较大；另一方面，东部地区多数以技术密集型企业为主，无论企业的研发水平、市场化程度、制度环境、企业研发人员占比还是营商环境等都领先于以劳动密集型企业为主的中西部地区。综合上述两方面原因，东部地区企业相较于中部地区和西部地区的企业拥有更多"话语权"，在商业谈判中具有更多议价空间，从而导致东部地区的政策效果比中西部地区更加显著。

---

① 东部地区：北京、天津、河北、辽宁、上海、江苏、浙江、福建、山东、广东、海南；中部地区：山西、吉林、黑龙江、安徽、江西、河南、湖北、湖南；西部地区：内蒙古、广西、重庆、四川、贵州、云南、陕西、甘肃、青海、宁夏、新疆。

2. 企业性质异质性分析。

为探索增值税税率下调对不同所有制企业影响的潜在异质性，我们将样本依据企业实际控制人属性划分为国有企业与非国有企业进行回归。对比表3第（4）、（5）列可以发现，增值税税率下调对非国有企业存在显著的研发投入激励作用，而对于国有企业而言则并不显著。究其原因，一方面，正如吴延兵（2012）通过对比不同产权性质企业在创新中的表现所发现的，国有企业的产权性质导致了其领导者行为具有短期化特征，其领导者追求的是任职期内个人政绩利益的最大化，而研发投入的高风险、高投入以及高不确定性很可能威胁其领导地位，从而影响了国有企业领导者的决策。相反，民营企业追求企业自身的长远发展和市场竞争力，为实现资本使用效益最大化，更乐于将减税红利投资于企业的研发。另一方面，国有企业比非国有企业更具政治优势，一旦遇到财务困难，更容易通过获得政府补贴等方式帮助其摆脱财务困境。因此作为采购商一端，国有企业具有更强的议价能力；而非国有企业的产品普遍比国有企业更具有市场竞争力，对于经营状况良好的企业，下游议价能力强，往往能获得更多的减税红利，且一些国有企业管理混乱，内部人控制、利益输送、国有资产流失等问题突出，① 在供应链中议价的主观能动性较差，从而使得增值税税率下调的减税红利即使有，也被产业链中的非国有企业所"侵占"。可见，不同所有制企业对于增值税税率下调的不同反应，也在一定程度上体现了不同议价能力的企业，在增值税税率下调后，享受到的减税红利并不一致。相对于自身议价能力弱的企业而言，议价能力越强的企业，其研发投入受税率下调的影响也越显著。

表3　　　　　　　　　　分样本的异质性分析

变量	地区差异性			企业性质差异性	
	东部地区（1）	中部地区（2）	西部地区（3）	非国有企业（4）	国有企业（5）
$Policy$	0.436* (0.237)	0.443 (0.503)	1.488 (0.928)	0.487** (0.247)	0.605 (0.394)
$Supplier$	−0.0178** (0.00723)	−0.0133 (0.0157)	0.0356 (0.0255)	−0.00648 (0.00739)	−0.0312** (0.0128)

---

① 详见《中共中央 国务院关于深化国有企业改革的指导意见》，中华人民共和国中央人民政府网，http://www.gov.cn//zhengce/2015-09/13/content_2930377.htm，2015年9月13日。

续表

变量	地区差异性			企业性质差异性	
	东部地区（1）	中部地区（2）	西部地区（3）	非国有企业（4）	国有企业（5）
Customer	-0.0200** (0.00854)	-0.0479* (0.0261)	0.00139 (0.0317)	-0.0237*** (0.00910)	-0.00117 (0.0149)
控制变量	YES	YES	YES	YES	YES
公司固定效应	YES	YES	YES	YES	YES
年份固定效应	YES	YES	YES	YES	YES
样本量	1725	306	206	1697	540
Within R^2	0.174	0.510	0.284	0.186	0.248

注：同表2。

（二）稳健性检验

1. 平行趋势检验。

本文在实证部分采用了双重差分估计方法。为保证实证结果无偏，必须符合平行趋势假定，即在处理组与控制组中，解释变量对被解释变量的影响在政策实施前应呈现平行趋势。本文通过时间趋势图法（如图2所示）和事件研究法进行了平行趋势假定检验。两种方法均说明本文所采用的双重差分模型满足平行趋势假定。

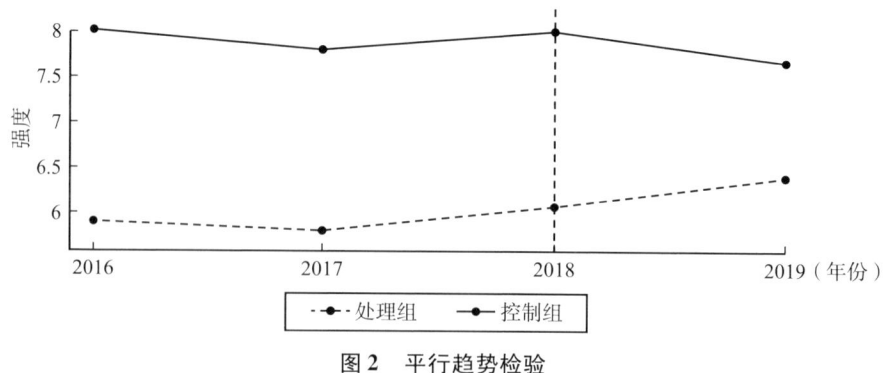

图2　平行趋势检验

2. 改变PSM匹配比例。

为避免因倾向得分方法的选择不同而导致估计结果不一致，本文通过改变

PSM 匹配比例进行稳健性检验。采取 Probit 模型估计，按 1∶1 比例进行有放回近邻匹配研究，结论保持不变。

3. 安慰剂检验。

为了进一步检验实证结果的稳健性，在以上稳健性检验的基础上，我们通过改变政策执行时间，利用反事实方法进行安慰剂检验。我们将样本时间提前 1 年，避开增值税税率下调的时点，人为设定一个税率下调时间节点，如果此时交互项并不显著为正，则说明企业研发投入的增加来自增值税税率下调。实证结果显示与前文分析一致。

六、结论与建议

如何在推动大规模普惠性减税的背景下，坚持把创新放在我国现代化建设全局中的核心位置，提升企业技术创新能力，鼓励企业加大研发投入，推动产业链上中下游、大中小企业融通创新是当前学术界和政府部门面临的新挑战。本文以 2016—2019 年 A 股上市公司面板数据为样本，实证检验了 2018 年增值税税率降低对企业研发投入的影响，结果表明：

（1）全样本来看，增值税税率降低显著促进企业研发投入；进一步研究发现，由于增值税具有易于转嫁的特点，议价能力不同的企业享受到的政策红利也不同——相比于议价能力弱的企业，议价能力越强的企业，在增值税税率下调后能获得的政策红利越多，其企业的研发投入受政策的影响也更显著。

（2）从地区层面看，受政策变化影响，东部地区企业的研发投入显著提高，而中西部地区企业所受影响并不显著。

（3）从企业性质上看，受政策变化影响，非国有企业研发投入显著提高，而国有企业所受影响并不显著。

本文的发现不仅有助于理解普惠性减税背景下企业间如何分配税收红利，也有助于进一步通过完善减税政策提高企业的"获得感"。为推动减税降费改革，鼓励企业加大研发投入，提升企业技术创新能力，基于上述结论，我们提出以下建议。

坚定减税降费大方向，充分认识降低增值税税负对于企业研发的积极影响，继续深化增值税改革，扩大增值税减税规模。增值税是商品税，营改增后贯穿于所有企业的采购、生产、销售等诸多流转环节。本文的研究表明，商品税在企业间供应链运转过程中容易产生企业间的价格"压榨"行为，"剥夺"了部分企业享受减税红利的权利，从而抑制了企业的研发创新行为。因此，在继续扩大增值税减税规模时，应考虑商品税在产业链中的转嫁问题，搭建数据分析平台，依靠大数据分析，有针对性地制定税收优惠政策，综合考量如何更好地优化减税红利在产业链上的分配，切实提高企业的"获得感"。

在实施普惠性减税的同时，针对发展缓慢的中西部地区企业推行差异化税收优惠政策。本文的研究表明，增值税税率下调后，东、中、西部地区企业政策红利分配并不公平，这也在一定程度上反映了目前我国区域发展不平衡已成为制约高质量发展的瓶颈。因此，在考虑通过财税政策鼓励企业增加创新研发投入时，应充分考虑税负转嫁问题，制定由中西部发展缓慢地区专享的税收优惠政策，鼓励各类企业在中西部地区设立科技创新公司，促进中西部地区创新创业高质量发展，缩小东、中、西部差距。

针对企业性质异质性，应强化民营企业创新主体地位，加大民营企业税收优惠力度，打破体制制度障碍，深化国有企业改革。一方面，民营企业在高新技术企业中的占比高达83%，[1] 已成为支撑我国科技创新的主力军，应充分发挥其主体作用。目前，政府部门为企业纾困解难，营造宽松健康营商环境，落实优惠政策，已经取得了一定成效。今后应继续切实解决民营企业面临的困难，构建健康营商环境，完善融资支持创新体系，搭建政企交流平台，开启民营企业维权通道，充分发挥民营经济在创新驱动发展中的引领作用。另一方面，针对国有企业研发投入动力不足问题，应继续深化国有企业改革，引入社会资本进行公司制股份制改革，按照市场化要求实行商业化运作，完善领导层考核体系，通过增加企业研发创新考核指标，提升企业市场竞争力。

作者单位：东北财经大学

---

[1] 详见《中国民营科技促进会高新技术企业分会成立大会暨第一届第一次会员大会在京召开》，中国民营科技促进会官方网站，http://www.cappse.org.cn/site/content/816.html，2019年9月6日。

企业税负与经济发展

姚立杰

近年来，我国减税降费力度不断加大。减税降费的初衷即减轻企业负担，增强企业活力，进而促进经济发展。然而，是否所有减税降费均能促进经济发展呢？为此，本文实证检验了企业税负对经济发展的影响，研究发现企业税负水平与经济发展显著负相关，表明总体上减税降费促进了区域经济发展，研究还发现税负水平对经济发展主要通过影响"三驾马车"中的投资而实现。然而，本文并未发现企业收到的税费返还或企业所得税税负水平与经济发展显著相关，这表明增加企业收到的税费返还或者降低企业所得税税负水平并不能达到显著促进区域经济发展的目的。本文还发现企业平均支付的各项税费或企业流转税税负水平与经济发展显著负相关，这表明降低企业平均支付的各项税费或者企业流转税税负水平可以促进区域经济发展。此外，本文还发现在减税降费背景下，企业主要通过提高营业利润和增加创新投入两方面积极影响区域经济发展。最后，本文还进行了一系列稳健性检验，包括采用变化值回归、工具变量法、格兰杰因果关系检验等，研究结果依旧稳健。

一、引言

近年来，我国减税降费的力度空前。减税降费的目的何在？减税降费为的是减轻企业成本，激发企业活力，让企业轻装上阵，进而促进经济发展。然而是否所有减税降费都能达到促进经济发展的效果呢？哪些减税降费更能够促进经济发展，而哪些减税降费却不会达到促进经济发展的目标呢？此即本文试图回答的主要研究问题。

本文以各省、自治区和直辖市（以下简称省）年度数据为研究样本，实证检验了各省税负水平对经济发展的影响。为了综合考虑法定税率、税收优惠政策、税收政策执行、企业税收筹划等因素对企业税负水平的影响，本文以各省上市公司年度总体税负水平的加权平均值测度该省年度税负水平。考虑到不少上市公司会收到税费返还，为此本文采用实际支付的各项税费净额测度总体税负水平，即实际支付的各项税费净额等于支付的各项税费与收到的税费返还之差。

本文研究发现，总体税负水平与经济发展显著负相关，这表明各省企业税负水平越高，经济发展越缓慢。针对税负水平各子成分对经济发展影响的研究发现，平均支付的各项税费和流转税税负水平与经济发展显著负相关，说明平均支付的各项税费或者流转税税负水平越高，经济发展越缓慢，因此降低支付的各项税费或流转税税负水平可以促进该省经济发展。但研究并未发现企业收到的税费返还和企业所得税税负水平与经济增长显著相关，这表明提高企业收到的税费返还或者降低企业所得税税负水平并不能达到显著促进经济发展的目的。

本文的研究贡献主要体现在如下方面：

第一，本文是国内首篇大样本实证检验各省税负水平对经济发展影响的文章。已有研究多集中在规范性地探讨税负水平对经济发展的影响，然而却鲜有研究大样本实证检验税负水平对经济发展的影响。在仅有的为数不多的实证研究中，大多是针对个别税种，诸如增值税对经济发展的影响（申广军等，2016）等，缺少较为全面的实证研究。

第二，与以往研究不同的是，本文对税负水平的测度并不局限在企业所得税，而是囊括企业实际负担的各项税费，测度的是企业实实在在的税费现金净流出金额。现阶段，我国仍以流转税为主体税种，因此仅关注企业所得税，而忽视其他实体税种，势必会以偏概全。

第三，本文不仅探究总体税负水平对经济发展的影响，还将总体税负进行了分解，分别探究税负水平的各子成分对经济发展的影响，以探讨如何才能更加科学地减税降费，为政府制定减税降费政策提供政策性建议和意见。

第四，研究税负水平对经济发展影响的一大挑战是可能存在的内生性问题，尤其是可能存在的因果互置问题，为此本文进行了格兰杰因果关系检验，以验证税负水平是否是经济发展的格兰杰原因。格兰杰因果关系检验结果表明，税负水平是经济发展的格兰杰原因，反之在很多情况下经济发展并非税负水平的格兰杰原因。

第五，本文还进一步检验了税负水平对经济发展的作用渠道，研究结果表明降低税负水平主要通过增加企业经营收益和提高企业创新投入两个渠道积极作用于经济发展。

本文的结构安排如下：第二部分是文献回顾和研究假说，第三部分是研究设计，第四部分是样本选择和描述性统计，第五部分是实证检验结果，第六部分是稳健性检验结果,第七部分是基于企业层面的作用机制分析,最后是研究结论。

二、文献回顾和研究假说

有关企业税负水平对宏观经济是否有影响以及具有何种影响,现有研究并未达成一致性结论(Angelopoulos 等,2007;Huang 和 Frentz,2014;Shevlin 等,2019)。一些研究认为,长期来看,较高的税率会降低国家产出水平与经济增长(Marsden,1983;Scully,1995;Zou,1996;Karras,1999;张伦俊,2001;Hassett 和 Hubbard,2002;岳树民和安体富,2003;吴美华,2005;刘军,2006;郭庆旺等,2007;郭庆旺和贾俊雪,2009;Leigh 等,2010;Man 等,2011;李青原等,2019)。Romer 和 Romer(2010)研究了战后美国税收水平变化对经济活动的影响,发现税收占 GDP 的比重每增加 1%,实际 GDP 将会降低 3% 左右。刘海庆和高凌江(2011)基于中国情景的面板数据模型,对我国 1994 年至 2009 年 30 个省份的税收负担与经济增长数据进行实证分析,结果也表明尽管税收负担与经济增长之间存在着双向、复杂的互动关系,但总的来说税收负担的增加对经济增长产生了抑制作用。

从不同税种来看,Leibfritz 等(1997)和 Arnold 等(2011)以 OECD 国家为研究样本实证检验发现,无论是企业所得税、个人所得税,还是消费税、财产税等,企业的税收负担越重,经济增长越缓慢,且这主要是由于税收负担对于生产率和投资的抑制作用所导致。然而,部分学者认为,企业所得税对经济增长的影响程度更大(Lee 和 Gordon,2005;李绍荣和耿莹,2005;王维国和杨晓华,2006;Johansson 等,2008;李心源,2011;沈坤荣和余红艳,2014;Macek,2015;吕炜和邵娇,2020)。Dahlby 和 Ferede(2012)以加拿大数据为研究样本,Canavire - Bacarreza 等(2013)以拉美国家数据为研究样本,Mertens 和 Ravn(2013)以美国数据为研究样本,均发现企业所得税税率越高,对经济发展的负面影响越强。同时,也有学者认为,流转税对于经济增长的影响程度更大(李俊英和苏建,2013;张荐华和禄晓龙,2013)。申广军等(2016)利用 2009 年增值税改革的政策冲击研究发现,降低增值税有效税率不仅可以提升短期总需求,还可以在长期内改善供给效率,有利于促进经济稳定发展。

然而与上述研究认为企业税收负担会减缓经济增长不同的是,一些研究认为税收激励并非刺激经济发展的有效手段,即并未发现税收政策对经济发展具有显著影响(Harberger,1964;Engen 和 Skinner,1996;杨中全等,2010;赵志耘和杨朝峰，2009）。Easterly 和 Rebelo（1993）认为一旦控制一国初始收入水平后，并未发现税率会影响经济发展。

类似地，在考虑税负与经济发展的相互作用下，Agell 等（1997）发现一国总体税负与经济发展关系并不显著。此外，Wang 和 Yip（1992）以中国台湾数据为研究样本，Stokey 和 Rebelo（1995）以美国数据为研究样本，Mendoza 等（1997）以 18 个 OECD 国家数据为研究样本，Myles（2000）以英国数据为研究样本，均未发现税收对经济增长具有显著影响。甚至还有一些研究认为税负水平与经济发展呈显著正相关的关系，即税负水平越高，经济发展越快（Widmalm，2001；Angelopoulos 等，2007；张晓宇和贾康，2020）。同时，也有研究发现不同种类税费对经济发展的作用不同（刘溶沧和马拴友，2002；郭庆旺和吕冰洋，2011；孙英杰和林春，2018）。

综上，鉴于目前有关税负水平对经济发展影响的研究结果尚未形成共识，因此税负水平对经济发展是否有影响以及具有何种影响还有待于进一步的大样本实证检验。提出本文的研究假说：

H1：在其他条件相同的情况下，企业税负水平越高，经济发展越缓慢。

三、研究设计

（一）变量定义

1. 经济发展。

无论国内抑或国外，无论理论界抑或实务界，国内生产总值（GDP）、人均国内生产总值（$PGDP$）、国内生产总值增长率（$GDPRATE$）及人均国内生产总值增长率（$PGDPRATE$）均被认为是衡量经济发展的重要指标。

2. 企业税负水平。

与 Shevlin 等（2019）研究不同的是，由于我国是以流转税为主体税种的国家，企业所得税占比全国税收总收入的比重较小，为此本文并未采用企业所得税税负测度企业实际税负水平，而采用的是企业实际综合税负测度企业实际税负水平。

此外，考虑到以往文献将现金税收比率定义为支付的各项税费与利润总额之比，并未考虑税费返还对企业税负水平的影响，进而存在高估企业实际税负水平的可能，因此本文将企业总体税负（$TotalETR1$）定义为企业支付的各项税费净额除以利润总额，其中企业支付的各项税费净额等于企业支付的各项税费与企业收到的税费返还之差。此外，本文还将支付的各项税费净额分解为支付的各项税费（TotalETR2）与收到的税费返还（TotalETR3）。从不同税种的角度，本文还将企业总体税负（TotalETR1）分解为企业所得税税负（CIT）、流转税税负（TOT）和其他税负（Other）。为了测度各省各年度税负水平（包括总体税负及各子成分），本文以企业总资产为权重对该省该年度所有企业税负水平取加权平均值。

3. 控制变量。

参照前人的研究（汤向俊和任保平，2010；唐东波，2012；田巍等，2013；刘厚莲，2013；钞小静和沈坤荣，2014），本文对其他可能影响税负水平与经济发展关系的因素进行了控制，详见表1。

表1　　　　　　　　　　　　主要变量定义

变量性质	变量名称	变量简称	变量说明
被解释变量	经济发展	LNGDP	实际国内生产总值的对数值
		LNPGDP	实际人均国内生产总值的对数值
		GDPRATE	实际国内生产总值增长率
		PGDPRATE	实际人均国内生产总值增长率
解释变量	税负水平	PTotalETR1_ta	总体税负水平，为某省某年企业支付的各项税费净额除以利润总额并按总资产取加权平均值，其中企业支付的各项税费净额等于企业支付的各项税费与企业收到的税费返还之差
		PTotalETR2_ta	支付的各项税费，为某省某年企业支付的各项税费除以利润总额并按总资产取加权平均值
		PTotalETR3_ta	收到的税费返还，为某省某年企业收到的税费返还除以利润总额并按总资产取加权平均值
		PCIT_ta	企业所得税税负水平，为某省某年企业所得税除以利润总额并按总资产取加权平均值
		PTOT_ta	流转税税负水平，为某省某年企业流转税除以利润总额并按总资产取加权平均值
		POther_ta	其他税费水平，为某省某年其他税费除以利润总额并按总资产取加权平均值

续表

变量性质	变量名称	变量简称	变量说明
控制变量	财政支出占比	GOVE	财政支出与GDP的比值
	少儿抚养比	YDEP	0~14岁少年儿童人口数与劳动年龄人口数的比值
	老年抚养比	ODEP	65岁以上老年人口数与劳动年龄人口数的比值
	劳动生产率	LABOR	单位产品耗费的劳动量
	城市化率	URB	城市人口数与总人口数的比值
	非国有化程度	PRIFI	非国有固定资产投资与国有固定资产投资的比值
	人口增长率	POP rate	各省常住人口增长率
	价格指数	CPI	居民消费价格指数（上年为100）
	固定投资增长率	INV rate	固定资产投资增长率
	人力资本	HC	普通高等学校在校学生数与总人口数的比值

（二）模型构建

本文采用模型（1）来检验税负水平对经济发展的影响。考虑到省份和年度因素对回归结果的可能影响，模型中还控制了省份固定效应和年度固定效应。此外，本文所有回归 t 值都经过省份和年度的聚类调整。

$$ED_{i,t+1} = \alpha_0 + \alpha_1 TAX_{i,t} + \alpha_2 GOVE_{i,t} + \alpha_3 YDEP_{i,t} + \alpha_4 ODEP_{i,t}$$
$$+ \alpha_5 LABOR_{i,t} + \alpha_6 URB_{i,t} + \alpha_7 PRIFI_{i,t} + \alpha_8 POP\ rate_{i,t}$$
$$+ \alpha_9 CPI_{i,t} + \alpha_{10} INV\ rate_{i,t} + \alpha_{11} HC_{i,t} + ProvinceFE + YearFE + \varepsilon_{i,t}$$

（模型1）

其中，ED 为各省的经济发展情况，由于税负对于经济发展的影响具有滞后性，为此本文采用 $t+1$ 期各省实际国内生产总值的对数值（$LNGDP$）、实际人均国内生产总值的对数值（$LNPGDP$）、实际国内生产总值增长率（$GDPRATE$）和实际人均国内生产总值增长率（$PGDPRATE$）进行衡量。

四、样本选择和描述性统计

（一）样本选择

考虑到税负水平对经济发展的影响可能具有滞后性，为此本文并未将近两年的数据纳入研究范围，而是选取了中国大陆各省 2005—2018 年年度数据作为研究样本，并对样本进行了进一步筛选，剔除了数据缺失的相关样本，最终获得了 356 个省份年度数据观测值。为消除异常值的影响，本文对所有连续变量进行了 1% 和 99% 的缩尾处理。本文企业税负水平的相关数据来自同花顺数据库和万德数据库，区域经济指标来自国家统计局官方网站。

（二）描述性统计

本文各主要变量的描述性统计结果详见表 2。其中，各省支付的各项税费净额占利润总额比平均为 1.271，中位数为 0.804，标准差为 5.459，说明各省支付的各项税费净额平均为利润总额的 1.271 倍，且各省各年度的差异较大。各省所得税占利润总额比平均为 0.158，中位数为 0.177，标准差为 0.645；流转税占利润总额比平均为 1.192，中位数为 0.544，标准差为 7.302，说明各省所得税费用平均为利润总额的 0.158 倍，各省流转税平均为利润总额的 1.192 倍，且各省各年度的差异亦较大。

表 2　　　　　　　　　　主要变量描述性统计

变量	N	均值	中位数	Min	P1	P25	P75	P99	最大值	标准差
GDP	356	18040	13987	278.9	496.1	6667	23923	78634	96472	16686
PGDP	356	42025	37472	5694	8532	22421	53066	124605	137689	25850
LNGDP	356	8.417	8.454	3.424	4.451	7.397	9.608	11.26	11.55	1.493
LNPGDP	356	9.588	9.613	6.886	7.219	8.638	10.60	11.72	11.91	1.151
GDPRATE	356	0.134	0.125	-0.027	-0.0229	0.0821	0.190	0.307	0.351	0.0760
PGDPRATE	356	0.126	0.116	-0.026	-0.0258	0.0726	0.177	0.296	0.479	0.0787
PTotalETR1_ta	356	1.271	0.804	-37.70	-1.326	0.502	1.285	11.68	116.4	5.459
PTotalETR2_ta	356	1.643	0.956	-37.70	-2.550	0.649	1.453	11.98	116.4	6.863
PTotalETR3_ta	356	0.534	0.175	-3.962	-1.487	0.0828	0.348	4.318	98.09	4.165
PCIT_ta	356	0.158	0.177	-17.63	-0.244	0.135	0.219	0.551	2.988	0.645

续表

变量	N	均值	中位数	Min	P1	P25	P75	P99	最大值	标准差
PTOT_ta	356	1.192	0.544	-16.42	-9.577	0.335	0.939	21.32	97.60	7.302
POther_ta	356	0.543	0.192	-19.13	-1.310	-0.123	0.725	6.089	42.85	2.572
GOVE	356	0.194	0.154	0.0492	0.0565	0.111	0.222	1.086	1.379	0.160
YDEP	356	24.72	25	9.600	10.30	19.50	30.30	40.90	44.70	7.251
ODEP	356	12.63	12.40	6.700	7.400	10.60	14.30	20	21.90	2.728
LABOR	356	1.510	0.929	0.0236	0.0805	0.338	2.270	6.401	7.894	1.500
URB	356	0.522	0.505	0.207	0.226	0.430	0.588	0.901	1.019	0.151
PRIFI	356	1.769	1.315	0.0428	0.0788	0.665	2.314	7.383	8.901	1.536
POP rate	356	0.00874	0.00743	-0.262	-0.0468	0.00429	0.0121	0.0601	0.199	0.0182
CPI	356	104.3	102.4	96.40	97.50	101.2	105.2	125.3	126.9	5.733
INV rate	356	0.213	0.193	-0.627	-0.101	0.126	0.284	0.745	1.163	0.154
HC	356	0.0109	0.00979	0.000775	0.000930	0.00271	0.0173	0.0333	0.0358	0.00835

注：GDP 单位为亿元，PGDP 单位为元/人。

五、税负水平与经济发展：基于省份层面的证据

（一）税负水平与经济发展

税负水平对区域经济发展影响的实证检验结果详见表3。从表3 Panel A 可见，各省年度总体税负水平（$PTotalETR1\_ta$）与实际 GDP、实际人均 GDP、实际 GDP 增长率和实际人均 GDP 增长率均在1%水平下显著负相关，表明一省税负水平越高，经济发展越缓慢。为进一步探究支付的各项税费净额组成部分对经济发展的影响，本文将总体税负水平分解为支付的各项税费以及收到的税费返还。从表3 Panel B 可见，$PTotalETR2\_ta$ 与实际 GDP、实际人均 GDP、实际 GDP 增长率和实际人均 GDP 增长率仍在1%显著性水平下显著负相关，而 $PTotalETR3\_ta$ 在绝大多数情况下却与经济发展不显著相关，表明降低企业支付的各项税费能够显著促进经济增长，但是增加企业收到的税费返还却不能显著促进经济增长。

从经济意义上来看，当支付的各项税费净额（$PTotaletr1\_ta$）从 25 分位点提高到 75 分位点，实际 GDP 降低 20.04%，占全样本实际 GDP 平均值的 2.38%；实际人均 GDP、实际 GDP 增长率和实际人均 GDP 增长率的结果类

似。可见，无论从统计还是经济意义上来看，支付的各项税费净额均与经济发展显著负相关。

表3　　　　　　　　　　　税负水平与经济发展

Panel A：总体税负水平与经济发展

变量	（1）LNGDP	（2）LNPGDP	（3）GDPRATE	（4）PGDPRATE
PTotalETR1_ta	-0.256*** (-6.06)	-0.242*** (-7.02)	-0.142*** (-3.63)	-0.147*** (-4.22)
Controls	控制	控制	控制	控制
N	356	356	356	356
Adjusted R^2	0.980	0.975	0.768	0.726
Province FE	YES	YES	YES	YES
Year FE	YES	YES	YES	YES

注：Robust z-statistics in parentheses *** $p<0.01$，** $p<0.05$，* $p<0.10$，+ $p<0.15$。

Panel B：支付的各项税费、收到的税费返还与经济发展

变量	（1）LNGDP	（2）LNPGDP	（3）GDPRATE	（4）PGDPRATE
PTotalETR2_ta	-0.262*** (-6.76)	-0.250*** (-8.45)	-0.139*** (-3.38)	-0.145*** (-4.08)
PTotalETR3_ta	1.166 (1.64)	1.476* (1.71)	-0.292 (-0.69)	-0.075 (-0.16)
Controls	控制	控制	控制	控制
N	356	356	356	356
Adjusted R^2	0.980	0.975	0.769	0.726
Province FE	YES	YES	YES	YES
Year FE	YES	YES	YES	YES

注：Robust z-statistics in parentheses *** $p<0.01$，** $p<0.05$，* $p<0.10$，+ $p<0.15$。

（二）企业所得税、流转税和其他税费与经济发展

企业所得税、流转税和其他税费水平对经济发展影响的结果详见表4。由

表 4 可见,在探讨所得税、流转税和其他税费水平对经济发展的影响时,流转税税负水平与实际 GDP、实际人均 GDP、实际 GDP 增长率和实际人均 GDP 增长率均在 1% 水平下显著负相关,而企业所得税税负水平和其他税费水平与实际 GDP、实际人均 GDP、实际 GDP 增长率和实际人均 GDP 增长率的关系绝大多数均不显著,这表明降低流转税税负水平可以显著促进经济发展,而降低企业所得税税负水平和其他税费水平并不会显著促进经济发展。

表 4　企业所得税、流转税和其他税费水平与经济发展

变量	(1) LNGDP	(2) LNPGDP	(3) GDPRATE	(4) PGDPRATE
$PCIT\_ta$	0.142 (0.22)	0.155 (0.21)	0.507 (1.28)	0.578 * (1.81)
$PTOT\_ta$	-0.439 *** (-2.77)	-0.328 * (-1.73)	-0.204 *** (-2.74)	-0.130 ** (-2.19)
$POther\_ta$	0.302 (1.33)	0.093 (0.40)	0.228 ** (2.30)	0.070 (0.49)
Controls	控制	控制	控制	控制
N	356	356	356	356
Adjusted R^2	0.980	0.975	0.775	0.730
Province FE	YES	YES	YES	YES
Year FE	YES	YES	YES	YES

注:Robust z-statistics in parentheses *** $p<0.01$, ** $p<0.05$, * $p<0.10$, + $p<0.15$。

从经济意义上来看,当流转税税负水平($PTOT\_ta$)从 25 分位点提高到 75 分位点,实际 GDP 降低 0.21%,占全样本实际 GDP 平均值的 0.025%;实际人均 GDP、实际 GDP 增长率及实际人均 GDP 增长率的结果也类似。可见,无论从统计还是经济意义上来看,流转税税负水平均与经济发展显著负相关。

(三)经济周期、市场化进程、营改增以及金税三期的异质性检验

我们还进行了经济周期、市场化进程、营改增以及金税三期的异质性检验,研究表明企业总体税负水平与经济发展的负相关关系主要来自于经济低速增长时期、低市场化进程样本、营改增以及金税三期之后期间。这主要表明:

首先,应采取逆周期的财税政策,即在经济低速增长时期,政府更应通过降低税负水平,刺激经济增长;其次,在低市场化进程区域,由于相关市场化机制不尽完善,因此税收激励更能刺激经济增长;再次,营改增后,由于重复征税问题得以有效缓解,实施税收激励政策能够更好地减轻企业税负,增强企业活力,进而促进经济发展;最后,金税三期工程后,由于政府加强了税收监管力度,规范了税收征管流程,税收激励等相关政策得以更加有效地贯彻和实施,助力企业发展,进而推动经济增长。

(四)税负水平与消费、投资和净出口

采用支出法核算国内生产总值为消费、投资和净出口之和,俗称国民经济的"三驾马车"。企业税负水平对经济发展的作用主要是通过影响消费、投资还是净出口呢?具体回归结果详见表5。由表5可见,税负水平对经济发展的负向影响主要通过对资本形成额($LNINV$)和人均资本形成额($LNPINV$)的负向作用而实现,此结果也表明我国的税收激励政策确实通过促进投资进而达到了促进经济增长的目的。凯恩斯经济学认为,影响经济持续稳定增长的根本原因在于有效投资需求不足,资本存量的增长能够显著加速经济的增长。因此,当税收激励实现对投资的促进作用时,经济进而得到发展。

表5　　　　　　　　税负水平与消费、投资和净出口

变量	(1) LNC	(2) $LNPC$	(3) $LNINV$	(4) $LNPINV$	(5) $LNEXPORT$	(6) $LNPEXPORT$
$PTotalETR1\_ta$	-0.074 (-0.93)	-0.059 (-0.85)	-0.444*** (-5.35)	-0.429*** (-5.50)	-0.064 (-0.13)	-0.048 (-0.10)
Controls	控制	控制	控制	控制	控制	控制
N	356	356	356	356	356	356
Adjusted R^2	0.981	0.981	0.946	0.940	0.386	0.368
Province FE	YES	YES	YES	YES	YES	YES
Year FE	YES	YES	YES	YES	YES	YES

注:Robust z-statistics in parentheses *** $p<0.01$, ** $p<0.05$, * $p<0.10$, + $p<0.15$。

六、稳健性检验

鉴于潜在的内生性问题,本文采用如下三种方法:一是进行变化值回归,

二是采用工具变量法,三是进行格兰杰因果检验。

(一) 变化值回归

为避免由于遗漏相关变量所带来的计量问题,本文检验企业总体税负水平的变化值对各省 GDP、人均 GDP、GDP 增长率及人均 GDP 增长率变化值的影响。研究发现总体税负水平变化值与各省 GDP、人均 GDP、GDP 增长率及人均 GDP 增长率的变化值均在 1% 水平下显著负相关,说明税负水平增加越多,经济发展下降越多,即支持税负水平越高,经济发展越缓慢。

(二) 工具变量检验

为解决潜在的内生性问题,本文参考陈德球等(2016)、Chen 和 Kung (2016)、范子英和田彬彬(2016),选取税收征管强度(实际税收收入与估算的税收收入的比值)、土地财政收入(城镇土地使用税与财政收入的比值)以及地方税务局局长学历作为工具变量进行回归。与前文结果类似,研究发现企业总体税负水平与经济发展仍显著负相关,再次验证本文的研究结论,即税负水平对经济发展具有抑制作用。

(三) 格兰杰因果检验

为进一步探究税负水平与经济发展的因果关系,本文采用格兰杰因果关系检验方法对税负水平与经济发展时间序列的因果关系进行了检验。研究发现,税负水平是经济发展的格兰杰原因,进一步验证了税负水平与经济发展的直接关系。

七、税负水平与经济发展:基于企业层面的作用机理分析

通过梳理相关文献,本文认为税负水平对经济发展的影响可能通过如下三方面实现,即降低税负水平可能会通过增加企业经营收益,缓解企业债务融资约束以及提高企业创新投入,进而促进经济发展。为此,本文参照温忠麟和叶宝娟(2014)的研究设计,设定了模型(2)和模型(3)对税负水平影响经济发展的路径进行实证检验。模型(2)和模型(3)中,MV 是本文待检验的中介变量,分别代表了企业经营收益、债务融资约束以及企业创新投入的测度变量。由于模型(1)中 α_1 是显著的,因此只需观测模型(2)中 β_1 和模型(3)中 γ_1、γ_2 的显著性。若 β_1 和 γ_2 均显著,或 β_1 和 γ_2 至少有一个不显著,

Bootstrap 检验置信区间不包含0，且 γ_1 不显著或 γ_1 显著并与 $\beta_1 * \gamma_2$ 同号，则证明 MV 具有中介效应。研究发现，企业经营收益和企业创新投入是税负水平影响经济发展的重要渠道。即降低税负水平可以通过提高企业经营收益和提高企业创新投入进而助力经济发展。

$$MV_{i,t} = \beta_0 + \beta_1 TAX_{i,t} + \beta_2 GOVE_{i,t} + \beta_3 YDEP_{i,t} + \beta_4 ODEP_{i,t} + \beta_5 LABOR_{i,t}$$
$$+ \beta_6 URB_{i,t} + \beta_7 PRIFI_{i,t} + \beta_8 POP\ rate_{i,t} + \beta_9 CPI_{i,t} + \beta_{10} INV\ rate_{i,t}$$
$$+ \beta_{11} HC_{i,t} + ProvinceFE + YearFE + \varepsilon_{i,t} \quad (\text{模型 2})$$

$$ED_{i,t} = \gamma_0 + \gamma_1 TAX_{i,t} + \gamma_2 MV_{i,t} + \gamma_3 GOVE_{i,t} + \gamma_4 YDEP_{i,t} + \gamma_5 ODEP_{i,t}$$
$$+ \gamma_6 LABOR_{i,t} + \gamma_7 URB_{i,t} + \gamma_8 PRIFI_{i,t} + \gamma_9 POP\ rate_{i,t} + \gamma_{10} CPI_{i,t}$$
$$+ \gamma_{11} INV\ rate_{i,t} + \gamma_{12} HC_{i,t} + ProvinceFE + YearFE + \varepsilon_{i,t} \quad (\text{模型 3})$$

八、研究结论

本文以中国大陆 2005—2018 年省份年度数据为研究样本，实证检验了各省税负水平对经济发展的影响，研究发现总体税负水平与经济发展显著负相关，说明总体税负水平越高，经济发展越缓慢。研究还发现总体税负水平中平均支付的各项税费和流转税税负水平与经济发展均呈显著负相关关系，说明降低平均支付的各项税费或流转税税负可以显著促进各省经济发展。同时，本文发现税负水平对经济发展的抑制作用在经济低速发展时期、低市场化进程地区、营改增以及金税三期后更为显著。

本文还发现税负水平对经济发展的负向影响主要通过抑制投资水平而实现。此外，本文还进行了一系列稳健性检验，包括进行敏感性分析，采用工具变量法解决潜在的内生性问题，以及进行格兰杰因果关系检验等，研究结果依旧稳健。最后，本文还检验了税负水平作用于经济发展的实现路径，研究结果表明降低税负水平主要通过增加企业经营收益和提高企业创新投入，进而影响经济发展。

在市场经济条件下，经济越发展，税收越重要。结合我国的国情，本文认为应适当降低当前的税负水平，使其与实际经济发展的速度和质量相适应，避免较高的宏观税负对我国经济增长产生抑制作用。在税制结构上，应通过有增有减的税制改革，优化税负分布，适当加大针对流转税的优惠政策力度，减轻企业负担，提升企业发展后劲，使我国的税制结构与经济发展更具协调性和适应性。

作者单位：北京交通大学

税收支持服务民营经济发展研究

——以广州民营科技园为例

广州市税务学会课题组

本文从税收视角出发,以广州民营科技园(简称民科园)为研究样本,采取定量定性相结合方式,运用民科园2018年至2021年上半年的税收和经济数据,从园区企业落户、产业集群、科技发展、税源质量等维度,分析民科园税收经济特点,透视其发展瓶颈。研究认为,当前民科园虽然处于快速发展阶段,但存在税源质量不高、科技力量薄弱、集群效应不突出、企业根植性差、土地利用率低等问题,研究总结了税务部门服务民营经济发展措施,并提出促进民科园经济健康发展的建议,以期破解民营企业发展难题,助力广州市加快构建现代产业体系,助力粤港澳大湾区发展。

一、研究背景和意义

(一)研究背景

广州民营科技园1995年经国家科委批准成立,属广州高新技术产业开发区"一区五园"之一,是全国首个以民营经济为特色的国家高新区产业园。民科园先后获得"国家知识产权试点园区""国家级创新型园区""国家级国际科技合作基地""珠三角国家自主创新示范区""首批国家小型微型企业创业创新示范基地"五个重大发展平台称号。2021年获"全国工商联民营企业科技创新示范基地"称号。

当前,传统开发区由于过度依赖土地经营和优惠政策、缺乏对产业发展有效调控等原因难以为继,逐步从粗放型发展模式向创新型发展模式转型。民科园也正处于高速转型发展过程中。依托广深港澳科技创新走廊北部源点的地理位置,拥有紧邻白云国际机场、广州中欧班列始发站、广州白云火车站、广州铁路集装箱中心站等重大交通枢纽的便利条件,民科园以建设"国家民营经济改革创新试验区"为总体定位,着力建设粤港澳大湾区科技创新成果转化新高地,形成"总部+基地""专业生产+综合服务"的发展格局,为区域经济发展做出更大贡献。

(二)研究意义

广州民营科技园作为广州高新区"一区五园"之一,是广州市科技园区经济发展的一个缩影。本文从税收角度出发,分析民科园特点,透视其发展瓶颈,提出税务部门服务民营经济发展措施和促进民科园经济健康发展的建议。一方面,挖掘运用税收数据资源,研究进一步优化税收政策以及税务执法和服务等方面的举措,更好地发挥税收支持服务国家重大战略功能的作用,为政府科学制定民科园发展政策、促进园区健康发展和税收增长建言献策。另一方面,探索支持民科园发展的政策和举措,希望为优化民营经济发展环境、破解民营经济发展难题提供借鉴,以促进广州市加快构建现代产业体系,建设科技创新强市,助力粤港澳大湾区发展。

二、广州民营科技园概况

(一)规划布局:"一核三园"格局

广州民营科技园规划逐步形成核心区向周边园区辐射的细分产业集群。"核心区"计划打造9.6平方公里的体现世界产业和科技前沿趋势的未来产业创新核心区,发展总部经济,强化对周边园区的辐射带动作用。同时,在核心区以北、东西两翼和核心区西南面,统筹建设三个细分产业园区,分别为美丽健康产业园、广州轨道交通装备产业园、智能家居产业园三个制造业基地,通过聚集同类企业,形成具有竞争力的细分产业集群。

(二)驱动模式:招商引资政策扶持

广州民营科技园的发展动力主要是政府驱动,政府分析判断适合本地的有发展空间的行业,采用招商政策吸引企业入驻,运用产业扶持政策孵化企业成长。其中,招商政策包括提供土地并与购地企业签订经济及税收承诺,通过政府招标采购和重点项目招标采购吸引中标企业入驻,对年度经济贡献达标的入驻企业给予一次性财政奖励;产业扶持政策包括对经济总指标和增速达标企业给予一次性财政奖励,对科技创新、科技成果转化企业给予财政奖励,为"白名单"企业提供信用担保等。

(三) 支撑体系：科技创新成果转化

民科园地处广州中心城区、紧邻白云机场及广州铁路集装箱中心站等三大交通枢纽，园区规划面积约 38 平方公里，区位优势明显。为进一步助力民营企业创新发展，打造中国民营企业重大科技成果展示中心及科技成果转化平台，举办粤港澳大湾区民营企业科技成果对接活动，设置科技成果转化奖，打造"大湾区孵化＋民科园转化"协同发展模式。

三、广州民营科技园的特点

(一) 整体规模持续扩张

1. 园区企业量质齐升。

从数量上看，民科园在册企业从 2015 年的 1747 户增长到 2021 年的 4234 户，园区规模快速扩张，园区内企业数量实现翻一番。2016 年起，近五年每年新注册企业增长数量都保持在 300 户以上，其中 2019 年增长数量最大，增长户数达 578 户，2020 年受疫情影响企业数量增长速度略有下降，增长户数为 466 户（如图 1 所示）。

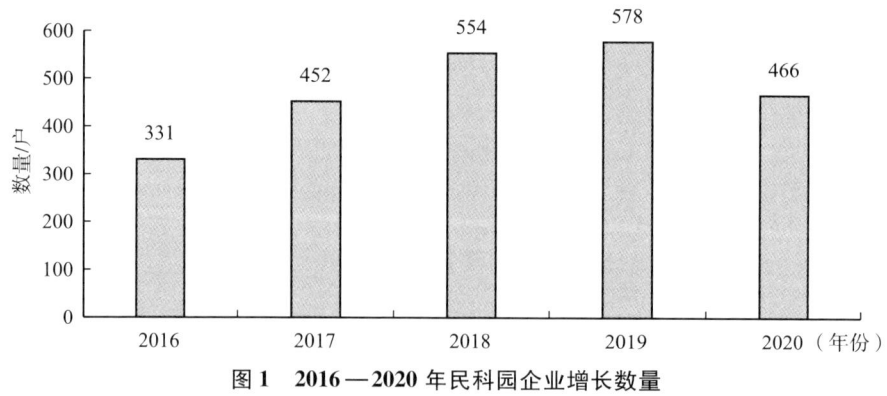

图 1　2016—2020 年民科园企业增长数量

从质量上看，2020 年开始企业增速虽有下降，但更加注重企业引进质量。注册在园区内的"四上"企业 2018 年有 153 户，2019 年有 196 户，2020 年猛增至 365 户，增长量占园区企业总增长量的 42.2%，由此可见从 2020 年园区引进企业更注重企业质量。

2. 经济增长贡献不断加大。

2018—2020年,民科园规模以上工业总产值从290亿元增长到485亿元,平均增速为29.38%;营业收入总额从524亿元增长到725亿元,平均增速为17.68%;利润总额从23亿元增长到37亿元,平均增速为26.97%,企业经济贡献高,盈利能力不断增强。

3. 税收贡献能力逐步提升。

2018—2020年,民科园入库税收呈微小幅稳定增长态势,从23.93亿元增长到24.39亿元,平均增速为0.95%。民科园税收占广州高新技术产业开发区税收的比重稳定在11%左右。近三年税收微小幅增长的主要原因:一是2020年受疫情影响严重;二是园区龙头企业欧派集团于2018年将生产线转移至清远,税收大幅减少。2021年,民科园1—6月入库税收21.46亿元,同比增长113.91%,税收贡献能力大幅提升。

(二)税源集中程度较高

1. 从规模来看,税源集中于龙头企业。

从"四上"企业看,2020年,民科园共有"四上"企业365户,占民科园总户数的8.62%,合计入库税收19.64亿元,同比增长24.58%。"四上"企业税收占民科园总税收总额的80.54%,是民科园税收的重要支柱。从税收规模看,2020年入库税收500万元以上的企业共有77户,占民科园总户数的1.82%,合计入库税收19.28亿元(见表1),占民科园税收总额的79%,接近80%的税收集中在不到2%的税源上。值得注意的是,2020年民科园内有税收入库但入库不超过10万元的企业有1893户,入库税收为0或为负数(退税大于入库)的企业有1540户,有八成企业税收贡献较低或无税收贡献。

表1　　　　　　　　2020年民科园各规模企业入库税收情况

规模	户数/户	户数占比/%	税收/万元	税收占比/%
亿元以上	3	0.07	71297	29.23
1000万元以上	41	0.97	97036	39.79
500万~1000万元	33	0.78	24430	10.02
100万~500万元	147	3.47	32499	13.32
10万~100万元	577	13.63	18912	7.75
1~10万元	1893	44.71	3451	1.41

2. 从行业来看,税源集中于制造业。

2020 年,民科园制造业入库税收 17.37 亿元,税收占比为 71.2%,是民科园支柱行业。从行业税收分布情况看,民科园的税源主要集中在制造业(见表2)。

表 2　　　　　　　　　　　民科园各行业税收数据

行业名称	2020 年税收/万元	税收占比/%	2019 年税收/万元	同比增收/万元	增幅/%
制造业	173666	71.2	163775	9891	6.04
科学研究和技术服务业	20058	8.22	13319	6738	50.59
批发和零售业	12672	5.2	12373	299	2.42
建筑业	11558	4.74	5782	5776	99.91
信息传输、软件和信息技术服务业	8475	3.47	3820	4656	121.89
其他行业合计	17470	7.16	40957	-23487	-57.35
总计	243899	100	240026	3873	1.61

3. 从时间来看,税源集中于存量企业。

2018—2020 年,民科园新登记注册企业共 1598 户,占民科园总户数的 37.74%,2020 年合计入库税收 2.44 亿元,税收占比为 10%。其中,属于重点招商引资企业的共 73 户,2020 年合计入库税收 1.50 亿元,税收占比为 6.15%。73 户重点招商引资企业中,有 24 户竞得土地的企业,2020 年完成承诺纳税目标的仅 5 户。民科园存量企业和近三年新入驻企业的税收占比为 9∶1,税源主要集中于存量企业,新入驻企业税收贡献的体现相对较慢。

(三) 产业集群初步形成

1. 从行业户数看。

现有 4179 户企业主要集中在批发和零售业 1114 户(约占总户数的 27%)、制造业 1022 户(约占总户数的 24%)、科学研究和技术服务业 988 户(约占总户数的 23%),初步形成以批发零售和制造为主,以科学研究为辅的产业集群模式(如图 2 所示)。

2. 从行业小类来看。

园区内制造企业行业小类从化学原料和化学制品制造业到酒、饮料和精制茶制造业,横跨 28 个行业大类,虽然涵盖了各个行业,但每一类的企业数量都比较平均且分散,没有主打产品或行业,而行业与行业间也没有明显的竞争或互补产业群体,没有明显的产业聚集。

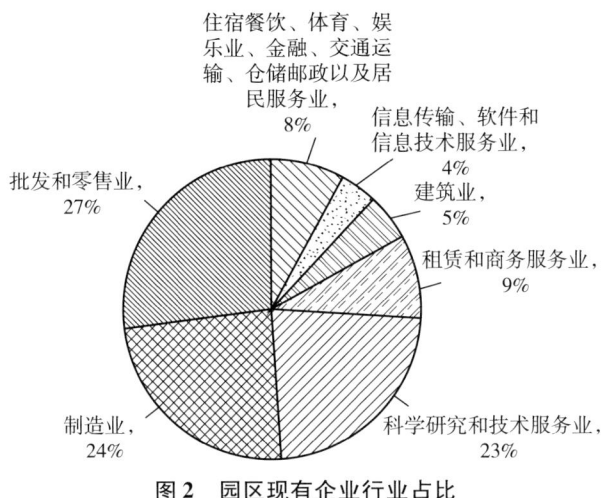

图2 园区现有企业行业占比

(四) 科创能力不断提升

1. 高新技术企业聚集。

近三年广州高新技术产业开发区高新技术企业数量维持在1000~1100家,入驻民科园的高新技术企业数量和占比呈现逐年上升的趋势,其中2020年最为明显,高新企业数量较上年增加101家,占全区高新企业比重达到23.08%。全区范围的高新技术企业近1/4集中在民科园(见表3)。

表3　　　　　　　　　　高新技术企业户数

年份	全区		民科园		占比	
	企业总户数/户	高新技术企业户数/户	企业总户数/户	高新技术企业户数/户	民科园总户数占比/%	民科园高新技术企业户数占比/%
2018	107181	1097	1651	113	1.54	10.30
2019	144990	1099	2767	113	1.91	11.92
2020	158224	1005	4082	232	2.58	23.08

2. 研发费用投入规模较大。

2018—2020 年，民科园企业享受研发费用加计扣除优惠的户数和金额总体上呈现稳步增长的态势，园区企业享受优惠的户数占广州高新技术产业开发区的比重维持在 20% 左右（见表 4），享受优惠金额占全区比重为 50% 左右，反映出园区企业研发费用投入规模较大（见表 5）。

表 4　　　　　　　　享受研发费用加计扣除企业户数

年份	全区/户	其中：民科园/户	全区占比/%	民科园享受优惠企业占比/%
2018	968	196	20.25	11.87
2019	1117	217	19.43	7.84
2020	1245	266	21.37	6.52

表 5　　　　　　　　享受研发费用加计扣除优惠金额

年份	全区/亿元	其中：民科园/亿元	占比/%
2018	18.03	9.2	51.03
2019	21.55	10.81	50.16
2020	24.75	12.13	49.01

3. 科技人员数量不断上升。

2018—2020 年，园区高新企业科技人员数量总体上呈现上升的趋势，其中 2020 年同比增长 13.76%；但高新企业科技人员占职工总数的比重有所下滑（见表 6）。

表 6　　　　　　　　高新技术企业科技人员情况

年份	职工总数/人	科技人员人数/人	科技人员占比/%
2018	64330	14891	23.15
2019	64780	13903	21.46
2020	72474	15816	21.82

4. 专利产出质量较高。

2018—2020 年民科园专利数量逐年上升，特别是 2020 年较 2019 年大幅上升。其中，2020 年软件著作权占专利数量的比例较 2019 年有明显上升，专利质量有着明显上升趋势（见表7）。

表7　　　　　　　　　　　专利情况

年份	专利数量/件	软件著作权/件	占比/%
2018	4021	799	19.87
2019	4588	885	19.29
2020	7125	1979	27.78

四、税收透视影响园区发展瓶颈

（一）税源质量不高，税收产出相对落后

1. 企业登记监管不完善。

2021年在册企业4234户企业，有161户办理工商登记后未主动到税务局报到，占3.8%。部分企业甚至2019年办理工商登记后一直未到税务局办理报到手续，因此税务局无法掌握该部分企业的登记数据从而无法进行后续税务管理工作，部分新引入园企业的后续经营和登记情况也缺乏有效监督。

2. 税收贡献率较低。

2020年，民科园内有五成企业税收入库在10万元以下，三成企业税收入库为零或为负数。近三年，税收入库为零或为负数的企业数量占比均维持在三成左右。税收贡献低的企业大量存在，占用了园区大量的人力、土地和经济资源，挤占了部分高质量企业的资源。在引入企业数量有限的情况，影响到了园区引入企业的经济贡献率，制约园区发展。

3. 企业成长潜力不足。

以民科园核心区为例，核心区园内现有2417户企业。2018—2020年间，1043户新增企业办理登记，201户企业注销，注销量占新增量的19.27%，每年都有部分企业无法正常持续经营，园区企业流动速度较快。即使在正常经营的企业中，也只有三分之二有入库税款体现，企业经济贡献度较低，园区成长潜力不足（见表8）。

表8　　　　　　　　　广州民营科技园核心区企业变动情况

年份	新增企业登记数量/户	企业注销数量/户	变动率/%
2018	329	50	15.20
2019	354	72	20.34
2020	372	79	21.24

4. 先进制造转型成效不明显。

《白云区2021年规模以上先进制造业企业名单》中，民科园位列名单之内的企业共159户，占民科园总户数的3.76%，2020年入库税收13.71亿元，占民科园总税收的56.19%，户均税收贡献862万元。民科园虽然以制造业为支柱行业，但先进制造企业户数较少，大多数企业仍是相对较为低端的传统制造业，税源质量有待提升。

（二）企业协作缺乏，缺乏深度集群效应

1. 从产业结构上看。

产业集群是某种产品的加工深度和产业链的延伸，一般产业集群会基本围绕统一产业或紧密相关的产业从事开发、生产和销售等经营活动。通过对园区内的制造业的数据分析发现，行业小类分散，行业与行业间也没有明显的竞争或互补产业群体，企业与企业之间也没有形成采购—生产—销售等基本的产业链，行业与行业之间缺乏一定的供需关系，未形成深度协同的产业集群。

2. 从产业组织上看。

产业群实际上是在一定区域内围绕某个龙头企业或大公司、大企业集团，与延伸出一大批分工合作关系的中小企业形成纵向一体化发展，但是从2020年净入库前10名的企业情况来看，有7户制造业分别属于化学原料和化学制品制造业、家具制造业、医药制造业等不同行业。大企业群的带动效应并不明显，也没有形成围绕中心企业的产业群。

（三）科技力量薄弱，企业成长能力不足

1. 高新技术企业和研发费用投入慢于园区扩张速度。

2018年至2020年，入驻企业数量和高新企业占比均有所增长，但高新企业占比不高，2020年仅为5.6%，科技特征不够明显，未真正体现科技创新企业聚集和引领示范效应。虽然园区企业研发费用投入规模较大，但园区企业研发费用投入增长速度明显慢于企业数量增长率，享受优惠企业户数占比也有逐年下滑的趋势。

2. 行业入库税收增长较快,但经济贡献占比不高。

2020年科学研究和技术服务业,信息传输、软件和信息技术服务业合计入库税收2.85亿元,税收占比为11.7%,同比增幅分别为50.59%、121.89%。作为推动科技发展和提升的两个新兴行业,实现了较好发展。具体从税收贡献企业来看,近三年纳税前10名的企业名单变化较小,有7家属于制造业(见表9)。可以看出,实际支撑园区经济贡献的企业集中在传统制造业,经过近三年的发展与成长,园区内优质企业依然是几家老牌制造企业,科技创新企业成长速度较慢。

表9　　　　广州民营科技园2020年净入库前10名企业行业分布

行业门类	数量	2020年净入库/万元
制造业	7	96420.84
科学研究和技术服务业	1	4917.8
建筑业	2	11201.56

(四)土地利用率低,产城融合程度较低

1. 土地利用率低,空间优势没有得到发挥。

广州民营科技园"一核三园"建成区面积7.99平方公里,2020年税收收入24.39亿元,每平方公里产出税收3.05亿元,低于同属于广州高新区"一城四区"的天河科技园(5.11亿元/平方公里)、黄花岗科技园(3.20亿元/平方公里)等其他园区。当前民科园土地收储难度大、成本高,由于用地紧张,部分企业在产能提升之后受限于厂房面积出现了部分产能外迁情况,例如欧派家居集团股份有限公司为了合理控制成本和公司长远发展,将部分生产车间迁移至清远等地价便宜的区域,与其相关的上下游企业也可能随之流失。土地资源的有限与大量土地未能得到高效利用的矛盾突出,区位优势不能得到有效发挥。

2. 企业根植性差,产城融合度低。

从企业根植性来看,近年来重点招商引资企业,很多实际经营地址不在民营科技园,有341户企业注册地址为广州市白云区北太路1633号广州民营科技园科盛路8号配套服务大楼。企业若未在民科园实际经营,则无法发挥对民科园产业集群的带动作用,无法实现创新产出的辐射作用。从配套产业来看,民营科技园现在登记企业4179户，形成了以制造业、批发零售业为主的大型产业区，但是与之配套的生活服务业和商业服务业企业如住宿餐饮、体育娱乐、交通运输以及居民服务业等仅有320户，占现有企业数的7.66%。这些生活服务和商业服务的严重不足，无法满足庞大的从业人员衣、食、住、行等基本生活和消费需求，加剧企业人才流失，影响企业发展。同时，企业员工大部分在其他区域居住，流动性强，呈现民科园和当地村镇独立运转的现象，未能有效融合，对当地的城镇辐射带动作用不足。

五、税务部门服务民营经济发展措施

（一）支持落户建成项目做大做强

建立重点企业、项目税收档案，动态分析企业发展情况、税费入库情况、风险问题。对56户企业开展培植巩固，动态掌握典型企业的经营情况和诉求，服务科创板企业上市涉税辅导，实施"一企一策"税源培植。积极参与白云区"华为广州研发中心项目工作专班"，产业落地工作得到广州市工信局重视，广州市政府主要负责人作出批示推动项目落地。积极参与重点招商引资项目的前期研判，发挥专业优势为19个产业招商项目进行财税效益评估，有效提升财源配置效率和招商引资质量。

（二）加强部门合作提高管理质效

成立税收服务和支持区域经济高质量发展领导小组，开展发票领用分类分级管理，快速响应和保障重点招商引资企业用票需求，累计为120户招商引资企业办理发票增额增量手续。发挥税收数据优势联合投促部门做好项目评估，按月跟踪统计招商引资落户落地项目特别是拿地项目企业的税收情况，加快企业履约进度，并从税收角度向白云区委、区政府提出进一步完善招商引资工作的合理意见建议。2021年上半年推动425家重点招商引资企业（项目）实现税收22.6亿元，同比增长88.8%，贡献区内47.84%的税收增量。

（三）探索全生命周期管理新机制

积极创新税收征管模式，加强税收征管信息化系统工程建设，强化各部门的联动配合，形成信息管税的整体合力。实施项目登记制度，对重点项目进行全程跟踪，防止税收流失。创新作为，积极探索重点项目和行业全生命周期税收管理机制，对建筑行业精准施策，探索用地项目全生命周期税收管理，在土地收储、土地出让、项目建设以及项目投产 4 个阶段加强税源管理。以工程项目为导向,聚焦企业的工程信息、建设单位、涉税收入等情况,掌握重点项目合同金额、工期、分包情况、建设进度等关键信息,加强重点项目税收情况分析。

六、促进民科园经济健康发展建议

(一)优化发展环境,涵养更多税源

1. 强化园区定位,有规划地引进优质企业。

围绕园区定位进一步明确招商引资重点,以提升园区科技特征为导向,围绕信息技术、轨道交通、先进制造、高端化妆品等核心产业,有规划地引进高科技含量企业及上下游辅助产业,向上游加强研究开发和成果转化,向下游促进产权交易与服务,形成完整的产业链,进一步优化园区的产业结构。

2. 强化公共技术服务平台支撑,注重对成长型企业的孵化与培育。

充分发挥市场在科技孵化中的作用,提高科技企业孵化器建设水平,完善企业孵化器功能,建设公共技术服务平台,为企业开展科研、试验、测试、试制等活动提供设备、仪器、场地、咨询、认证和技术指导等专业性服务,帮助企业,特别是成长型企业利用社会服务规避技术风险、降低生产成本、缩短产品生产开发周期和提高创新效率,促进科技成果快速转化,提升成长型企业的孵化与培育效能。

(二)强化资源配置,推动深度集群

1. 根据产业链需求,重点引进相关企业。

整合园区主导产业,根据产业链需求和行业特点,有选择地引入产业链相关企业和辅助性企业,逐渐形成深度协同产业集群。如结合白云区政策,关于促进白云区建筑业高质量发展的工作思路,集中建筑产业从土木工程施工—房屋建筑—装修装饰—水电安装等一条龙的建筑关联企业,并围绕该产业发展出建筑的基础构件生产、混凝土生产、家居设备销售等辅助性行业,由这些内在紧密联系并资源互补的企业群构筑建筑业产业链,并通过集群成员之间的稳定的供需关系,实现采购本地化。

2. 设立行业协会,成立产业联盟。

通过行业协会统一行业标准,规范企业发展,协助政府对园区内企业进行规范和管理,通过集群内信息共享和沟通,优化资源配置,引导企业加强分工协作，进一步激发企业间的良性竞争。吸引有意愿的科研院所、高等院校、企事业单位等自愿参与，成立产业联盟，配合行业协会，开展政策研讨、行业技术研究以及专业化培训等，不断推动集群产业的效率和创新，促进行业健康发展。

(三) 搭建创新平台，提升科创能力

1. 加强产学研联合。

支持高校、科研院所自主布局基础研究，完善从科研、孵化到产业化的产学研全链条。建立以企业为主体、市场为导向、产学研深度融合的技术创新体系，加强企业研发机构建设，支持企业牵头组建创新联合体，引导行业龙头企业牵头建设产业技术创新中心、高水平企业研究院，打造体系化、任务化的协同创新模式。加强共性技术平台建设，推动产业链上中下游、大中小企业融通创新。充分利用超大规模市场的优势，积极推动国产技术成果市场化。

2. 引进研发平台。

支持企业建立内部研发平台、技术中心，参与建设国家技术创新中心、企业国家重点实验室等。鼓励企业广泛参与龙头科技企业、高校、科研院所等牵头的项目，培育一批创新能力强、市场占有率高、掌握关键核心技术、质量效益优良的细分行业，打造"隐形冠军"企业发展高地。采用创新产品推广、贷款贴息、科技特派员、共享科研仪器设备等方式，支持中小微企业技术创新和技术改造，推动创新型中小微企业成为创新重要发源地。

(四) 提升社区功能，促进产城融合

1. 规划建设服务区，发展配套产业。

发挥地方政府的社会服务职能，加强公共配套设施建设，如建立更多的地铁、公交站提供交通便利，提供廉租房或人才公寓，减少人员通勤成本等。进一步优化园区规划，设立更多的生活区和商业区，有意识地引进餐饮、娱乐、金融、居民服务等企业，完善园区内配套生活服务建设，提升企业和员工的根植程度。

2. 加强外来务工人员和本地居民的融合。

一方面，为外来务工人员提供更广泛的公共服务，将外来务工人员纳入统一管理，为其提供岗前和技能培训、公益活动等基础性服务，提升其认同感和融入感。另一方面，为本地居民提供更广泛的就业指导，为被征地居民提供更多的园区就业机会，加强民科园与周边村镇居民的联系，形成更一体化的社会网络。

（五）建立评价机制，集约利用土地

1. 加强对土地资源的规划利用。

加强对园区土地资源的规划指导，从整体上规划用地产业分布、占比、容积率等，在招商引资中重点引入投资密度高、占地面资源少、科技含量高的项目，以科技含量提高土地使用效率，引导投资单位提高建筑容积率。鼓励园区内现有企业积极探索"零土地技术改造"，用先进的生产设备替换旧设备，在现有土地投入的基础上，提升科技含量，实现投入强度和产出强度增加，提高土地产出效益。丰富土地供应方式，对于部分核心土地，可以采取出租、土地入股等多种方式供应土地。

2. 完善企业评价和退出机制。

通过高效集约开发，提高土地集约化利用水平。完善引进企业评估机制，在企业引进时对GDP贡献、税收产出效益、税收优惠政策、资源产出效率、产业带动效应等方面进行评估，提高引进门槛。完善企业评价和退出机制，对进驻企业制定相应的绩效评价指标体系，每年开展评价，重点跟踪亩均GDP贡献、税收贡献等经济指标完成情况，建立可行的企业退出机制，逐步淘汰园区内低科技含量、低附加值、低税收产出的企业，进一步强化园区科技、创新的特征。

     课题组组长：马泽龙
     课题组成员：黄　炜　杨金昌　吴　翀　杨坤瓒
          高　超　谢瑞玲　王　真　李雨珂

税收视角下宁波市民营经济高质量发展研究

——基于熵值法综合评价模型

宁波市税务学会课题组

民营经济已成为宁波市经济发展的主体和纳税主体，贡献了全市约84%的经济总量、70%的税收、85%的就业岗位和69%的自营出口额，一直是宁波市经济中最活跃、最具竞争力的发展力量，是宁波市经济高质量发展的主力军。为进一步摸清宁波市民营经济发展情况，推动民营经济健康协调发展，本文基于税收角度就宁波市民营经济发展现状、存在的问题及对策进行研究分析。

一、民营经济的界定

民营经济是具有中国特色的一种经济概念和经济形式，它在中国经济体制改革和社会主义市场经济渐进发展中壮大，是社会主义市场经济的重要组成部分，不断推动中国经济向前发展。依托法律检索系统检索，我国现有法律体系中，专门针对民营企业的法条（指标题含"民营经济"）基本不存在。本文定义的民营经济，主要指的是不被集体、国家控股，以及不属于中国香港、澳门、台湾或者外国资本100%投入或绝对控股的经济组织，具体表现形式如图1所示。

二、2020年度宁波民营经济发展情况

2020年宁波市各类企业实现营业收入67403.87亿元，其中民营经济56578.95亿元，占总量的83.94%；全年税收收入2867.49亿元，民营经济贡献2029.62亿元，占总税收收入的70.78%；截至2020年底，宁波市存续企业共计87.13万户，其中民营企业84.92万户，占总数的97.46%（见表1）。

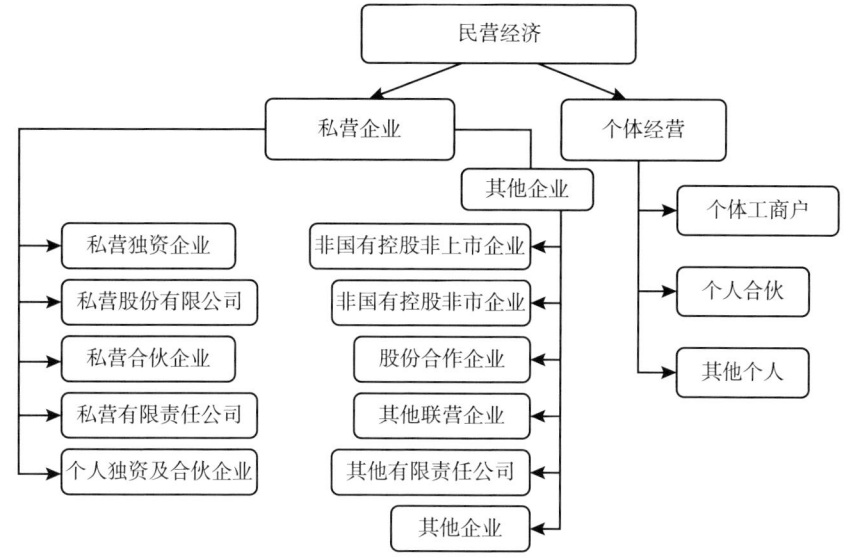

图 1　本文民营经济具体登记注册类型

表 1　　　　　　　　　2020 年宁波市民营经济发展总体情况

项目	全市总体情况	其中：民营经济	占总体比重/%	民营经济			
				私营企业	占比/%	个体经营	占比/%
营业收入/亿元	67403.87	56578.95	83.94	56190.46	99.31	388.50	0.69
税收收入/亿元	2867.49	2029.62	70.78	1845.64	90.94	183.97	9.06
登记户数/亿元	871277	849210	97.47	413125	48.65	436085	51.35

（一）民营经济区域结构

宁波市辖区面积 1.3 万多平方公里，总共管辖了 6 个区（镇海区、奉化区、北仑区、江北区、海曙区、鄞州区），2 个县（宁海县、象山县），2 个县级市（慈溪市、余姚市）。本文所述的北仑区含梅山保税港区、保税区、大榭开发区；鄞州区含东钱湖旅游度假区、高新技术产业开发区；慈溪市含杭州湾新区。

2020 年度，税收收入前三的县市区为北仑、鄞州、慈溪，这三个地区民营经济合计税收收入占民营经济总收入的 60% 以上，而企业户数不足 50%，且私营企业的税收收入合计明显高于个体经营，尤其是北仑区，私营企业税收收入合计 523.27 亿元，是个体经营的 27.60 倍，可见上述地区企业规模较大，均户税收收入较高。

从户数上看,慈溪、余姚、宁海、象山、奉化五个区域的个体经营户数大于私营企业,尤其是慈溪、余姚,个体经营户数比私营经济分别多5.52万户和3.12万户,可见上述地区个体经营相对发达,但个体经营就其税收贡献度来说,远不如私营企业(见表2)。

表2 2020年宁波市辖区民营经济情况

地区	税收收入/亿元	比重/%	登记户数/户	比重/%
北仑	542.23	27.15	10.09	11.88
鄞州	436.51	21.85	15.08	17.76
慈溪	258.72	12.95	15.79	18.60
海曙	173.11	8.67	10.10	11.89
余姚	147.33	7.38	10.51	12.38
江北	139.32	6.98	5.52	6.50
镇海	87.90	4.40	3.79	4.46
奉化	83.71	4.19	3.76	4.43
宁海	72.16	3.61	5.53	6.51
象山	56.32	2.82	4.74	5.58

(二)民营经济行业结构

分行业来看,2020年度宁波民营经济税收收入贡献度前五的行业分别为制造业、房地产业、批发和零售业、租赁和商务服务业以及金融业,税收收入合计1743.07亿元,占总行业税收收入贡献度的85.88%。总体来说,个体经营税收收入较少,私营企业税收规模基本等同于民营经济,相对来说,个体经营房地产业税收收入贡献度较高,税收收入达91.83亿元,占民营经济税收收入的4.52%,占个体经营税收收入的49.92%(如图2所示)。

从户数来看,民营经济中批发和零售业、制造业、租赁和商务服务业户数较多,总户数达621089户,占民营经济总户数的73.14%。私营企业、个体经济各占一半的户数。其中租赁和商务服务业、建筑业私营企业户数明显多于个体经营,批发和零售业、交通运输、仓储和邮政业个体经营户数高于私营企业。可见,房地产业、租赁和商务服务业、金融业、建筑业以私营企业为主,批发和零售业中有较多的个体经济(如图3所示)。

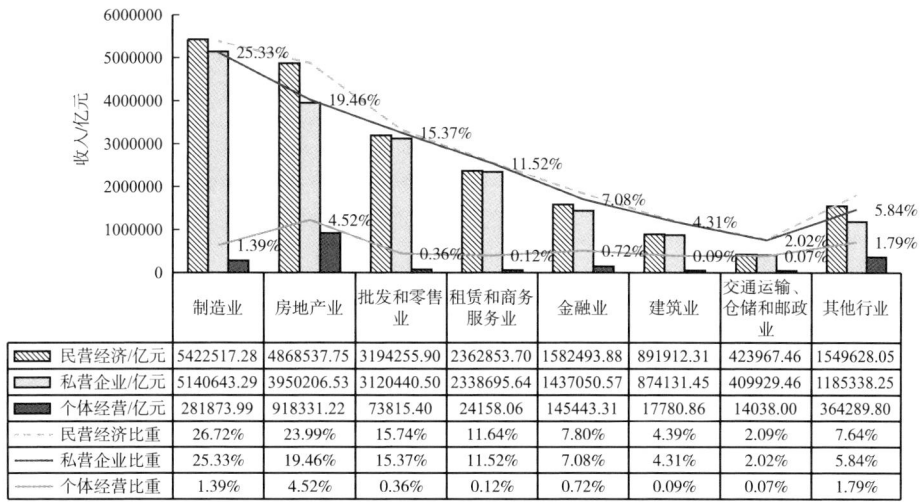

图2 宁波市民营经济分行业税收收入

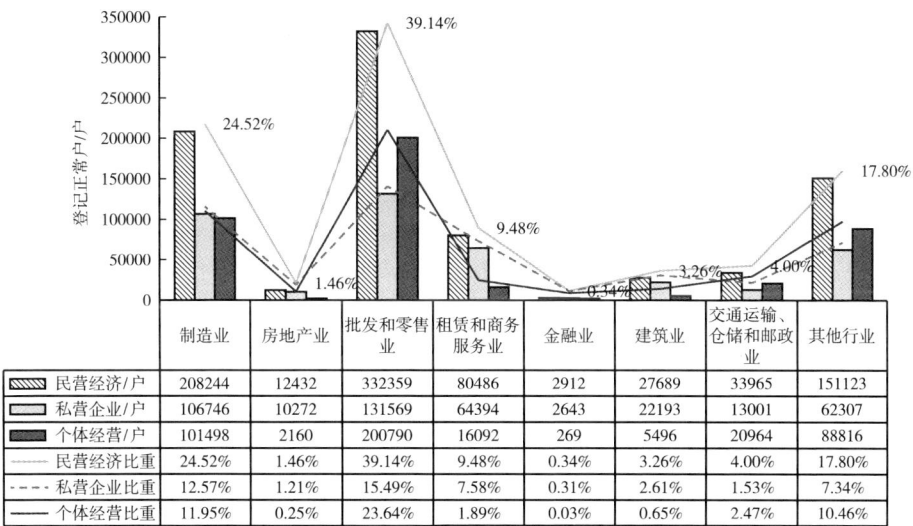

图3 宁波市民营经济分行业企业登记正常户数

（三）民营经济规模结构

民营经济税收收入（如图4所示）按规模从高到低排列分别为大型企业、中型企业、微型企业、小型企业。大型企业和中型企业税收收入共计1147.45亿元，占民营经济税收总收入的57.47%，微型企业税收收入超过小型企业。总体来说，个体经营税收收入较少，仅为167.83万元，占总税收收入的

8.41%，个体经营受其自身因素的影响，难以做大，故规模基本上较小，无大型企业税收收入，中型企业税收收入为 1.33 亿元，基本为小型、微型企业和其他企业。

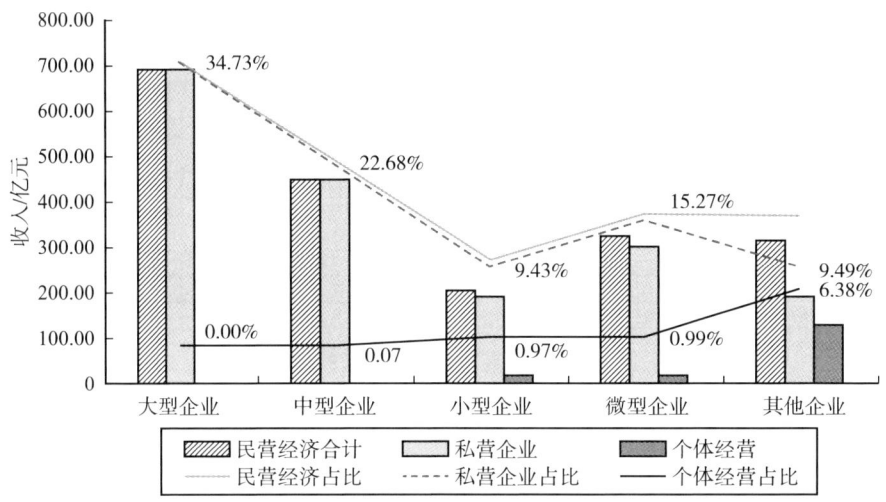

图 4　宁波市民营经济分规模税收收入情况

民营经济企业户数（如图 5 所示）主要集中在微型企业，合计 692218 户（其中，私营企业 285664 户，个体经营 406554 户），占民营经济总户数的 81.51%。大型企业税收收入虽高，但其户数最少，且全为私营企业，无个体经营，仅 4356 户，占比 0.51%。中型企业基本也为私营企业，个体经营仅 860 户，私营企业达 21240 户。总体来说，民营经济中，私营企业和个体经营户数各占一半，私营企业主要集中在微型企业和小型企业，个体经营集中在微型企业，而税收收入贡献度集中在大型企业和中型企业。

（四）民营经济税种结构

民营经济中，增值税、企业所得税、个人所得税三大税种收入为 1614.60 亿元，占民营经济总收入的 79.55%。其中，私营企业与民营经济各税种收入以及变化情况基本一致。而个体经营中，契税收入 67.75 万元，占民营经济总收入的 3.34%，占个体经营总收入的 36.82%；其次为个人所得税，税收收入为 40.76 亿元，占民营经济总收入的 2.01%，占个体经营总收入的 22.46%（如图 6 所示）。

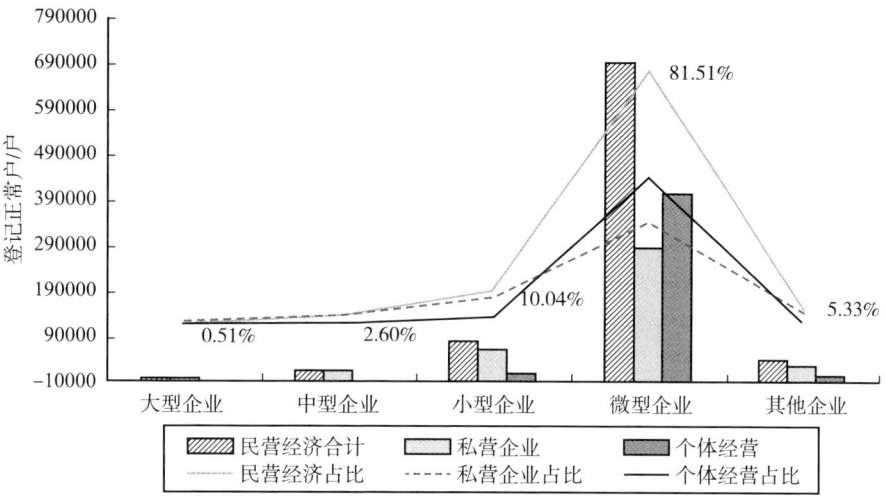

图5 宁波市民营经济分规模企业登记正常户数

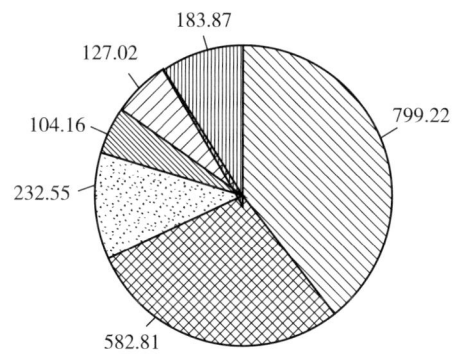

税种	民营经济/亿元	占比/%	其中：私营企业/亿元	占比/%	个体经营/亿元	占比/%
增值税	799.22	39.38	760.70	37.48	38.52	1.90
企业所得税	582.81	28.72	582.81	28.72	0.00	0.00
个人所得税	232.55	11.46	191.78	9.45	40.76	2.01
土地增值税	104.16	5.13	103.20	5.08	0.96	0.05
契税	127.02	6.26	59.27	2.92	67.75	3.34
其他	183.87	9.06	147.89	7.29	35.99	1.77

图6 宁波市民营经济分税种收入情况

（五）民营经济"246"产业分布

宁波市政府根据自身的产业基础和区位优势，在把握新一轮科技革命和产业变革趋势基础上提出了"246"万千亿级产业集群的新目标。其中"2"指的是建设绿色石化、汽车2个万亿级产业集群，是所有产业集群的重点。"4"指的是建设高端装备、电子信息、新材料、软件与新兴服务等4个五千亿级产业集群。"6"指的是建设关键基础件（元器件）、智能家电、时尚纺织服装、生物医药、文体用品、节能环保等6个千亿级产业集群。

2020年，宁波市"246"产业总税收收入为829.88亿元，而民营经济"246"产业税收收入仅为424.93亿元，占总量的51.20%（如图7所示），与民营经济占宁波市总经济税收收入相比较，显然这个量不够高。在绿色石化、新材料两大税收收入最高的"246"产业中，民营经济发展较为薄弱，毫无优势可言。但在高端设备、智能家电、关键基础件、时尚纺织服装等产业，民营经济税收收入占比较高，发展强劲，优势明显。相对而言，个体经营由于其自身特点，难以发展壮大，但其在高端设备、关键基础件等行业也有一定的发展势头。

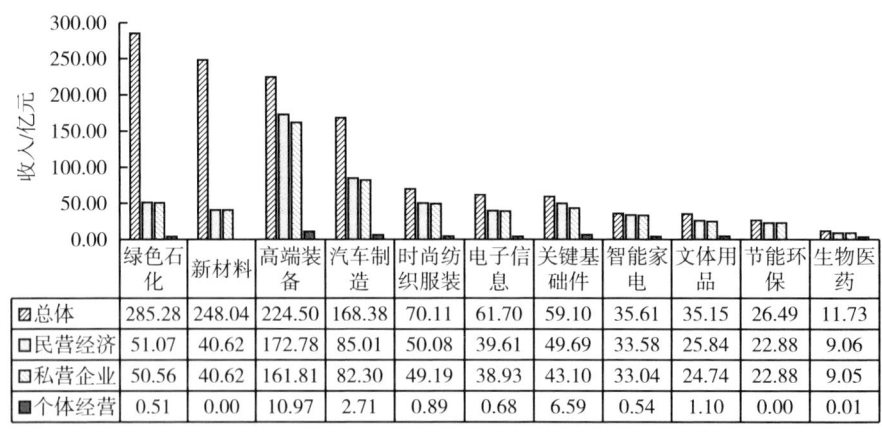

图7 宁波市民营经济"246"产业税收收入分布

从户数上看（如图8所示），"246"产业户数178044户，而民营经济"246"产业户数共计174371户，占总户数的97.94%。相关户数主要集中在高端设备、关键基础件、汽车制造等行业。在新材料、节能环保、生物医药等行业，无论是公有经济还是民营经济，户数都显得不多。一般来说，私营企业"246"产业的户数多于个体经营，尤其是节能环保、新材料、生物医药等行业，基本没有个体经营的影子，但在关键基础件、汽车制造、时尚纺织服装三个行业，个体经营户数较私营企业更多。

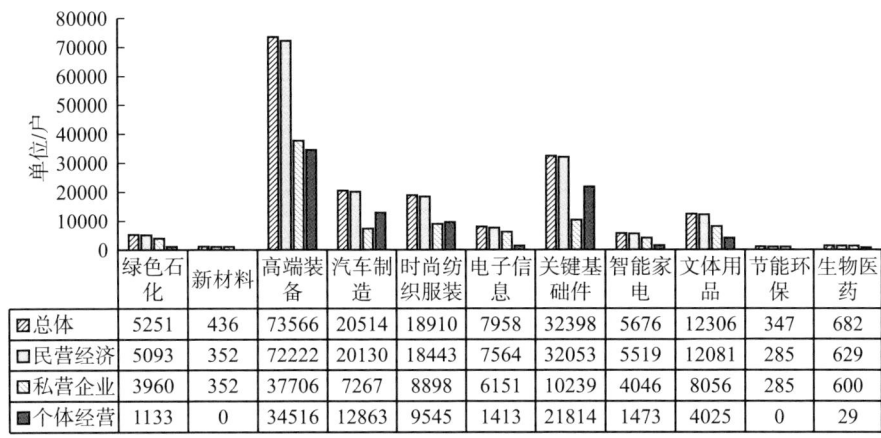

图8　宁波市民营经济"246"产业企业登记正常户数

三、基于熵值法模型综合评价民营经济各行业发展状况

熵值是对指标离散程度的度量，熵值法根据样本数据信息特征判断指标权重，熵值越大，权重就越小，熵值越小，权重就越大，不受指标间相关关系以及指标均值差异的影响，得出的指标权重较为客观，被广泛运用于综合评价指标赋权。本文采用熵值法，选取2021年宁波市民营经济税收收入排名前30的行业，并采集其2016年7月至2021年6月税收收入、户数数据（见表3和表4），综合评价宁波市民营经济各行业发展状况。

表3 2016年7月至2021年6月宁波市民营经济各行业税收收入

单位：万元

	2016年7—12月	2017年1—6月	2017年7—12月	2018年1—6月	2018年7—12月	2019年1—6月	2019年7—12月	2020年1—6月	2020年7—12月	2021年1—6月
房地产业	855228.38	848742.15	1302456.46	1360425.77	1859363.71	1385943.96	2445276.73	1695223.44	3173314.31	1935432.81
批发业	948617.39	864394.91	1275237.63	1223992.1	1531959.44	1136171.5	1432009.83	997527.28	1743885.32	1432878.28
商务服务业	654225.05	487142.74	783128.82	735725.44	1099999.49	701568.64	1062451.5	776534.31	1535705.59	960340.12
通用设备制造业	315487.94	291698	385712.34	351347.59	411799.95	343426.68	389711.6	285358.81	443156.23	381425.33
电气机械和器材制造业	306691.11	250811.35	373235.73	304390.25	359144.64	273606.55	352791.81	241728.86	421498.22	325283.85
汽车制造业	357983.02	321780.54	396679.43	360058.79	326672.19	307878.46	334298.62	221633.11	455992.58	302060.18
货币金融服务	243818.45	256951.89	361544.22	203206.39	237120.89	256197.85	397459.22	253600.36	907546.68	268404.14
化学原料和化学制品制造业	207562.06	208921.74	315831.4	326777.47	260089.24	247270.09	214865.12	149631.77	261568.51	223355.89
零售业	167994.55	146698.02	208387.24	181756.08	235910.39	210266.12	241546.21	183354.62	269488.66	222659.67
金属制品业	227941.89	207127.11	253162.93	221790.61	248213.29	180710.19	236873.81	161027.56	266053.53	206756.62
电力、热力生产和供应业	103380.68	120804.29	130890.1	171013.35	126306.12	126711.86	207114.38	170866.95	230390.9	202912.18
橡胶和塑料制品业	179669.94	150692.23	196117.2	168721.65	196105.68	141110.37	185438.62	121802.35	226696.96	173703.86
专用设备制造业	128263.36	107262.81	152241.07	139474.53	165320.51	126425.43	158174.76	109433.71	202136.17	155663.82

续表

	2016年7—12月	2017年1—6月	2017年7—12月	2018年1—6月	2018年7—12月	2019年1—6月	2019年7—12月	2020年1—6月	2020年7—12月	2021年1—6月
其他金融业	23602.96	17760.28	44214.01	47764.24	54531.86	90908	93652.29	84855.22	167819.79	143999.41
房屋建筑业	131542.50	93161.78	140878.1	107852.87	166065.54	113669.5	197751.3	121127.75	188800.26	135655.01
土木工程建筑业	69891.75	52118.06	68824.97	78548.49	104496.36	82503.86	112543.05	82982.68	132634.96	123316.25
非金属矿物制品业	55754.48	54011.52	81179.85	91289.13	123724.48	103933.55	128140.38	100779.68	151387.28	116130.69
建筑装饰、装修和其他建筑业	65132.01	57722.03	68138.64	68059.45	76674.88	71764.36	96833.5	78445.14	108942.81	99663.68
道路运输业	82189.54	68843.28	88664.06	76754.51	90286.61	78262.3	110281.92	70260.73	122640.96	90733.88
建筑安装业	103987.12	97132.69	109484.11	96488.05	94189.51	74373.4	88950.02	67952.62	111026.09	84750.75
计算机、通信和其他电子设备制造业	72386.64	60807.26	80632.64	74844.63	92166.93	60203.37	86585.27	59028.8	100273.86	74547.29
其他制造业	95026.18	72189.65	100463.68	80246.33	84786.83	66468.11	91816.95	65753.63	108865.71	74493.81
专业技术服务业	42758.28	57472.64	57577.51	50058.19	64864.96	47418.15	66887.84	49450.7	82449.23	70108.02
软件和信息技术服务业	45130.52	39039.17	62478.24	53877.99	92295.82	56425.5	94708.1	53626.83	83017.51	66307.07
黑色金属冶炼和压延加工业	38982.65	33836.35	47339.68	69751.64	86482.03	40430.87	24787.52	33854.24	60584.05	56005.84

续表

	2016年7—12月	2017年1—6月	2017年7—12月	2018年1—6月	2018年7—12月	2019年1—6月	2019年7—12月	2020年1—6月	2020年7—12月	2021年1—6月
纺织服装、服饰业	127580.58	94844.24	108104.8	79308.17	93269.85	59491.34	79527.98	49511.59	304779.07	55740.28
水上运输业	28279.46	23469.46	44927.24	39774.56	41666.99	31498.4	38404.99	29152.03	48715.25	47729.36
仪器仪表制造业	52345.29	37471.91	55354.5	39429.13	60771.72	36386.39	57448.87	38079.89	61127.59	43408.24
纺织业	52350.72	38630.35	58514.96	46994.55	70235.34	37175.14	61274.04	33209.72	63063.38	41084.6
研究和试验发展	24361.62	39879.58	67244.11	39711.56	44410.14	51233.49	59953.3	63742.61	68416	39597.57

表4 2016年7月至2021年6月宁波市民营经济各行业户数

单位：户

	2016年7—12月	2017年1—6月	2017年7—12月	2018年1—6月	2018年7—12月	2019年1—6月	2019年7—12月	2020年1—6月	2020年7—12月	2021年1—6月
房地产业	6083	6602	7003	7590	8298	9110	10331	11253	12432	13314
批发业	77263	82158	83587	89095	92805	98432	104306	111128	118458	125333
商务服务业	38446	44762	50493	57794	61740	64394	66465	68638	71928	79759
通用设备制造业	27858	28731	28949	30180	30956	31913	32505	33245	34204	35580
电气机械和器材制造业	15196	15543	15461	16007	16275	16681	17066	17549	18106	18846
汽车制造业	3114	3259	3330	3498	3577	3665	3708	3782	3877	4015

续表

	2016年7—12月	2017年1—6月	2017年7—12月	2018年1—6月	2018年7—12月	2019年1—6月	2019年7—12月	2020年1—6月	2020年7—12月	2021年1—6月
货币金融服务	1298	1304	1293	1303	1303	1313	1315	1360	1368	1366
化学原料和化学制品制造业	1395	1421	1426	1462	1461	1478	1490	1523	1540	1602
零售业	194611	202483	183156	188697	192154	191952	196523	205485	213901	219131
金属制品业	24967	25514	25134	25824	26309	26966	27537	28361	29408	30438
电力、热力生产和供应业	362	435	518	603	635	665	681	708	784	856
橡胶和塑料制品业	22417	22930	22787	23385	23723	24294	24684	25414	26521	27432
专用设备制造业	13774	14777	15821	17190	18056	18945	19711	20561	21823	23046
其他金融业	344	376	380	386	388	393	400	408	420	424
房屋建筑业	1417	1468	1443	1582	1668	1759	1885	1924	2034	2151
土木工程建筑业	2910	3419	3748	4149	4493	5101	5678	6030	6627	7143
非金属矿物制品业	2660	2713	2686	2784	2831	2896	2959	3045	3168	3278
建筑装饰、装修和其他建筑业	6264	7072	7718	8712	9619	10617	11754	12762	14121	15478

续表

	2016年7—12月	2017年1—6月	2017年7—12月	2018年1—6月	2018年7—12月	2019年1—6月	2019年7—12月	2020年1—6月	2020年7—12月	2021年1—6月
道路运输业	22919	22790	18470	19833	20700	21159	22103	23344	24998	26369
建筑安装业	3085	3306	3367	3618	3809	4159	4469	4663	4907	5146
计算机、通信和其他电子设备制造业	2739	2883	2933	3092	3155	3233	3314	3421	3581	3742
其他制造业	14151	14634	14522	15336	16250	17323	18506	19498	20412	20900
专业技术服务业	5217	5652	5918	6437	6919	7565	8389	9148	10068	10932
软件和信息技术服务业	5614	6387	7028	8008	8695	9367	10192	11023	12145	13484
黑色金属冶炼和压延加工业	372	385	387	398	402	402	403	405	411	411
纺织服装、服饰业	10390	10643	10416	10513	10574	10700	10859	11207	11459	11780
水上运输业	282	286	278	284	287	297	310	314	327	350
仪器仪表制造业	1626	1665	1676	1734	1776	1820	1864	1912	1974	2063
纺织业	5969	6023	5916	5839	5839	5926	5957	6194	6351	6451
研究和试验发展	1863	2227	2520	2908	3279	3584	3962	4111	4417	4950

(一) 指标权重

1. 数据预处理：正指标标准化及数据平移。

$$X'_{ij} = \frac{X_{ij} - \min(X_{1j}, X_{2j}, \cdots, X_{mj})}{\max(X_{1j}, X_{2j}, \cdots, X_{mj}) - \min(X_{1j}, X_{2j}, \cdots, X_{mj})} + 1$$

$$(i = 1, 2, \cdots, m; j = 1, 2, \cdots, n)$$

式中，X_{ij} 为第 m 个评价方案第 j 项评价指标的统计值，$\max(X_{1j}, X_{2j}, \cdots, X_{mj})$、$\min(X_{1j}, X_{2j}, \cdots, X_{mj})$ 分别表示第 j 项评价指标的最大值和最小值。

2. 计算指标权重。

$$P_{ij} = \frac{X'_{ij}}{\sum_{i=1}^{m} X'_{ij}} \quad (j = 1, 2, \cdots, n)$$

3. 计算指标熵值。

$$e_j = -k \sum_{i=1}^{m} P_{ij} \ln P_{ij}, \quad k = 1/\ln m$$

4. 计算指标差异系数。

$$g_j = 1 - e_j$$

5. 计算指标熵权（见表5）。

$$W_j = \frac{g_j}{\sum_{j=1}^{n} g_j} \quad (j = 1, 2, \cdots, n)$$

表5　2016年7月至2021年6月宁波市民营经济各行业指标权重

	2016年 7—12月	2017年 1—6月	2017年 7—12月	2018年 1—6月	2018年 7—12月	2019年 1—6月	2019年 7—12月	2020年 1—6月	2020年 7—12月	2021年 1—6月
税收收入	0.3732	0.3692	0.4437	0.4621	0.4722	0.4591	0.4610	0.4852	0.4896	0.4886
户数	0.6268	0.6308	0.5563	0.5379	0.5278	0.5409	0.5390	0.5148	0.5104	0.5114

(二) 综合评价值

综合评价值的计算方法有线性加权法和非线性加权法。非线性加权法要求各评价指标相互关联且指标值大于或等于1，宁波市民营经济各行业发展状况评价指标体系中各项比例指标值均小于1，不符合非线性加权要求。因此，采用线性加权法计算综合评价值，公式如下：

$$S_i = \sum_{j=1}^{n} W_j * X'_{ij} \quad (i=1, 2, \cdots, m; j=1, 2, \cdots, n)$$

（三）结果分析

宁波市民营经济发展状况综合得分（如图9所示）排名前三的为批发业、零售业和房地产业。房地产业税收收入贡献度较高，每年税收贡献度都在稳定增长；批发业不但税收贡献度较高，户数也较多，仅次于零售业；而零售业税收贡献度虽不靠前，但其户数远远赶超其他行业。相对来说，上述三类行业科技含量不高，总体竞争力不强，宁波市民营经济发展现状不容乐观。

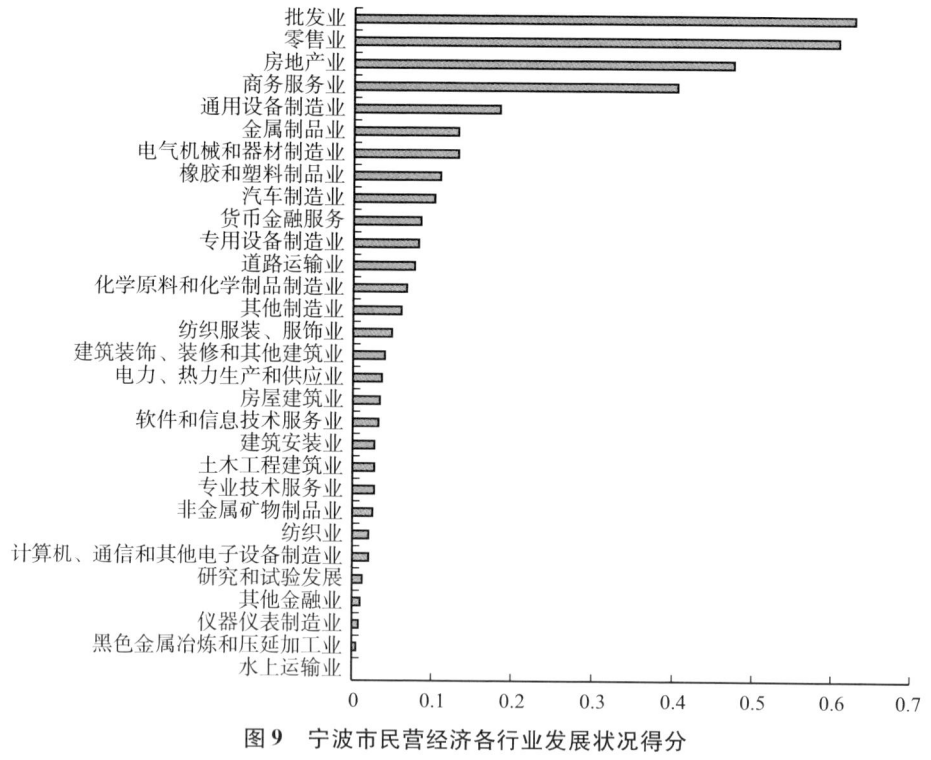

图9 宁波市民营经济各行业发展状况得分

从目前宁波市民营经济发展状况来看还存在很多不平衡不充分情况。制造业发展不够充分，排名前三的制造业为通用设备制造业、金属制品业以及电气机械和器材制造业，不但税收贡献度不够高，而且科技含量也不高，大企业不多，总体经济竞争力表现欠佳；服务业主要集中在传统服务业，以商务服务业、货币金融服务以及道路运输业为主，知识密集度不足应引起重视。从综合发展状况来看，宁波市民营经济制造业、服务业在科技创新、做大做强方面存在明显劣势，服务于宁波市高质量现代化经济体系任重道远。

四、当前宁波市民营经济高质量发展面临的困难

近几年，受国际形势影响，国内消费结构也发生明显变化。一方面，在产业升级转型背景下，再加上金融杠杆逐渐去除，经济运行承受诸多压力；另一方面，基于宁波市经济发展的阶段性、结构性特征，过去曾引以为豪的体制优势、开放优势、产业集群优势正在弱化，受空间环境、资源要素、企业成本等因素的制约，宁波市民营经济发展面临着前所未有的困难和挑战。

（一）成本上升过快，盈利能力下降

2020年全年民营企业的融资需求下降、税负也有明显降低，但在原材料、用工等方面，投入成本有所增长，对企业扩大经营规模、增加员工数量产生不利影响。由于2019年度国际大宗商品市场动荡，再加上上游资源类企业纷纷减产能、去库存，导致原材料成本高，上游原材料涨价过快，侵蚀下游民营经济的利润。在外贸出口方面，民营经济"走出去"企业规模较小，国际环境的不确定性对其影响较大，风险亦较大。

（二）国内外市场需求不足，业内恶性竞争加剧

随着疫情肆虐、中美贸易摩擦加剧，民营企业对外出口规模缩减，来自国外的订单量减少，阻碍了企业的转型升级之路。为了维持基本的生存运转，许多民营企业选择进入医疗器械等领域，迅速圈钱，或者利用网红带货，经营风险上升。再加上内需动力缺乏，民众的消费意愿不高，对部分民营企业会造成更大的冲击。家电、汽车配件、服装等行业同类竞争者数量不断增多，相匹配的竞争规则却不完善，导致竞争处于无序状态，影响整个行业的发展。

（三）融资渠道狭窄，投资意愿不高

现阶段，民营企业经营虽然融资渠道有所增加，但所需资金主要从银行贷款或者本身所有，获得资金有限，最多能够维持自身正常运转，不具备参与国家重大项目的能力，再加上参与合作项目的门槛提高、政策变化较快、投资收益不稳定等因素，使得民营企业在投资项目中的参与动力不足，积极性较低。在国际层面，随着"一带一路"不断推进，各国联系逐渐加深，但是由于民营企业对东道国信息了解较少，再加上国际贸易市场不规范、贸易保护主义势

头上升、采取更加严格的管制外汇措施,阻碍了民营企业的发展之路。

(四)资源市场化配置不充分,企业创新创业活力不足

民营企业由于缺乏自己的研发团队,中高端人才匮乏,与高校院所合作困难,合作项目基本以短平快为主,再加上相关市场不健全,导致民企科技成果转化难、保护力度弱,企业家及领军团队存在断档的风险。一方面,由于政策支持力度不大、缺少良好的生活与工作环境、行业对外开放程度不足等因素的影响,引进高素质人才存在较大困难;另一方面,由于法律素养不高、激励制度不健全、沟通不频繁,导致年轻员工畏手畏脚,不敢施展自身的抱负,甚至可能遭遇侵权,使人力资源管理受到阻碍。在宁波市,更多人才风险的产生来自企业家群体,上规模民企的创始人一般是绝对控股单一大股东,家族传承仍是首选,但成功的并不多。

五、促进宁波市民营经济高质量发展的对策建议

在境内外经营风险增加的背景下,宁波市民营经济不畏艰险,迎难而上,以灵活的经营政策,以及强大的韧性,在经济环境中积极适应,加快创新,开创了一条平稳向上的发展曲线。如何更好地促进宁波市民营经济高质量发展,服务于共同富裕,本文有以下几点想法。

(一)摸清底细,实行精准政策支持

强化对全市民营企业的调查研究,摸清家底,掌握动态,持续开展具有针对性和差别化的政策扶持。一是加强减税降费政策支持,目前中、小民营企业的税费负担仍然较重,特别是要求所有企业为所有员工缴纳"五险一金",中、小民营企业很难负担社保缴费,应当进一步深入民营企业调查研究,采取降费措施,降低企业社保缴费负担,切实降低民营企业发展成本负担。二是给予金融更多支持,强化创新力度,结合短期信贷与长期信贷,在大数据的支持下,衍生出更多更好的金融产品,并对民营企业进行引导,让其在资本市场中积极参与,构筑品牌化发展模式,拓展融资渠道。三是完善健全营商环境,注重保护各营商主体的知识产权、财产权、经营权等,重视监督管理,全面观察事前、事中、事后全过程,严惩侵权行为,提高权利侵犯的成本。

(二)大力提升民营经济内循环能力

从维护产业安全和提升产业竞争力的高度,加强区域科创等硬核实力培

育,将政策工具不断创新,提升民营企业内循环能力,全面融入以国内大循环为主体、国内国际双循环相互促进的新发展格局。首先,在数字化领域不断深耕,逐步开拓相应的市场,对企业进行引导,让其实现品牌化、数字化发展,号召民企参加各种展会,甚至支持民办展会,利用线上、线下渠道提升知名度,拓展更多营销模式。其次,支持民营企业与高校、科研机构加强合作,深入钻研,将技术升级,创新研发产品,形成更加完整的产业链,吸引更多优秀人才加入,成功转化技术,加深产学研联系,培育出科技型企业,与全国科研院所展开合作。再次,倡导民营企业建立实验室,开展新产品、新技术的研发,成为行业的"风向标",并给予一定的财政拨款或者其他优惠待遇。最后,对企业品牌化发展、开展贸易活动鼎力支持,针对外贸产品,形成国家认证标准,积极发挥当地优势,帮助当地企业加快出口速度,重视保护知识产权,试着开展知识产权服务中心的构建工作,为企业提供法律等服务。

(三) 努力创建全国民营经济创新发展示范城市

在宁波市,民营经济的发展速度逐渐加快,民营企业的经营规模稳步提升,为全市发展向更高质量的方向迈进奠定坚实基础。第一,应当积极发挥已有优势,主动探索企业创新发展道路,将目光汇聚于特殊经营领域中的民营企业,了解它们的需求以及存在的经营挑战,同时关注金融、军工、能源等领域内的国有企业混合制改革,力争成为试点城市,先行开展改革。第二,结合"一带一路"的优势,推动民营企业在国家战略投资中积极参与。在长三角地区,建成创新示范区域,开展异地合作,加强与上海、杭州、南京等城市对接合作,发挥各地科创和人才优势,探索合作模式共建产业园区,尤其在"对接大上海"方面,探索以"企业组团"和"政府间协议"形式,共同打造园中园或共建园,吸引上海企业入驻。第三,在乡村振兴道路中,纳入民营企业,宁波乡村与城市之间维持均衡的发展状态,即便处于县域,经济也相对发达,而且当地的民营企业众多,宁波市政府可以设置试点,在奉化、余姚等区域,引导民企下乡,改善流转土地制度,构筑智能化"三农"平台,进行示范建设,助力农业发展。在此基础上,将示范经验及时归纳总结,在全国推广,以切实振兴乡村经济。

课题组组长:黄　旻
课题组成员:蔡　杰　叶丁叠　徐　军　曹红雨　沈菁华

推进精确执法　创新税务监管体系

周广仁

税务执法是税务机关履行法定职责的主要方式和发挥税收在国家治理中基础性、支柱性、保障性作用的有力支撑。随着中国特色社会主义进入新时代，税务执法需要适应新形势和新要求。中共中央办公厅、国务院办公厅《关于进一步深化税收征管改革的意见》（以下简称《意见》）提出"精确执法"，税务执法必须以此为导向，正视问题和不足，认真吸收借鉴成熟经验，扎扎实实推进精确执法，加强税务监管体系创新，推动实现税收治理体系和治理能力现代化。

一、新时代税务执法面临的挑战和机遇

（一）社会层面：新格局

随着法治体系的持续完善和权利意识的不断提升，社会公众对于执法质量的要求和期待更高，维权意愿更加强烈，更加关注实质公平。在税务领域，根据中国裁判文书网数据，2014年、2015年期间，税务行政诉讼裁判文书数量较少，2016年至2018年，税务行政诉讼文书数量连续三年大幅增长，年平均增长率为50.95%，经历了一个快速上升期。2020年税务行政诉讼裁判文书数量与2018年、2019年相比基本持平，全国的税务行政诉讼案件数量在三年的快速、大幅增长期后趋于稳定。这充分说明纳税人权利意识的觉醒，对税务执法不服时，越来越注重运用法律途径维护自身合法权益。在这种社会形势下，税务执法必须尽快由粗放向精确、精准转变。

（二）经济层面：新经济

新技术的运用正在重构生产、分配、交换、消费等经济活动的各个环节，引发经济形态的重大变革。尤其是数字技术的发展，催生了以互联网、数字经济为代表的新型业态。新技术、新经济颠覆了传统面对面的交易模式，实现了

非接触式、没有物理形态的交易。这些特点对于纳税时间、纳税地点、纳税人的确定带来挑战，给税务执法带来了新的困难。与此同时，也促进了税务机关运用新技术提升执法手段、优化执法方式。

（三）税务层面：新机构

2018年国税地税征管体制改革后，税务执法的队伍更加庞大，税务执法的内容更加广泛。从短期来看，部分执法人员对于合并前的部分执法内容可能不太熟悉，给精确执法带来一定挑战；但从长期来看，通过业务融合与资源互补，更有利于促进精确执法。

二、当前税务执法存在的问题和原因分析

（一）存在的问题

1. 执法主体不规范。

根据行政执法的基本要求，只有具有执法资格的执法人员，才可以从事行政执法工作。但在税务系统，还存在不具有执法资格的人员尤其是临聘人员从事行政征收、行政许可、行政处罚等执法工作的现象。这些人员不具有执法资格，对于相关法律法规的熟悉程度也达不到要求，其作出的执法行为不仅不符合精确要求，实质上应当无效。更有甚者，由于法律意识淡薄，个别临聘人员在执法过程中存在贪污税款等违法犯罪行为，造成国家税收流失。

2. 执法程序有瑕疵。

执法程序上还存在一定程度的随意。例如，在税务稽查过程中，未能规范着装；对查封、扣押财产等直接涉及重大财产权益的现场执法活动，未能按照"三项制度"要求，推行全程音像记录；在调取纳税人账簿资料、检查存款账户等执法行为过程中，存在着先调取资料，事后再进行领导审批的不规范行为。

3. 执法标准不统一。

鉴于各地发展不平衡，在行政处罚裁量基准、重大税务案件审理标准等方面存在差异属于正常合理范畴。但是，对于其他应当统一的执法标准和口径，实践中仍存在不统一现象，影响了执法精确性和税法权威性。例如，对于土地增值税清算业务中的有关计算口径，同一个地方或者相邻地方的掌握尺度差别较大。再如，当事各方出于做大销售额等动机进行的发票对开和环开，这种行为主观上不以骗取抵扣税款为目的，客观上也未造成增值税税款

流失，税务机关应当如何定性处理，法律层面没有清晰规定，执法实践中存在不同处理。

4. 执法效果不乐观。

①执法僵化，柔性不足，执法文书缺乏充分说理，纳税人对于执法结果往往知其然不知其所以然，对税务执法的满意度不高。近年来，税务行政复议和诉讼案件的持续增加，一方面反映了纳税人维权意识的觉醒，另一方面也说明了执法效果的满意度有待提高。②执法公开不够到位。例如，对于某些行政处罚案件的结果，基于税务机关和处罚对象两方面的顾虑，存在应当公开而未公开的现象。③目前稽查办案普遍周期较长，效率较低。原《税务稽查工作规程》规定检查期限为60日，新《税务稽查案件办理程序规定》规定整个办案期限为90日。但在实际稽查工作中，普遍存在多次延期情况。

（二）产生上述问题的原因分析

1. 思想观念方面。

法治意识有待提高，思想观念不够重视，管理思维大于法治思维，未能严格按照法律规定执行。例如，根据法律规定和中央要求，不得违规提前征税，但个别地方仍然盲目下达税收任务、征收"过头税"，被国务院通报批评；再如，根据法律规定和国家税务总局要求，不允许存在临聘人员从事执法工作现象，但仍有个别地方未能及时清理，某些助征员贪污税款，损害税务机关形象。

2. 税收政策方面。

执法人员难以完全精准掌握税收政策。我国现有18个税种，其中16个由税务机关征收，对精确执法带来挑战。例如，国税地税征管体制改革后，原国税干部普遍对土地增值税比较陌生，原地税干部对全面营改增后的增值税制度也望而生畏。加上减税降费政策密集出台，税收政策更加复杂，执法精确度受到一定影响。

3. 配套制度方面。

①权责边界不甚清晰。税务机关身兼执法、管理、服务等多重角色，但各个角色之间的职责边界存在交叉模糊。虽然税务系统已经制定了权责清单，但个别事项的界定仍然不清楚、不科学。②法律规定不够完善。例如，关于虚开增值税专用发票的行政违法与刑事犯罪规定，未区分是否存在骗税动机、是否造成税款流失、是否只限于增值税流失等各种情形，导致执法人员认识不同，同类案件存在不同处理。③个别要求不切实际。例如原《税务稽查工作规程》

和现《税务稽查案件办理程序规定》对于办案期限要求比较严格,但稽查案件超半数来自发票协查系统,这些案源主要以查处各类虚开发票和骗取出口退税为主。为了查清事实,稽查部门需围绕"货物流、发票流、资金流"进行多方检查,还需要寻找"涉税发票"背后的各类人员(如法定代表人、财务人员、采购人员、仓库保管员、物流人员等)了解情况。同时需实地查看是否具有实际生产能力以及是否存在第三方挂靠或委托加工情况,此外还经常因政策不明,造成定性困难。以上种种因素,使得很多稽查案件无法在规定的期限内完成。

4. 监管措施方面。

①目前"放管服"改革中的放、服都比较到位,但放管结合仍然存在漏洞。针对已取消的行政许可事项,如何加强事中事后监管,在部分领域缺乏制度性安排,也没有形成统一的、具有操作性的有效工作指引,导致后续管理不到位,问题频出,出现了较大风险。比如为进一步简政放权,2014年国家税务总局取消"大额普通发票代开调查巡查"进户执法项目后,税务机关前后端均取消了业务真实性审核,导致不法分子利用制度漏洞大肆虚构业务代开发票,近年来执法督察发现个别纳税人通过购买身份证虚构业务到税务机关或委托代征单位代开普通发票,用于虚抵成本、偷逃税款,主管税务机关无视风险,形成巨大征管漏洞。②部分执法领域风险防控的主动性和时效性不足,缺乏重大风险预警监控,导致一些重大风险被外部审计、举报监督发现。比如国务院关于2020年度中央预算执行和其他财政收支的审计工作报告指出,15省市以财政奖励等名义违规返还税款,造成财政收入流失238.73亿元;20个地区在应税事项未发生、缴税时限未到期等情况下,向111户企业多征预征税费29.9亿元,增加企业负担;部分高收入群体恶意出让转移资产,逃缴高额个人所得税。

5. 信息资源方面。

①作为税务管理者,税务部门拥有海量的纳税人数据,但在挖掘和利用这些数据的真正价值方面,仍处于早期阶段。一方面,税务系统内部存在多个独立运行的业务系统,如金税三期核心征管系统、增值税发票新系统、自然人税收征管系统、出口退税系统等,其中的执法数据相对孤立,数据大多不能共享,数据的集成应用率低,影响了后续的数据挖掘和分析应用;另一方面,税务系统内部的分析决策系统建设缓慢,功能侧重于查询、统计、报表,而数据预处理、数据分析建模、数据预测、辅助决策等功能未能充分开发,影响了执法效率和精准度。如基层税务部门作为税务执法的重要一环,受限于执法层级

以及数据安全等因素，能用于执法决策的数据有限，而从上级接收到的信息也有限，多数情况需要下户补充采集数据，这需要时间成本和分析成本，在人少事多的情况下，必然出现执法随意性增大、定性不准等问题。②税务部门的系统设计（包括执法系统）主要是以业务流程为导向的，手工操作痕迹明显，属于业务驱动，而非数据驱动，因而数据缺失、数据重复、数据异常等数据质量问题得不到应有的重视和解决，错误的数据当然得不出正确的结论，一定程度上影响了税务执法的精确度。另外，业务驱动的系统大都是串联式的，一环接一环，前一环节未完成，后一环节就不能启动，因而效率低下；数据驱动的系统则是并联式的，通过计算机的强大算力，数据的汇聚、分析、共享可以同步实时发生，从而大大提高业务的处理效率。③税务执法信息共享度低。一次税务执法会形成大量数据，如执法对象、执法主体、相关利益方的静态和动态数据。这些数据有些被采集进执法系统，而更多的数据则以档案形式（书面文字、语音、图像等）留在系统外，不能形成有价值的信息而被重复使用。比如在重点税源审核和反避税调查中，缺乏详尽的工作指引和丰富的数据支持，事实上就全国而言，类似的案例肯定有过，但固化在系统中的少之又少，因而更谈不上由系统推送类似的解决方案。④智能化程度不足。由于各种原因，税务信息系统尚未有效集成，税务数据缺少有效融合，服务、监管、执法、社会协同未能有效合成，"非接触式执法"没能有效推广，大数据分析和人工智能等新技术使用不足，目前税务执法系统无法实现智能识别、智能推送、智能应答等一系列智能化处理，在有效减轻基层和纳税人的负担、提高税务执法效果方面还存在不足。

三、推进精确执法的经验借鉴

（一）国内其他部门经验

证监会的监管科技建设可以为税务精确执法提供可以借鉴的经验。2018年8月印发的《中国证监会监管科技总体建设方案》，标志着证监会完成了监管科技建设工作的顶层设计，并进入全面实施阶段。

一是统筹证券基金期货行业科技监管。梳理整合现有科技监管规则，结合证券基金期货行业特点分别制定细则，形成层次清晰、逻辑一致的规则体系。

二是提升监管科技基础能力。建立集中统一的数据管理体系，提升行业科技治理水平，紧贴资本市场监管要求和数字经济发展特点，打造具有通用性和扩展性的监管大数据平台。深入开展金融科技工程研究与实践，在大数据分析、人工智能等前沿科技应用上积极探索，重点建设上市公司、私募基金、行业机构监管和稽查执法等监管机构、监管系统，积极开展基于大数据的风险监测。

三是打造新型金融基础设施。优化证联网，促进行业机构间的互联互通，指导行业核心机构积极推动行业云服务公共设施建设，较好满足金融机构对于行业公用共性技术服务的应用需求。启动区域性股权市场区块链登记托管、基础设施建设的试点工作，在区域性股权市场探索打造新一代的金融基础设施，为中小企业股权融资提供更优质的服务。

（二）域外税务执法经验

2020年税收征管论坛阿姆斯特丹大会正式发布税收征管3.0。税收征管3.0强调以纳税人为中心的理念构建税收征管流程，以建立适用高科技的组织形态为目标，形成对人员、流程和系统的快速反应能力。基于精准且安全的身份识别系统，准确识别纳税人信息，把个人和企业涉及的所有系统连通起来，实现按户按人归集。税收征管3.0提出了全新税收征管模式，即将税收规则前置嵌入到纳税人的自有系统（即税收征管3.0中所称的Natural System，包括纳税人的财务软件、ERP系统以及为纳税人提供其他服务的政府、第三方系统，以下统译为纳税人自有系统）之中，采用合规设计方式确保纳税人在"纳税义务"刚发生时就遵从税收规则，从而推动实现纳税人自动申报缴税，实现从"自愿遵从"向"自动遵从"转变。税务机关不再依赖纳税人通过报表报送的大量数据，而是直接使用来自受信任的纳税人系统导出的结果，从而降低因税收征管流程与纳税人日常业务流程差异而带来的遵从成本。税收征管3.0模式还强调要对其他政府部门、私营企业、各国间的系统和程序进行整合，将其他政府服务和管理职能与市场主体联系起来，各主体在管理中建立起合作伙伴关系，通过数字身份保障流程和数据源之间的无缝链接，打造税收共治格局。

四、推进精确执法的意见建议

税务系统要深刻理解《意见》关于精确执法要求的核心要义，推动从经验式执法向科学精确执法转变，实现《意见》提出的深入贯彻税收法定原则，切实加强税收征管，规范组织税费收入，着力构建"无风险不打扰、有违法要追究、全过程强智控"的精确执法新体系。

(一) 以规范执法为重点,实现从管制向善治的转变

1. 加强制度体系建设。

一是构建完备的税法体系。精确执法的前提在于精确立法。税收征收管理法等有关法律法规的某些规定已显得陈旧,对于实践中出现的新情况新问题缺少必要的回应,难以适应税务执法的需要,应当及时进行立改废。全面清理整合现行的税收规范性文件,对于仍然需要继续执行的规则进行整合并重新发布,尤其是对纳税评估制度、死欠核销制度、阻止欠税人出境制度等普遍适用但落后于形势发展的"陈旧"制度进行修订完善,增强制度的及时性、针对性、可操作性、协调性、系统性。配合有关税法的制定和修改,及时依法解释明确税法中的模糊问题,消除税务执法争议障碍,进一步增强税务执法的确定性。二是严格贯彻落实三项制度。行政执法公示、执法全过程记录、重大执法决定法制审核制度(包括重大税务案件审理)等三项制度,聚焦行政执法的源头、过程和结果三个关键环节,对促进严格规范公正文明执法具有基础性、整体性、突破性作用,对推进税收治理体系和治理能力现代化具有重要意义。税务系统要全面落实,推动实现税务执法的公开、透明、规范。三是从征管全流程上完善配套制度,包括实名办税(生物识别技术)等税务网络可信身份体系,"数据采集、部门共享、减少办税"缴费信息报送的办法,欠税追缴、事前裁定、执行税收、破产税收等制度规定,优化完善科学严密的税收征管制度体系。四是完善稽查办案制度,落实"立案前检查",探索"查前约谈",提高稽查效率。在下达《税务检查通知书》之前,先约谈企业法定代表人和财务负责人,了解企业对当前税收政策的把握情况,通过下发自查通知书和自查事项告知书约请待查对象,并做好约谈记录。根据约谈情况,责令纳税人进行税务自查,将存在明显隐瞒情况的纳税人作为重点稽查对象。对自查结果不符合相关法律规定的,约谈对象又未能及时解释清楚问题或疑点,或逾期不按规定进行自查的,列入选案对象,对查处的违法行为给予严肃处理。

2. 实现区域执法协同。

推进区域间税务执法标准统一,实现执法信息互通、执法结果互认,是税务部门紧跟国家区域协调发展战略,积极主动融入经济社会发展大局的重要举措。落实国家税务总局、长三角"首违不罚"清单,不断细化、具体化法律法规规章中"免罚轻罚"规则。深化长三角区域税收征管协作,统一区域间税务执法标准,实现执法信息互通、执法结果互认。简化企业跨省迁移税费事项程序,落实全国通办涉税涉费事项清单。同时,我们要紧抓针对绿色一体化

示范区先行先试的有利契机,对遇到的障碍和问题形成快速反馈机制,在保障落实好优化调整征管机构、优先推进电子发票试点、推进综合保税区建设、率先推行异地信用评价应用、下放税收征管审批权限等五项创新举措的基础上,提出进一步支持绿色的工作方案。

(二)以柔性执法为核心,实现执法向刚柔并济转变

1. 落实轻微违法首违不罚制度。

2021年1月22日修订的《中华人民共和国行政处罚法》第三十三条第一款规定:"违法行为轻微并及时改正,没有造成危害后果的,不予行政处罚。初次违法且危害后果轻微并及时改正的,可以不予行政处罚。"在法律层面正式确立了"首违不罚"制度。2021年3月31日,国家税务总局发布《税务行政处罚"首违不罚"事项清单》,对于首次发生清单中所列10个事项且危害后果轻微,在税务机关发现前主动改正或者在税务机关责令限期改正的期限内改正的,不予行政处罚。下一步,建议探索将"首违不罚"清单拓展至所有非稽查专司领域。

2. 推行说理性执法。

在税务执法文书领域采用说理式执法文书,进而拓展至执法行为的各个环节之中,全面实现执法过程、执法结果说理,让执法对象知其然且知其所以然。严格按照办案程序规定,全面告知当事人执法流程、权利义务、违法事实、处理意见、处罚幅度、处罚结果、救济途径等内容或要求,积极融入说理工作,做好法理、事理、情理的解释,加强沟通、减少争议。

3. 建立税务争议协调解决机制。

税务执法中涉及裁量权的情形比较广泛,如行政处罚、核定税额、确定应税所得率等。这些情况依法均可适用和解与调解。注重发挥和解与调解作用,建立高效、便捷的争议协调解决机制,有利于将税务纠纷化解在萌芽阶段。在调解、和解过程中,始终坚持征纳双方平等地位,尽量消除主体间的心理对抗,调动各方面因素,通过多种途径寻求税务争议的彻底解决之道。

(三)以实施数据治税为抓手,实现从人工管税向智慧税务转变

1. 以一户式集成为突破口,推动执法数据融合和共享。

制定数据交换和数据共享标准,加速推进内外数据互联互通,提高一户式数据集成效率和数据质量。在保证数据安全和风险可控的前提下,制定数据共享清单,让基层执法部门拥有与执法责任相对称的数据,提高执法效率。

2. 建立大数据应用体系,以数据驱动业务变革和流程再造,加速推进税务执法数字化转型。

在大数据平台,通过业务对象、过程、规则的数字化,将执法数据从线下转到线上,将执法业务规则变成机器可以理解的规则,让机器基于规则自动判断执行,实现重复、海量"确定性执法业务"的自动化处理,提高税务执法的效率。如增值税全链条快速反应,在发票领用、开具、申报抵扣(退税)、事后管理等环节已实现由系统自动识别、自动评级、自动推送、自动处理,大大减轻了基层执法人员的人工操作负担,有效降低了增值税发票虚开风险。

3. 基于税收大数据平台和互联网,充分应用大数据、5G、人工智能等新技术创新税务执法业务模式。

将纳税人视为税务执法系统的有机组成部分,基于税务系统内部的一户式集成,针对不同纳税人创建功能完备、个性化的数字税务账户,实现税务部门与纳税人的在线互动,在为纳税人提供个性化服务的同时开展非接触式执法,实现线上下达税务事项通知书、线上约谈调查。同时,通过政府部门之间的合作以及大数据分析、5G、人工智能等技术的综合运用,实现执法过程的自动化处理。

4. 统筹服务、监管、执法和共治,推进智慧税务全面建设。

强化系统观念,将智慧税务与税收服务、执法、监管各领域工作统筹谋划、深度融合,推动税务执法从合作、合并到合成的突破。充分整合挖掘各方信息资源,沿着税源管理到风险管理再到纳税服务的建设路径进行一体化集成,建立全数字化的管理链条和控制链条,最终实现系统互联互通、数据高度融合、具备动态感知的智慧税务。

(四)以执法统一为标准,实现从税务监管向更加公平公正转变

1. 进一步细化税务处罚裁量权。

细化完善处罚裁量,应基于更加综合的影响因素加以考量。一是行为主体方面,如年龄因素,实践中发生大学生创业企业发票违法案件,当事人缺乏相应财税知识以及风险管理意识,对其进行的处罚可考虑适当从轻、减轻;二是主观方面,需考虑实施违法行为时的主观心理状态,是故意还是过失;三是客观方面,如违法行为所涉税种、金额、违法行为次数以及配合程度等;四是行为后果方面,需考虑对社会造成的恶劣影响程度、非法获利情况等。在目前已发布的《长江三角洲区域申报 发票类税务违法行为行政处罚裁量基准》以及《长江三角洲各省市裁量基准对照表(其他违法)征求意见稿》中,已考

虑了行为次数、社会影响、配合情况等因素，但征求意见稿对于处罚阶次依然规定过宽，且考虑因素比较有限，仍可继续细化。

2. 建立税收执法案例指导制度。

虽然税务行政处罚案例对税务机关并不具有法律意义上的约束力，但典型案例指导制度可以保证税务执法的统一性，减少同案异罚情况的发生。通过每年发布典型案例形式，对违法违规行为的法定依据、裁量阶次、适用条件和具体裁量标准进行细化和明确，同时也可解决特殊性、新颖性案件严格适用裁量基准可能带来的不合理问题。同时对于税务机关实际操作中可以考虑的酌定情节，在案例的环境中可以更直观被执法人员理解。

3. 完善行刑衔接机制。

实践中对涉税违法与涉税犯罪的边界把握上存在两种极端，一是税务机关遭遇案件移送难，二是税务机关存在以罚代刑现象，其中移送难矛盾更为突出。究其原因，主要是目前对涉税类案件的入刑标准与经济发展现状脱节，最易发生税警纠纷的就是关于虚开增值税专用发票的移送标准问题。税务机关根据《最高人民法院关于虚开增值税专用发票量刑标准有关问题的通知》（法〔2018〕226号），若虚开税款数额达到5万元以上，就启动移送公安机关程序。但公安机关并未完全按照此规定执行，且认为标准过低，容易导致打击面过宽，因此造成了涉税案件的"移送难"，这也导致各地具体移送情况不一，存在执法风险。据悉，最高人民法院已准备出台新的司法解释，税务机关一方面需应用好新的司法解释，另一方面，要探索税务合规性工作机制，完善行政部门与司法部门的有效衔接。

（五）以内控监督为保障，实现执法风险防控由问题查处为主向全过程智控转变

1. 前移风险防控关口，构建数字化内控监督体系。

数字化监督是税务数字化改革的重要组成和必然要求。近年来，税务系统以"制度＋科技"双轮并驱，一方面着力构建"四位一体"内控制度体系，一方面则开发上线税务系统内部控制监督平台，基本形成了督察内审牵头负责内控管理监督、业务主责部门承担日常风险防控的风险治理格局，取得了一些积极成效。同时，受风险识别评估水平、内控责任落实和内控监督平台数据集成度等因素制约，内控监督从"有形内控"到"有效内控"依然任重而道远。因此，应当抢抓税收征管改革机遇，加快建立重大制度、系统和流程风险预审机制，做好执法风险的源头防控；完善执法权运行风险预警机制，强化事中风

险阻断；要以增值税专用发票电子化为突破口，持续推动执法风险联防联控。

2. 聚焦职能监督质效提升，构建常态化执法督察体系。

首先，要加快完善执法督察组织机构。组织机构的独立性是执法督察独立性的基本保障。根据相关统计，国税地税征管体制改革后全国在市税务局及以下单独设立督察内审部门的省份约占 1/3，其余省份均存在机构设置不到位问题。以浙江省为例，除杭州配置督察内审处外，其余 9 个市局均由法制科承接督察内审部门职责。一方面出现市级以下法制部门既是执法者又是监督者的问题，同时从事督察人员严重不足，执法督察工作主要依靠临时抽调、组团检查方式，导致监督质量难以保证。权力制约理论和历史反腐经验都已表明，要想实现独立监督，必先设立强而有力的执法监督机构。为保障组织机构的独立性、督察人员的专职性，应加快推动所有市级税务局独立设置督审部门，并配置必要的专职督审人才，包括业务骨干人才和数字化专业人才等，在绩效考核等方面予以督促岗责配置到位。要赋予督察内审部门完整的执法监督权，比如调查取证、函询、扣押等权利，同时在绩效考核、晋升评价、交流、培训等方面消除内部执法监督顾虑，确保督察干部能监督、敢监督、会监督。其次，要加快推进执法督察方式变革。近年来，税务系统督审监督发现了不少问题，但经常陷入"同一问题反复查、反复改、改完又犯"的恶性循环，严重削弱了监督权威和效能。执法监督的改革要在组织模式上，构建"日常督察＋定向督察"组织模式，切实改变传统临时抽调、短期实地监督的周期性督察方式，由专职化人才组成跨层级扁平化的日常督察组，按照"大后台全面扫描＋小分队精准核实"的方式，依托内控监督平台等大数据集成系统对日常税收执法业务实施日常监控，积极探索"互联网＋督察""四不两直"线索核查方式，在专项执法督察和专案督察方面下更大力气，一旦发现问题就快速出击、精准打击，实现寓监督于日常管理中。特别是要聚焦组织收入、政策落实、核定征收等重要领域执法监管风险，通过更加灵活的日常监督，增强执法监督的及时性，以应对屡查屡犯的各类问题和各类常态化的外部监督，努力做到将内部监督挺在外部监督前面。

3. 聚焦治理效能，建立健全督察成果运用机制。

首先，要强化税收执法责任制。执法监督工作要做好，问责追究是总抓手和最强保障。税收执法责任制要通过对"微过错"进行"微追究"，填补行政问责空白，实现抓小抓常、防微杜渐的目的。执法督察工作必须抓紧握牢"问责"这个关键，决不能当"老好人""太平官"，不能大事化小、小事化了，不能以整改代替问责，以轻处理代替严问责，敷衍了事，否则长此以往，执法监督工作就陷入宽松软的恶性循环中,权威和刚性也就立不起来了。在问责过程中,要落实好过错与责任对等的基本原则,根据执法过错行为性质、轻重程度、危害大小等情况严格开展责任追究工作,做到宽严相济、过罚相当。同时对违纪违法违规问题,要敢于向纪检、监察、人事等部门提出问责建议,要以责任追究倒逼责任落实。其次,要建立健全督察审计成果运用机制。要实现举一反三、以查促改,关键是要增强业务主管部门整改反馈的刚性,通过完善制度、优化系统、重塑流程,铲除执法督察发现问题的风险根源。因此,一方面要建立典型问题通报制度、重要情况专报制度,针对系统性风险提请开展专项整治,将督察审计发现的重大问题和风险提交内控机制建设领导小组研究审议,形成会议纪要,限期推动建章立制。同时将以查促管、以案促控纳入制度化、信息化流程,将执法督察"后半篇文章"的工作流嵌入内控监督平台内,增强问题整改的透明度和跟踪反馈的可塑性。最后,要统筹形成内部监督合力。要从系统性和整体性角度出发,将执法督察紧密融入综合一体化监督体系,与巡视巡察、政务督查、纪检监察等统筹监督检查,实现经验互鉴、结果互认,切实增强监督合力,减轻基层负担。同时,要在"控、督、审"之间"打出组合拳",形成监督合力,由业务主管部门及时将内控风险点推送给执法督察,作为重点内容及时跟进检查;及时关注审计署常规审计发现的问题,分析提炼有益经验做法,转化为风险防控指标,在内控监督平台进行布控,不断推动形成"发现问题、风险识别、指标布防、日常监控"的公权力制约网络。

作者单位:浙江省税务学会